JN409807

·포·스·트·코·로·나·시·대·의·

ESG 경영과 미래발전전략

(사)사회적책임경영품질원·ESG경영연구회

머리말

코로나19가 시작된 지 거의 3년이 되어가고 있다. 이 코로나는 우리 사회에 많은 변화를 가져왔다. 직장은 재택근무 방식이 증가하면서 디지털 전환(digital transformation)이 급속도로 이루어지고 각급 학교와 교육기관에서는 비대면 교육 방식이 확대되면서 교육의 형태가 바뀌어 가고 있다. 또 기업의 공급망과 글로벌 가치사슬(global value chain)이 급속히 재구축되고 있고 기후변화 문제를 해소하기 위한 글로벌 노력으로 탄소중립에 대한 요구도 급증하고 있다. 이와 같은 사회변화는 경영의 새로운 패러다임을 요구하고 있으며 최근 ESG경영이 기업의 최고의 화두가 되고 있다. 이제 ESG경영은 거스를 수 없는 메가트렌드가 되었으며 기업의 지속가능성장을 위한 경영의 핵심요소이자 동시에 기업의 리스크 요인이 되고 있다.

이제 곧 포스트 코로나 시대에 돌입할 것이다. 사회적책임경영품질원(사경원)의 ESG경영연구회에서는 포스트 코로나 시대의 ESG경영의 새로운 패러다임과 우리나라의 미래발전전략을 조망하기 위한 가이드북 발간의 필요성을 절감하고 이번에 본 책자를 출판하게 되었다.

ESG경영연구회에서는 작년에도 "지속가능성장을 위한 ESG 경영전략"이란 책자를 발간하여 국내 기업들의 ESG경영을 위한 가이드라인으로 소개한 바 있다. 기업이 지속가능하게 성장하기 위해서는 매출을 늘리고 이윤을 극대화하는 재무적 성과는 기본적으로 중요하지만, 비재무적 요소인 ESG의 E(환경), S(사회), G(지배구조)를 중요한 경영전략으로 삼는 것이 매우 중요한 시대가 되었다. 환경(E)은 자원 및 에너지의 효율적 이용, 오염물질 및 유해물질관리, 기후변화 대응 및 탄소배출 감소, 청정기술 및 친환경 제품개발 등이 주요 내용이고, 사회(S)는 근로조건, 고용평등 및 다양성, 인권, 노동, 안전, 상생협력, 지역사회 참여, 사회공헌 등이 주요 내용이다. 그리고 지배구조(G)는 이사회 구성과 역할, 의사결정의 투명성, 감사제도, 준법경영, 반부패, 리스크 관리 등이 주요 내용이다.

이 책은 모두 5개의 장으로 구성되어 있다.

1장에서는 코로나 시대의 현황과 특징을 설명하면서 과거의 팬데믹과 코로나19, 포스트 코로나 시대의 특징, 코로나19가 지속가능발전목표(SDGs)에 주는 악영향, 그리고 포스트 코로나 시대의 국제적 대응과 기업환경 변화를 설명한다. 2장에서는 ESG경영을 다시 조명하고, ESG 개념의 확산과 발전 경과를 살펴본다. 그리고 새로운 경영 패러다임으로서의 ESG경영과 이를 확산하기 위한 국내외 노력을 살펴본다. 3장에서는 기업의 ESG경영의 실행 전략으로 데이터·인공지능(AI) 경제시대에 접어든 지금 ESG경영의 구체적인 실행전략으로서 리더십, 지배구조, 사회적 책임, 환경경영 등을 조감하여 본다.

4장에서는 기업의 미래 발전전략으로서 탄소중립 정책, 비대면과 원격디지털 사회의 대응, 글로벌 공급망 개편, 리스크 관리와 ESG투자전략 등을 살펴본다. 마지막으로 5장에서는 국가의 미래 발전 전략으로 에너지 전환 정책, 교육 정책, 삶의 질 개선, 2050년 미래발전 전략 등을 살펴본다.

이 책은 포스트 코로나 시대에 새로운 모습으로 다가올 ESG경영의 모습을 미리 조감하고, 기업들이 여기에 대응하도록 권면하는 내용으로 구성되어 있다. 새로이 들어선 윤석열 정부는 '20개 약속' 속에 "경제체질을 선진화하여 혁신성장의 디딤돌을 놓겠습니다.", "탄소중립 실현으로 지속가능한 미래를 만들겠습니다." 등과 같은 내용들이 들어 있다. 이런 약속을 실천하기 위해서는 새로운 경영패러다임의 ESG경영이 필요하며, 이 책자는 그러한 실행 전략을 제시하고자 노력하였다. 또한 이러한 노력을 통한 기업의 미래 발전 전략과 국가의 미래 발전 전략을 제시하고 있다.

아직 국내에 포스트 코로나 시대의 ESG경영과 미래 발전전략에 대한 참고 서적이 거의 없는 현실임을 감안하여 우리 ESG경영연구회에서 서둘러 이 책을 출간하게 되었음을 밝힌다. 새로운 패러다임의 ESG경영과 전략에 대해 알고 싶어 하는 모든 분들에게 다소나마 도움이 되기를 바란다. 저자들은 모든 기업이 ESG경영을 트렌드를 넘어 생존의 문제이고, 기업 가치를 높이고 지속성장을 보장하는 핵심 전략으로 삼아야 하며, 이를 적극적으로 실천하여 기업의 성장 발전과 우리나라 경제 발전에도 크게 기여할 수 있기를 진심으로 기원한다.

2022. 6. 30.

<사회적책임경영품질원·ESG경영연구회>

목차

01

코로나 시대의 현황과 특징

Environment

Social

Governance

1장: 코로나 시대의 현황과 특징

1.1 과거의 팬데믹과 코로나19

2019년 12월 말 중국 우한(武漢)에서 시작된 '신종 코로나바이러스 감염증(코로나19, 영어로는 코)' 전염 사태가 전 세계적인 팬데믹(대유행 전염병, 혹은 역병)으로 발전되고 있다. 세계보건기구(WHO)에서 발표하는 데이터를 통하여 작성된 코로나19 통계의 코로나 그래프 (https://coronagraph.vercel.app/)에 의하면, 약 2년 반 후인 2022년 5월 28일 기준 전 세계적으로 531,052,684명이 감염(확진)되었고, 사망자가 6,309,980명에 달하는 등 엄청난 사건이 발생하고 있다. 그리고 아직 그 끝을 모르고 진행되고 있다. 확진자가 많은 나라들은 순서대로 미국(85,699,847명), 인도(43,150,215명), 브라질(30,921,145명), 프랑스(29,439,416명)의 순이고, 한국은 8위로 18,067,669명에 달하고 있다. 최근에 오미크론 바이러스로 인하여 한국에서도 확진자 수가 많이 발생하고 있으므로, 앞으로 얼마나 더 확진자가 발생할지, 앞으로 얼마 더 지속될지 예측할 수 없다.

마이크로소프트(MS) 창업자인 빌 게이츠가 7년 전 코로나19와 같은 팬데믹을 예견했던 사실이 다시 주목받고 있다. 게이츠는 2015년 세계적인 지식 콘퍼런스인 테드(TED) 강연에서 "만일 향후 몇 십 년 내 1,000만 명 이상을 사망에 이르게 하는 것이 있다면 그것은 전쟁보다는 전염성이 높은 바이러스일 가능성이 가장 크다."라고 말했다. 그는 이어 "우리는 핵 억지를 위해 어마어마한 돈을 투자했지만 전염병을 막는 시스템에는 거의 투자하지 않았다. 우리는 앞으로 다가올 전염병에는 전혀 대비하지 않고 있다."라고 우려했다. 그의 강연 내용은 지금 코로나19로 현실화되고 있으며, 그의 놀라운 혜안에 존경심이 앞선다.

1918년에 발생한 스페인 독감(사망자 5,000만 명 이상)에 이어 약 100년 만에 전 세계적인 규모로 발생한 코로나19로 인해 지금 지구촌이 엄청난 충격을 받고 있다. 코로나19는 전 세계적으로 의료 보건 위기만이 아니라 우리의 삶에 최대의 충격을 안겨줄 것으로 예상된다. 이번 위기는 그 범위가 전 세계적이고 사람과 물자의 이동이 제한되면서 글로벌 공급망이 붕괴되고 있다. 역사적으로 고찰할 때 이러한 큰 충격은 인류의 삶의 방식을 바꾸어 놓는다. 팬데믹이 닥쳤을 때 과거에 어떻게 싸웠는지 알면 현재와 미래에 도움이 될 것이다. 과거 팬데믹에 대해 간단히 살펴보기로 하자.

(1) 전염병의 원인 박테리아와 바이러스

과거와 현재의 팬데믹들에 대하여 제니퍼 라이트(Wright, 2015)는 세계사를 바꾼 전염병 13가지에 대하여 상세히 설명하고 있다. 김명자(2020)에서는 코로나19의 실체, 문명사 속의 팬데믹, 코로나 이후의 세상 등에 대하여 상세히 기술하고 있다. 이 두 서적과 기타 인터넷 자료(예로, 꿈달(2021))를 근거로 다음을 정리해 보기로 한다.

인류 역사를 바꾼 5대 전염병 케이스를 꼽으라면 천연두, 페스트(흑사병), 홍역, 스페인 독감, 그리고 현재 진행 중인 코로나19바이러스를 든다. 역사상 다양한 전염병의 창궐은 인류 역사에 큰 영향을 미쳐왔다. 전염병은 인류사에서 전쟁의 향방을 가르고, 강대국의 멸망을 불러왔으며, 새로운 문화와 새로운 시대를 여는 역할을 했다. 여기서 천연두, 홍역, 스페인 독감, 코로나19, 그리고 후천성면역결핍증(HIV/AIDS) 등은 바이러스로 전염되고, 페스트, 콜레라 등은 박테리아(세균)로 전염된다.

팬데믹의 원인이 되는 박테리아와 바이러스는 지구상에 서식하며 이들로 인한 질병은 인류 사회에 큰 해악을 주고 있다. 지구의 역사를 대략 45억 년으로 보면, 이들은 35억 년 전쯤 생겨난 것으로 보고 있으며 인류(호모 사피언스)가 35만 년 전 출현할 때보다 오래 전에 지구에 존재하고 있었다. 이들은 모두 미생물이다. 그러나 크기가 너무 작아서 강력한 현미경 없이는 볼 수 없다. 박테리아는 수 마이크로미터(mm, 백만분의 1미터)의 크기로 광학현미경으로 구별이 되고, 바이러스는 더 작아서 수백 나노미터(nm, 100억분의 1미터)의 크기로써 전자현미경으로만 판별이 가능하다. 박테리아의 구조는 세포벽과 세포액을 둘러싼 탄성 막으로 구성된 복잡한 단세포 유기체로 구체, 실린더, 실, 막대 및 사슬을 포함하여 다양한 모양과 크기를 가진다. 바이러스의 구조는 캡시드로 알려진 단백질 껍질로 둘러싸인 DNA 또는 RNA의 유전 물질 조각의 모양이다.

박테리아의 번식 방법은 스스로 존재하고 살며 번식 할 수 있다. 박테리아는 인체 내부 혹은 외부, 그 외의 모든 환경에서 살 수 있다. 그러나 바이러스는 숙주(호스트) 없이는 살아갈 수 없는 기생충과 같은 것이다. 바이러스는 살아있는 세포에 부착해야만 번식할 수 있다. 대부분의 박테리아는 인간에게 해롭지 않다. 많은 종류의 박테리아는 인간이 음식을 소화하고 질병을 일으키는 미생물과 암세포를 죽이고, 필수 영양소를 공급함으로써 인간을 돕는다. 전체 박테리아의 1% 미만의 병원성 박테리아가 사람에게 질병을 유발하고 있다. 이와 반면에 대부분의 바이러스는 인간에게 질병을 유발한다. 특히 몇몇의 경우에는 숙주 세포가 파열되고 죽을 때까지 새로운 바이러스를 만들기 위해 그들이 사는 세포를 재프로그래밍하기도 한다. 다른 경우에는 정상 세포를 암 또는 악성 세포로 전환하기도 한다.

치료 방법으로는 박테리아 감염은 항생제를 투여해 치료한다. 그러나 항생제를 과도하게 사용하면 박테리아가 항생제에 내성을 가지게 돼 치료 효과가 없을 수도 있다. 바이러스의 치료에는 항생제는 효과가 없다. 대부분의 바이러스는 백신을 통해 치료하거나 항 바이러스 약물을 사용하기도 하나 현재 100% 예방이나 치료방법이 없어 인류가 효과적인 치료방법을 찾기 위해 연구에 연구를 거듭하고 있는 현실이다.

(2) 고대 유럽 시대의 역병

약 1만 년 전, 인류사회가 수렵생활에서 농경생활로 전환되면서 전염병은 사람들의 생활로 들어오기 시작하였다. 농경생활에서 소나 돼지를 가축으로 삼으면서 동물로부터 사람에게 병원체가 옮겨오기 시작했다. 병원체는 인체에 적응하는 형태로 변이가 되었고, 다시 사람끼리 감염되는 전염병으로 진화해 가는 것이다. 3,000년 전 이집트의 미라에서도 천연두 흔적이 남아 있다.

역사적 기록에 나타나는 최초의 전염병은 기원전 430년의 아테네 역병(장티푸스, 발진티푸스)이다. 기원전 431~404년에 벌어진 아테네와 스파르타 사이의 전쟁에서 고대 아테네는 이 역병으로 군인을 20만~30만 명(병력의 3분의 1 이상)을 잃었다. 전쟁 초기에는 아테네는 스파르타보다 우세했던 전세가 급반전되면서, 아테네는 스파르타가 이끈 펠로폰네소스 동맹에게 패망하고 말았고, 결국 아테네의 패망으로 연결되었다.

이후 로마제국 시대인 165~180년에는 안토니우스 역병(천연두, 홍역)이 창궐하면서 인구의 25%를 잃었고, 마르쿠스 아우렐리우스 황제가 전쟁터에서 천연두(smallpox)로 죽으면서 팍스 로마나 시대가 종료되기 시작하였다. 이 역병은 아테네 역병과는 달리 외지에서 전쟁을 치르고 귀국한 병사들이 국외에서 들여온 것이었다. 이 역병은 15년 동안이나 맹위를 떨치면서 로마 제국 등 유럽에서 500만 명의 희생자를 냈다. 아우렐리우스 황제가 사망하면서 친아들인 19세의 콤모두스가 황제 자리를 물려받았는데, 그의 유례없는 폭정으로 로마 제국은 급속히 멸망의 길로 들어서고, 로마는 정치적·종교적 요인이 겹치면서 결국 서로마제국은 476년에, 동로마(비잔티움) 제국은 1453년에 멸망하게 된다. 로마제국이 역병의 최대 피해국이 된 것은 아이러니하게도 유라시아를 잇는 교역의 중심이자 도시화·국제화에 가장 앞섰기 때문이며, 이로 인해 역병이 전염되기 수월했기 때문이다. 고대 유럽을 휩쓴 역병들은 황제 중심 체제의 중앙집권 제국 시대를 무너뜨리고, 지방 영주들이 군주로 부상하는 봉건 시대를 열게 되었다.

이후 유럽은 성 키프리아누스 역병(천연두, 251~266년)으로 하루에 5,000명꼴로 사망자가 발생한다. 2세기가 지난 541~542년에는 이전보다 더 지독한 유스티니아누스 역병(페스트)이 닥친다. 이집트에서 콘스탄티노플로 상륙한 이 병원균은 하루에 1만 명까지 사망자를 냈다. 그리고 200여 년 동안 이탈리아, 스페인, 프랑스, 영국 등을 휩쓸면서 희생자를 3,000만 ~5,000만 명에 이르렀다고 한다.

(3) 중세의 몰락을 초래한 페스트

인류역사상 최악의 팬데믹은 14세기 유럽을 휩쓴 페스트이다. 인류 역사에서 900~1300년 사이의 기간은 기상조건이 온화해서 문명이 번영한 시기였다. 지중해 연안 지역은 실크로드를 통해 중국과의 활발한 교역으로 경제 호황을 누렸고, 유럽 인구는 4배로 늘어나 7,000만~8,000만 명이 되었다. 그러나 1330년대 이후 급격한 기온 강하 등 기상이변으로 흉년이 들고 사람들의 면역력이 떨어졌을 때, 최악의 전염병 페스트가 유럽으로 몰려왔다. 자료마다 차이는 있으나 1346년부터 3년 사이의 절정기에 유럽 인구의 30~60%가 희생되었다. 당시 세계 인구는 약 5억 명이었고, 유라시아 대륙에서 최대 2억 명이 페스트로 사망했다.

페스트는 라틴어로 '검은 전염병(pestis atra)'을 뜻한다. 페스티스(pestis)는 죽음을 초래하는 '전염병(plague)'이라는 뜻이 있고, 아트라(atra)는 '검다'라는 의미가 있어, 영어로 번역하는 과정에서 페스트를 '흑사병(黑死病, black death)'이 되었다고 한다. 페스트균은 쥐에 기생하는 벼룩에 의해 사람에게 전파되는 질병이다. 페스트에 걸린 환자는 전신의 혈액 내에서 혈전이 생성되고 지혈 작용이 적절히 일어나지 않아 출혈이 발생하는 이른바 파종성 혈관 내 응고가 유발되고, 광범위한 반상 출혈 및 사지와 코 등의 신체 부위에 검은색의 괴사를 일으킨다. 따라서 살이 검붉은 자줏빛으로 썩는 증상을 일으키는 무서운 전염병이다.

페스트의 초기 발생 장소와 전파 경로에 대해서는 여러 가지 설이 있다. 그 중 가장 유력한 설은 중앙아시아에서 발병하여 실크로드와 바닷길을 따라 유럽으로 전파되었다는 것이다. 한 가지 예로, 1346년 몽골 군대는 유럽 원정을 떠나면서 흑해의 북쪽 해변에 위치한 카파(당시 이탈리아 제노바의 식민도시)를 정복하기 위해서 성과 요새를 공격하는 공성전(攻城戰)을 벌였다. 이때 몽골군 사이에서 갑자기 페스트가 퍼져 병사들이 죽어나가고 역병이 카파에 번졌다는 기록이 있다. 카파에서 역병이 돈다는 소문이 퍼지자 상인들은 배를 타고 이탈리아로 탈출했다. 그로 인해서 페스트균은 이탈리아로 들어가 내륙으로 계속 이동했고, 프랑스, 영국, 독일, 러시아까지 번져 유럽대륙을 휩쓸게 되었다는 얘기가 전해진다.

14세기 페스트가 유럽에서 대유행할 때에는 의학적으로 마땅한 치료방법이 없었고, 당시에는 나쁜 공기가 전염병의 원인이라고 믿었다. 따라서 신선한 허브의 냄새를 귀하게 생각했다. 17세기 사료를 보면, 얼굴 전체에 커다란 까마귀 부리 모양의 마스크를 쓴 기괴한 모습으로 페스트를 치료하는 의사(<그림 1.1> 참조)들이 등장한다. 부리 모양의 마스크 속에는 향기가 강한 허브가 들어 있었다. 향초가 병균을 멀리 쫓아버린다고 믿었기 때문이지만, 실제로는 시신에서 나는 역겨운 냄새를 감추는 데에 도움이 되었다.

<그림 1.1> 페스트를 치료하는 부리 모양의 의사 복장

중세 유럽에서 페스트로 인한 인구 급감은 소작농 제도를 와해시키고, 일손 부족에 임금 상승으로 지주 계층은 와해되기 시작하였다. 도시로 흘러든 소농들은 소상공업 노동자로 변신하는 경우가 많아졌고, 봉건제도가 붕괴되고 상업이 활기를 띠면서 자본주의가 형태를 갖추기 시작하였다. 또한 수도원의 공동생활로 수도사들이 페스트로 몰살할 지경이 되면서 라틴어를 쓰는 식자층이 줄어들자 영어, 프랑스어, 독일어 등을 쓰는 민족주의 국가가 태동하기 시작하였다. 자본주의가 발달하면서 세제와 화폐제도,

금융 등 자본주의 경제·정치 시스템이 사회를 변화시키는 한편 서유럽 국가들은 식량 등 원자재 확보를 위해 해외로 진출하기 시작하였다. 페스트가 중세 유럽사회에 준 엄청난 변화였다.

(4) 신대륙 전염병 확산의 파괴력

15세기 말 신대륙 정복에 나선 유럽인들은 병력만이 아니라 함께 역병을 신대륙에 가져가 원주민을 몰살시킨 결과를 초래했다. 유라시아에서 유럽으로 유입된 병원균이 유럽인들에 의해 면역기능과 유전적 저항력이 없는 아메리카 원주민에게 전파된 결과이다. 1492년 콜럼버스가 신대륙에 상륙할 때 유럽인들에게 묻어간 것은 천연두가 대표적이었고 홍역, 인플루엔자, 페스트, 말라리아 등도 전파된 것으로 알려져 있다. 영국의 유니버시티 칼리지 런던 연구진의 연구 결과에 따르면, 15세기 말에 신대륙 인구는 세계 인구의 10%인 6,000만 명 정도였으나, 콜럼버스 상륙 이후 식민지화와 역병으로 인하여 500만~600만 명으로 줄었다(참조: 김명자(2020)). 역병은 참으로 무서운 것이다.

1529년 스페인의 에르난도 코르테스가 아즈텍 제국 수도인 테노치티틀란(현재 멕시코)을 함락한 것도 황제를 비롯해 면역이 없던 아즈텍 종족을 골라 죽인 천연두 바이러스 때문으로 알려져 있다. 그 당시 치사율은 80% 정도였으며, 당시 2,000만 명이던 아즈텍 인구는 100년 만에 160만 명으로 감소했다.

코르테스는 처음에는 아즈텍을 침공해 노예를 잡아가서 포상금을 받을 작정으로 정복에 나섰다. 그러나 아즈텍은 군사강국이었으므로 코르테스 군대는 첫 번째 침공에서는 실패하여 도시 밖으로 후퇴하였다. 그러나 전투하면서 후퇴하는 스페인 군 중에 천연두 바이러스의 보균자가 있었고, 유럽에서 건너온 바이러스에 대해 중앙 아메리카 대륙의 원주민들이 면역력이 없었다. 코르테스는 군사를 재정비하여 몇 달 후 아즈텍을 다시 침공하였다. 이 두 번째 침략에서는 아즈텍의 저항이 거의 없었다. 스페인 군이 퇴각한 사이에 바이러스가 이미 아즈텍 군대를 몰살시키다시피 했기 때문이다. 병사한 시체들은 테노치티틀란 거리에 즐비하였고, 전쟁은 이미 끝난 것이었다.

1531년 스페인 프란시스코 파사로가 병사 168명으로 잉카제국(현재 페루에 위치)의 8만 군대를 무찌른 것도 천연두 바이러스가 큰 역할을 했다. 그 당시 잉카제국 인구의 4분의 1이 사라졌다. 스페인이 아메리카 원주민을 정복할 수 있었던 힘은 총칼이 아니라 천연두의 파괴력이었다.

(5) 한국에서의 천연두

『조선왕조실록』에 의하면 조선 초기부터 두역(痘疫, 천연두)이 발생했다는 기록이 나온다. 현종 5년(1664년)에는 두역이 매우 성해서 집집마다 경계했다고 쓰여 있고, 현종 10년(1669년)에는 함경도에서 두역으로 900여 명이 죽었다고 기록되어 있다. 숙종 19년(1693년)에는 제주에서 1,950명이 죽었고, 특히 병자호란 전후에 두역이 심했다는 기록이 있다.

조선시대에 두역(혹은 두창이라고도 부름)의 예방접종을 처음 시도한 사람은 정약용이다. 그는 인두종법(人痘種法)을 써서, 두역을 앓은 사람에게서 채취한 두즙을 인체에 집어넣는 시술을 도입하고자 했다. 그는 또 우두종법(牛痘種法)을 조선에 최초로 도입했다. 소를 두역에 걸리게 한 다음 거기서 두즙을 채취하여 인체에 접종하는 방식이다. 정약용은 종두법을 널리 보급하려고 했지만, 당시 서학(西學)을 배척하는 풍조 때문에 좌절되고 말았다.

고종시대에 일본인에게서 종두법을 배운 지석영과 개화파의 노력으로 1879년에 전국 단위로 종두법이 실시되어 효과를 보았다. 광복 이후 1946년에는 사회적 혼란기를 틈타 2만여 명의 두창 환자가 발생했고, 1951년 한국전쟁 중에도 4만여 명의 환자가 발생해 1만 1,530명이 사망했다는 기록이 있다. 그러나 1959년 이후에는 두창 환자 발생이 한국에서 보고된 적이 없다.

(6) 제너의 종두법: 인류 최초의 백신 개발

18세기 말 인류를 천연두 퇴치의 길로 안내한 사람은 영국의 에드워드 제너(Edward Jenner)였다. 1778년 그가 살던 영국의 글로세스티셔의 시골도 천연두로 고통을 겪고 있었다. 제너는 소젖을 짜는 여인들이 천연두 환자를 돌보면서도 천연두에 걸리지 않는다는 사실에 주목하였다. 그 여인들은 소의 두창, 즉 우두(cowpox)에 걸려서 손에 부스럼이 난 뒤에 곧바로 나았고, 그 뒤로는 천연두에 걸리지 않았다. 그는 실험에 들어가 1796년 우두에 걸린 여인의 팔뚝에서 채취한 고름을 8세 소년에게 접종했다. 소년이 약하게 우두를 앓고 회복되자 이번에는 천연두를 소년의 팔에 접종했다. 예상대로 소년은 천연두는 앓지 않았다. 제너는 이 새로운 방법을 백신 접종(vaccination)이라고 명명했다. "바카(vacca)"는 라틴어로 '소'를 뜻한다. 즉, 소를 통한 예방접종이 백신 접종이 된 셈이다. 1798년에는 영국정부가 공식적으로 제너 종두법을 천연두 퇴치를 위한 백신 접종으로 인정하여 인류 최초의 백신 개발이 된 것이다. 이로 인해 제너는 현대 면역학의 대부로 등극했다.

(7) 1918년 스페인 독감

인류의 역사에서 가장 혹독한 팬데믹으로는 최단 시간에 최대 사망자를 낸 스페인 독감이라고 한다. 이 독감은 H1N1 인플루엔자A 바이러스로 전염된 것으로 증명되어 있다. 코로나19는 아직 진행 중이므로 그 평가는 끝나야 가능할 것이다. 스페인 독감은 세계 제1차 대전(1914~1919년)이 한창 진행 중이던 1918년 3월에 미국 캔자스 주 헤스켈 카운티 병영에서 발생했으나, 이 독감의 첫 근원지는 아직 정확히 알려지지는 않고 있다. 헤스켈 카운티 병영에서 훈련받던 미군의 세계 제1차 대전 참전으로 유럽으로 전파된 스페인 독감은 1년 반 남짓한 기간에 세계 인구 18억~19억 명 중 5억 명을 감염시키고 5,000만~1억 명을 사망에 이르게 하였다. 우리나라도 일제강점기인 1918년에 인구 1,680만 명 중 756만 명이 감염되어 14만 명이 희생되었다고 한다.

스페인 독감은 전쟁 중에 군인들을 초토화시켰다고 한다. 1918년 9~11월(3개월간)에 미국으로부터 유럽에 도착한 원정대 중 11만 2,000명이 독감과 폐렴으로 입원했고,

그 중 9,000명이 사망하였다. 같은 기간 프랑스 군대에서는 13만 2,000명이 입원하고 1만 명이 사망했다. 영국군은 6만 3,000명이 입원하고 3,600명이 사망했다. 군에서 공식 발표한 통계를 합치면 독감 사망자는 37만 명이었고, 그 중 2만 3,000명이 3개월 사이에 사망했다. 엄청난 희생이었다.

최초의 발원지가 아님에도 '스페인 독감'이란 이름이 붙은 것은 독일, 영국, 프랑스, 미국 등은 전시 보도 통제를 했으나 중립국이던 스페인만 독감 보도를 했기 때문에 '스페인 독감'으로 명명된 것이다. 스페인 독감은 몇 주일의 짧은 간격으로 1차, 2차, 3차 파동이 발생했고, 2차 파동 때에는 감염자는 눈, 코, 귀에서 피가 흐르는 등 중증으로 악화하면서 사망자가 많았다고 한다. 그 이유는 바이러스 변이와 여러 바이러스 사이의 융합으로 독한 변이종이 나타났고, 전쟁 중 신무기로 사용된 독가스가 증세를 악화시켰으며, 영향 실조에 결핵이 겹쳤기 때문이라고 한다.

1.2 포스트 코로나 시대의 특징

코로나19가 현재 진행 중이지만 언젠가는 종식될 것이고, 코로나19 이후 시대(이를 포스트 코로나(post corona) 시대라고 명함)가 올 것이다. 그러면 포스트 코로나 시대는 무엇이 얼마나 달라질 것이고, 이 시대의 특징은 무엇인가? 이 내용의 일부는 박성현(2020)에서도 찾아볼 수 있다.

(1) 재택근무 방식의 증가와 디지털 전환의 가속화

사회적 거리두기, 비대면 업무, 재택근무, 화상회의, 온라인 쇼핑 등의 증가로 직장인은 노트북과 스마트폰으로 집에서 업무를 처리하는 재택근무가 급증하고, 이로 인하여 디지털 기술 도입이 빨라지고 사회가 디지털화로 치닫고 있다. 그 동안 4차 산업혁명으로 인하여 진행되어 오던 디지털 전환(digital transformation)이 포스트 코로나 시대에는 가속화될 것이 확실하다. 여기서 기업이나 조직의 입장에서 보는 디지털 전환이란 '변화하는 비즈니스 환경과 시장 요구를 충족하기 위해 디지털 기술로 기존의 비즈니스 프로세스, 문화, 고객 경험 등을 개선하거나 새롭게 창출하는 과정'을 말한다.

디지털 기술들은 대부분 4차 산업혁명의 기술들(빅데이터, AI, 사물인터넷, 5G, 메타버스, 자율주행차 등)이므로, 결국 포스트 코로나 시대의 성장 엔진 확충은 4차 산업혁명의 산업 기술에서 출구를 찾게 될 것이다. 우리나라는 디지털 기술 도입률에서는 세계 선두권에 속하지만, 사회의 디지털화는 아직 국제 수준에 못 미친다. 재택근무는 코로나19 사태로 새롭게 생겨난 근무 방식은 아니다. 미국과 유럽에서는 코로나 이전에도 이미 근로자 네 명 중 한명이 회사 사무실 밖에서 업무를 처리하고 있었다. 그러나 포스트 코로나 시대에는 재택근무 형식과 디지털화가 급증할 것이 확실하다.

코로나19로 사회적 거리두기, 비대면 업무 등의 증가로 인해 산업현장에서는 사람이 적게 일하는 디지털 워크플레이스(digital workplace) 개념이 도입되고 있다. 또한 AI 기술, 챗봇(채팅 기술), 빅데이터, 태그정보기술, 5G, 가상·증강현실 기술 등의 발전으로 스마트공장(smart factory)이 빠르게 도입되고, 모든 기업에서 4차 산업혁명 기술의 활용이 급속하게 진전될 것이다.

(2) 비대면 교육 방식의 확대

코로나19 시대에 이미 비대면(untact) 사업, 교육, 문화 활동 등이 가속적으로 이루어졌고, 비대면 기술도 차츰 고도화되어 가고 있다. 포스트 코로나 시대에도 비대면 기술들이 발전하면서 기존의 대면 기술들과 연결되어 두 기술이 융합되는 하이브리드(hybrid) 기술들이 발전될 것이다. 비대면 기술, 혹은 하이브리드 기술을 활용한 산업 스마트화 구조 변화, 글로벌 네트워크 다변화가 진행될 것이다.

모든 교육기관에서의 원격수업은 이미 방송통신대학, 사이버 대학 등에서 도입되었지만 초·중·고등학교와 일반대학에서 원격수업이 대대적으로 이루어지게 된 것은 이번이 처음이다. 포스트 코로나 시대가 되더라도 원격수업 방식은 상당 부분 활용될 전망이다. 기존에 있던 무크(MOOC, 대규모 온라인 공개강좌)도 더 인기를 차지하게 될 것이다. 원격수업의 장기적 확대는 지방과 수도권 대학 구분이 무의미해지고, 교수 수요가 감소하며, 지역사회에 대한 대학의 사회교육이 활발해지는 등 대학 구조조정을 촉진할 가능성이 커질 것이다. 한국형 무크인 K-MOOC도 많이 보강되었으나, 미국, 유럽 등의 MOOC가 양과 질에서 앞서가고 있으므로 대학생들이 영어로 듣는 원격교육 비중이 확대될 것이다. 그리고 일반 사회인을 대상으로 하는 각종의 오프라인 교육도 온라인 교육으로 그 비중이 재편될 것이며, 일반인들이 집에서 각종의 원하는 교육을 받을 수 있는 형태로 바뀌어 갈 것이다.

(3) 공급망과 글로벌 가치사슬의 재구축

그동안 세계가 글로벌화의 진전으로 국가 간의 협력과 개방을 기반으로 국제경제 환경이 조성되고 있었으나, 코로나19는 국가 간의 인적교류, 상품 교류 등이 비상시에는 차단될 수 있다는 중요 메시지를 주었다. 이번 코로나 사태는 기업들이 효율성과 생산성을 극대화하기 위해 원자재와 부품 조달을 위한 공급망(supply chain)에 문제점이 노출되고, 또한 구축한 글로벌 가치 사슬 (global value chain)에 큰 문제점이 있음을 발견하게 했다. 글로벌 가치사슬이란 상품과 서비스의 설계, 생산, 유통, 사용, 폐기 등 전 범위에 이르는 기업의 활동이 운송 및 통신의 발달로 인해 세계화되는 것으로, 원재료, 노동력, 자본 등의 자원을 결합하는 과정에서 부가가치가 최대로 창출되도록 하는 모델이다. 앞으로의 세계는 덜 개방되고 덜 세계화되더라도 공급의 단절을 줄 위험성에 대비하려고 할 것이다. 따라서 공급의 안정성을 추구하는 위험관리(risk management) 차원에서 덜 효율적일지라도 외국의 한 나라의 의존성을 줄이고 생산 네트워크를 다변화해 위험분산을 줄이는 방향으로 전개될 가능성이 커졌다. 즉, 글로벌 가치 사슬 방식에 변화가 불가피하다. 예를 들면, 우리 기업들이 중국에서 생산되는 부품이나 원료에 의존해 왔던 방식이 위험함을 인식하고 중국 의존도를 줄이려 할 것이 분명하다. 즉, 기업 경영에서 효율성, 생산성과 원가가 가장 중요하였지만 앞으로는 위험분산이라는 새로운 경영방식에 무게가 실릴 것이다.

코로나19로 인하여 지구촌의 교통, 무역, 원자재 수급 등이 어려움을 겪으면서 중요 원자재를 국내에서 공급하려는 움직임이 강하게 나타나고 있으며, 따라서 글로벌 가치 사슬의 재구축으로 지역적, 국가 중심적 생태계로 전환될 것으로 보인다. 이러한 움직임을 경제 민족주의(economy nationalism)라고도 부른다.

(4) 글로벌 리스크 해소를 위한 국제협력 강화 움직임

이번 전염병 위기는 그 범위가 전 세계적이고 사람과 물자의 이동이 제한되면서 인류의 삶의 질에도 악영향을 주고 있으며, 비대면 디지털화가 촉진되면서 인류의 삶의 방식이 변화하고 있다. 인류에게 글로벌하게 주는 큰 위험(risk)은 기후변화 위기와 지역 간 불평등 문제(빈곤, 기아, 건강, 교육 등)이다. 기후변화에 대응하기 위해 기후변화 협약 등을 통해 '2050 탄소중립(carbon neutral)'을 실천하기 위한 노력이 진행되고 있다. 지역 간 불평등을 해소하기 위해서 한국을 비롯한 주요 선진국들은 공적개발원조(ODA) 자금을 출연해 어려운 국가들을 지원하고 있다.

(5) 과학기술 중심의 국정 운영

디지털 전환 시대가 오면서 각 나라의 국정 운영도 과학기술 중심으로 변화될 것이다. 왜냐하면 디지털 전환은 과학기술이 중심이 되지 않으면 어려움이 있기 때문이다. 인터넷 기술도 고도화 될 것이고, 5G 기술을 활용하는 초고속화 시대가 열릴 것이다. 따라서 과학기술 분야에서 앞서가는 나라가 세계 속에서 강국으로 부상할 것은 자명하다. 우리나라도 과학기술 개발과 활용에 박차를 가하여 국가 경쟁력을 제고하는 방법을 끊임없이 연구하고 적용해 나가야 할 것이다.

1.3 코로나19가 지속가능발전목표(SDGs)에 주는 영향

(1) 세계적으로 코로나19가 SDGs에 주는 영향

유엔이 지속가능발전목표(SDGs)를 제정한지도 어느새 7년이 지나가고 있다. SDGs에 관해서는 사회적책임경영품질원 ESG경영연구회에서 발간한 책(2021)을 보면 상세히 설명되어 있다. SDGs를 달성하기 위해 빈곤 종식, 불평등 해소, 친환경 에너지 전환 등의 범세계적인 2030 어젠다 달성 목표까지 9년도 채 남지 않은 것이다. 하지만 코로나19가 전 세계를 덮치면서, SDGs 달성에 큰 차질이 생기고 있다. 유엔경제사회국(UN-DESA)은 SDGs 달성을 향한 지구촌의 대응 상황과 진전된 분야 등을 알리기 위해 매년 'SDGs Report'를 발간한다. 유엔경제사회국은 2021년 7월 6일에 뉴욕에서 총 63쪽 분량의 'SDGs 보고서 2021(The Sustainable Development Goals Report 2021)'을 발표(참조: UN(2021)했다. 이 보고서는 국제·지역 기구와 UN 산하의 기관, 기금, 계획 등으로부터 자료 제공을 받아 작성하며, 이 작업에는 각국의 통계학자, 시민사회 전문가, 연구자들도 기여하고 있다.

이 'SDGs 보고서 2021' 연차보고서에 따르면 2020년 1월부터 시작된 코로나19는 SDGs를 달성하려는 지구촌 사람들의 글로벌 노력에도 불구하고 상당히 나쁜 영향을 끼치고 있다고 한다. 이 보고서는 개발도상국 국민들이 코로나19로 인한 영향을 가장 많이 받았다고 말한다. 개발도상국의 경제, 교육, 보건 시스템이 코로나19로 인해 제대로 작동하지 못해 기본적인 복지 서비스와 사회 안전망의 혜택을 그 국민들이 받지 못하기 때문이다.

SDGs의 최우선 어젠다는 '빈곤과 기아의 종식'(SDGs 1, 2번 목표)이라고 할 수 있다. 실제 유엔 새천년개발목표(MDGs; 2000년 9월에 유엔에서 채택된 의제로 2015년까지 세계 빈곤을 절반으로 줄인다는 내용을 담고 있음) 제정 당시부터 지금까지 빈곤율이 지속적으로 하락하면서 빈곤과 기아 문제는 해결이 가까워지고 있었다. 하지만 코로나19로 인해 세계 빈곤율이 다시 증가하면서 상황이 뒤바뀌고 있다.

SDGs 달성을 위한 전 세계적인 진전(progress)은 코로나 이전에도 느린 편이었지만, 코로나19로 인하여 2020년에 SDGs의 진전 상태가 종합적으로 상당히 후퇴하는 다음과 같은 결과를 보였다.

1) 절대 빈곤율(extreme poverty rate, 하루에 $1.9 미만으로 살아가는 절대 빈곤인구 비율)이 1998년 이후 처음으로 상승하면서, 2019년 4%에서 2020년 9.5%로 상승하였고, 전 세계적으로 1억 1,900~1억 2,400만 명이 다시 절대 빈곤 상태로 되돌아갔다. 그리고 2030년까지 빈곤율 0%를 목표한 것이 7%가 될 것으로 예측된다고 한다. 또한 2015년에는 국가적 재앙위험 감소 전략을 가진 나라가 45개국이었으나 2021년 4월에는 이런 나라의 수가 118개국으로 증가하였다. 이 'SDGs 보고서 2021'에는 모든 목표에 대한 비교 결과가 나와 있으나, 분량이 많아 목표1(<그림 1.2>)과 목표4(<그림 1.3>)를 제외하고 다른 목표들에 관한 그림들은 생략하기로 한다.

<그림 1.2> 「The Sustainable Development Goals Report 2021」에서 그림으로 제시된 목표1에 대한 코로나19의 영향

2) 기아(hunger)에 허덕이는 사람이 전 세계적으로 2019년에 6.5억 명이었으나 2020년에 7.20~8.11억 명으로 증가하여, 코로나19 등으로 인하여, 기아에 허덕이는 사람이 1년 사이에 7,000만 명 ~ 1억 6,100만 명 증가하였다. (목표2와 관련)

3) 코로나19가 학교 교육에 미친 영향은 '세대적 대참사(Generational Catastrophe)' 수준이다. 2020년에 새롭게 1억 100만 명의 어린이와 젊은이가 문맹 수준인 독해력 최저 수준(minimum reading proficiency)을 밑돌게 되었다. 이는 1학년에서 8학년 사이의 초·중등 학생 중에 독해력 최저 수준에 못 미친 비율이 2019년 46%에서 2020년에 코로나19로 인하여 9% 포인트 상승한 55%로 증가하였기 때문이다. 이런 참사는 과거 20년 동안 진행해온 교육성과를 많은 부분 상실하게 만든 결과이다. 또한 유치원 교육(pre-primary learning)이 2010년에 65%에서 2019년에 73%로 증가하는 양호한 결과였으나 코로나19로 많은 어린아이들이 유치원에 가지 못하고 있다. 그리고 초등학교 졸업율(2010년에 82%에서 2019년에 85%로 증가)과 중학교 졸업율 (2010년에 46%에서 2019년에 53%)이 좋아지고 있었으나, 코로나로 인하여 이와 같은 졸업율이 떨어질 것이다. (목표4와 관련)

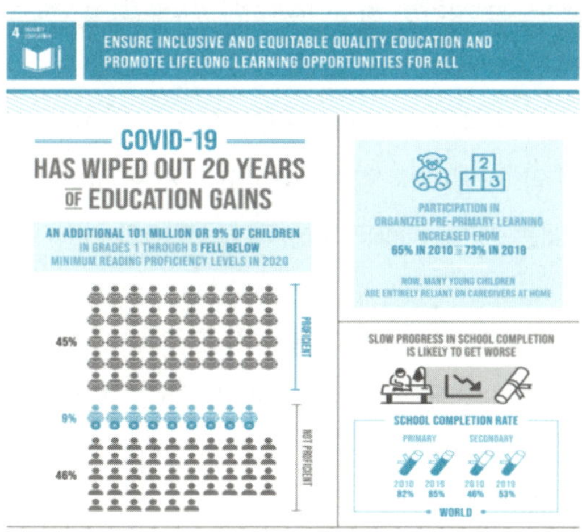

<그림 1.3> 「The Sustainable Development Goals Report 2021」에서 그림으로 제시된 목표4에 대한 코로나19의 영향

4) 과거 10년간 조혼율(child marriage rate)이 꾸준히 감소(2010~2019년 간 15% 감소해 4명 중 1명에서 5명 중 1명 정도가 됨)해 왔으나, 코로나19로 인한 경제적인 충격, 학교 폐쇄, 의료 서비스의 중단 등으로 인하여 조혼이 다시 증가하고 있다. 종래에 1억 명 정도가 조혼할 것으로 추정되었으나, 코로나19로 인하여 추가적으로 1,000만 명 정도가 조혼의 위험에 노출될 것이다. (목표5와 관련)

5) 2억 5,500만 명의 풀타임 고용이 사라졌다. 이러한 고용 감소는 2007~2009년에 있었던 글로벌 재정위기(financial crisis) 때의 고용감소의 4배 규모에 해당한다. (목표 8과 관련)

6) 코로나19로 인해 국제 관광 산업의 급격한 침체로 관광 산업을 주요 수입원으로 하는 작은 도서 개발국들(small island developing states)은 엄청난 타격을 받았다. 세계적으로 관광객 수는 2019년의 15억 명에서 2020년에 3억 8,100만 명으로 74% 감소하였다. 이로 인해 13조달러의 관광 지출액이 감소했고, 약 1억 개의 관광 관련 일자리가 위험에 빠져 있다. 이로 인해 GDP의 25% 이상을 관광산업에 의존하고 있는 작은 도서 개발국들은 심각한 재정난에 처해 있다. (목표8과 관련)

7) 코로나19는 국가 간 불평등을 노출하고 심화시켰다. 2021년 6월 17일 현재 유럽과 북미에서는 100명 당 68명이 백신을 접종하고 있지만, 사하라 이남 아프리카(Sub-Saharan Africa)에서는 2명도 채 되지 않는다. (목표10과 관련)

8) SDGs의 17번째 목표인 "지속가능발전을 위한 글로벌 파트너십 확대"를 살펴보자. 이 목표에는 최빈국의 발전을 위하여 세부 목표 "17.2 선진국은 개발도상국에 대한 공적개발원조(ODA, Official Development Assistance) 규모를 국민총소득(GNI) 대비 0.7%까지 확대해야"한다고 명시되어 있다. ODA란 선진국에서 개발도상국이나 국제기관에 하는 공식적인 개발 원조를 말한다. 한국도 이제는 선진국에 속하므로, 이러한 세부 목표를 염두에 두고 개발도상국이 자력으로 발전할 수 있는 환경을 만

들어주는데 공적개발원조에 충분히 기여해야 할 것이다. ODA 지출은 2020년 총 1,610억 달러로, 이는 개발원조위원회(DAC; Development Assistance Committee) 회원 국가의 국민총소득(GNI)의 0.7%라는 오랜 목표 달성에는 한참 못 미치는 0.32% 수준 (한국은 0.14% 수준)이다. 코로나19 등으로 인하여 ODA 자금을 지원받고자 하는 저수입국가(low-income countries)의 요구는 증대되고 있으나, DAC회원국들의 ODA 공여금은 2019년에 비교하여 3.5% 감소한 수치이다. (목표17과 관련)

9) 많은 최빈국(LDCs; Least Developed Countries, 1인당 GNI가 1,025 달러 이하인 국가)에서는 보건 분야의 경우 통계 시스템의 부재와 의료시스템의 미비로 정확한 데이터조차 수집하지 못하는 경우가 흔하다. 전 세계에서 약 60개국만이 정확한 코로나 감염률 및 사망률을 집계하고 있으며, 나머지 국가는 코로나19의 보건적 영향을 정확히 파악하지 못하고 있다. 이들 국가들이 코로나19와 싸우기 위해 데이터와 통계 작성을 위한 국가통계계획에 대한 추가적인 재정 지원을 요구하고 있으나 재정 지원이 잘 안 되고 있다. 46개 LDCs 중 충분한 자금 제공을 받은 것으로 보고한 국가는 단지 4개국에 불과하다. (목표17과 관련)

2015년 모든 UN 회원국이 채택한 SDGs는 현재와 미래에 걸쳐 사람과 지구의 평화 및 번영을 위한 공통의 청사진이다. 그 핵심에 있는 17개 목표는 빈곤의 종식, 기아 종식 및 식량 안보 달성, 보건과 교육의 개선, 불평등의 시정, 경제성장의 가속화를 내걸면서, 동시에 위기에 대응하고, 해양과 숲을 보호하는 것을 지향한다. 그러나 뜻하지 않게 2020년 1월부터 코로나19라는 복병을 만나 지구촌은 상당 부분 황폐화되고 있으며, 꾸준히 개선되어 오던 17개의 목표가 악화되는 국면을 맞고 있다. 이런 상태라면 2030년 대부분의 SDGs가 달성되기 어려울 전망이다.

유엔 사무총장 안토니우 구테흐스(Antonio Guterres)는 보고서의 서문을 통해 "이번 코로나19 위기는 지난 10년간 세계가 이루어낸 지속가능발전의 결과를 위협하고 있다"며, "유례없는 위기상황을 맞아 전 세계가 지속가능발전에 대한 경각심을 갖고 미래를 위해 변화를 모색해야할 때"라고 각국 정부와 기업들의 노력을 강력하게 촉구했다.

(2) SDGs 달성을 위한 한국 정부와 사회의 역할

SDGs는 모든 국가들이 달성하기 위해서 협력해야 하는 보편성을 가지고 있다. 여기에는 한국도 예외가 될 수 없다. 그렇다면 우선 우리나라 안에서 지속가능발전목표를 달성하기 위해서 무엇을 해야 할까? 물론 17개의 지속가능발전목표를 모두 한국에서 달성해야 하지만 우선 세 가지 목표(목표 1, 8과 17)에 대하여 구체적으로 살펴보기로 한다.

지속가능발전목표의 첫 번째 목표의 세부 목표인 "1.1 하루에 $1.9 미만으로 살아가는 절대 빈곤인구를 모든 곳에서 근절"한다는 목표는 한국에서는 이미 거의 달성 된 것으로 보인다. 한국에서 하루에 2,300원(약 $1.9)로 살아가는 사람들이 얼마나 있을까? 그러나 빈곤층을 위한 사회보장시스템이 완벽하지는 않다. 세부 목표 중에는 "1.3 국가별로 최저 생계 보장 등을 포함하여 모두를 위한 적절한 사회보장시스템 및 조치를 이행하고, 2030년까지 빈곤층과 취약계층에 대한 실질적 보장을 달성한다."라는 내용이 포함되어 있다. 따라서 이 세부 목표 달성을 위해 한국 정부와 사회는 노력해야 할 것이다.

다음으로 여덟 번째 목표인 "모두를 위한 지속적 · 포용적 · 지속 가능한 경제성장, 생산적인 완전고용과 양질의 일자리 증진"을 살펴보자. 그 세부 목표로 "8.5 2030년까지 장애인 및 청년을 포함하여 모든 여성, 남성을 위한 생산적 완전고용과 양질의 일자리 창출 및 동일가치노동에 대한 동일임금을 달성한다."이 있다. 따라서 동일가치노동에 대한 동일임금 원칙을 통해서 청년층 그리고 더 나아가 모든 사람들에게 '양질의 일자리' 를 제공하는 것은 한국 정부와 사회가 해결해야 하는 가장 시급한 경제 문제 중 하나일 것이다. 최근 언론에서는 젊은 세대들을 의미하는 '삼포세대' 라는 말이 유행하고 있다. 삼포세대는 연애, 결혼, 출산을 포기한 세대이며 여기 인간관계까지 포기한 '사포세대' 라는 자조적인 유행어가 잇달아 생겨나기도 했다. 이런 세대가 생겨난 가장 큰 원인으로 청년실업이 지적되었다. SDGs 달성만이 아니라 대한민국의 미래를 위해서도 시급히 해결할 과제이다. 청년들에게 직접 많은 일자리를 주는 것은 정부가 아니라 기업이다. 따라서 정부는 기업이 일자리를 많이 창출할 수 있도록 기업하기 좋은 환경을 조성해 주어야 한다.

(3) K-SDGs 활동

UN의 SDGs 기틀 하에 우리나라의 실정에 맞는 국가균형 발전, 빈부격차 해소, 저출산 고령화 대비 등을 포함하여 2030년까지 우리 고유의 사회발전 비전을 담은 '국가지속가능발전목표(K-SDGs)'가 수립되었다. K-SDGs는 국제적 정세에 대응하여 수립한 한국형 SDGs이며, 경제, 사회, 환경 등 국정 전 분야를 아울러 이정표를 설정한 것으로, 행정부처에서 각종 정책 및 계획 등을 먼저 수립한 후에 가능한 범위에서 상향식(bottom-up) 형식으로 추진하는 것을 원칙으로 하고 있다.

K-SDGs를 작성하기 위해 환경부 주관 아래 2018년에 시민단체, 정부·공공기관, 전문가 등이 참여하는 민·관·학 공동작업반(2018. 4~12월)이 구성되어 K-SDGs를 작성하였다. 또한 SDGs의 특징인 목표간 연계성 검토와 수립과정의 절차적 민주성을 강화하기 위해 이해관계자 그룹(K-MGoS, Korean Major Groups and Other Stakeholders)을 구성하여 운영하고 있다.

1) SDGs 이행보고서의 취지

유엔 SDGs에 대한 진행과 점검에 대한 국가적 관리는 환경부가 주무부처로 지속가능발전위원회를 통하여 관장하고 있으나, SDGs의 진행 상태를 데이터와 통계를 통해서 정확히 진단하고 추진 정책을 수립해 나가기 위해서는 각종의 통계 자료가 필요하다. 현재 통계청이 가장 많은 공식통계를 가지고 있으므로, 통계청 통계개발원은 SDGs 데이터의 국가책임기관으로 지정되어 SDGs 지표개발과 국가적 이행점검의 구심적 역할을 하고 있다. 통계청은 2019년에 「글로벌 렌즈로 본 한국의 SDGs 데이터와 이행현황」이라는 기초 보고서를 출시한 이후, 2021년 4월 1일에 처음으로 「한국의 SDGs 이행보고서 2021(SDGs in the Republic of Korea Progress Report 2021)」을 발간하였고, 앞으로 매년 발간할 예정이다. 동 보고서는 국가승인통계 등 신뢰할 만한 데이터를 활용해 현 상황을 진단하고 있고, OECD 국가들과 비교해 '글로벌 SDGs 코리아'의 자화상을 가감 없이 볼 수 있게 작성되어 있다.

「한국의 SDGs 이행보고서 2021」은 '코로나19와 한국의 SDGs'에 주안점을 두고 분석하고 있다. 빈곤, 건강, 교육, 일자리, 불평등, 기후변화 등 17개 글로벌 SDGs가 모두 코로나19 시대의 영향을 피할 수 없기 때문이다. 이와 함께 통계청은 국내에서 처음으로 오픈소스 기반의 SDGs 플랫폼(https://kostat-sdg-kor.github.io/sdg-indicators)을 개통하여, SDGs 데이터와 이행현황에 대한 대국민 접근성을 확대해 나가고 있다.

2) SDGs 이행보고서의 특징

이 보고서의 주요 특징은 17개 글로벌 SDGs를 5P 즉, 사람(People), 지구환경(Planet), 번영(Prosperity), 평화(Peace), 파트너십(Partnership)으로 다음과 같이 주요 결과를 요약하고 있다.

① 사람(People): SDGs의 목표 빈곤퇴치(목표1), 기아종식(2), 건강(3), 교육(4), 성평등(5)에 해당. 주요 결과로 식품안정성, 사회복지지출, 보건위기대응역량, 여성의원 지표 등을 제시함.

② 지구 환경(Planet): SDGs의 물(목표6), 지속가능 소비와 생산(12), 기후변화(13), 해양 및 육상 생태계(14, 15)에 해당. 주요 결과로 수질오염, 폐기물, 온실가스 배출량, 보호지역, 산림면적 지표를 제시함.

③ 번영(Prosperity): 에너지 보장(목표7), 일자리(8), 산업·혁신(9), 불평등 감소(10), 도시(11)에 해당. 주요 결과로 재생에너지, 산업재해, 연구개발비 지표를 제시함.

④ 평화(Peace): 평화·정의·제도(목표16)에 해당. 주요 결과로 차별경험을 제시함.

⑤ 협력(Partnership): 글로벌 파트너십(목표17)에 해당. 주요 결과로 공적개발원조 지표를 제시함.

이 보고서에 요약되어 있는 한 가지 예를 들어보자. 번영(Prosperity)에는 일자리(목표8)가 들어 있고, 여기에는 중요한 지표로 실업률이 있다. 이 보고서에는 실업률에 대하여 2000년 이후 2020년까지 실업률의 변화를 보여주는 그림(<그림 1.4> 참조)을 그리고, 이에 대한 설명을 하고 있다.

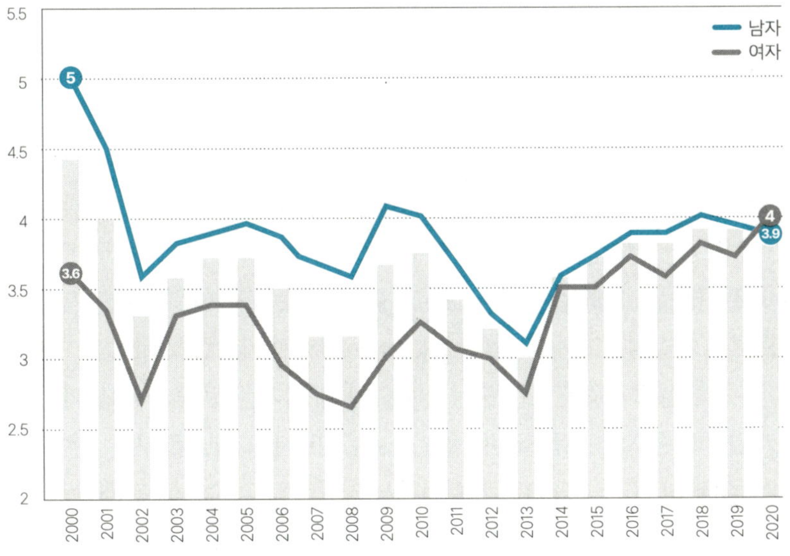

<그림 1.4> 한국의 실업률 (2000~2020)

한국의 실업률은 2000년에 4.4%, 2001년에 4.0%를 기록한 후 2019년까지 3%대를 유지했다. 그런데 코로나19 대유행이 있었던 2020년 실업률이 다시 4.0%로 되었다. 이 과정에서 2000~2019년 동안 남자의 실업률이 여자의 실업률에 비해 일관되게 높았으나, 2020년에는 여자의 실업률(4.0%)이 남자의 실업률(3.9%)에 비해 더 높게 나타난 것을 주목할 필요가 있다.

데이터와 통계에 근거해 발간된 「한국의 SDGs 이행보고서 2021」는 정책입안자들에게 증거 기반(evidence-based) 정책 수립의 디딤돌이 될 뿐 아니라, 일반 시민들에게는 SDGs를 이해하고 데이터 리터러시(해독능력)를 향상시키는 거울이 될 것이다.

1.4 포스트 코로나 시대의 국제적 대응과 기업환경 변화

(1) 공적개발원조의 현황과 계획

1) 공적개발원조의 현황

공적개발원조(ODA)는 국제협력 관계에서 중요한 부분이므로, 여기에 대하여 구체적으로 살펴보자. 1960년 1월 아이젠하워 미국 행정부의 주도로 경제협력개발기구(OECD)의 전신인 유럽경제협력기구(OEEC)에서 개발도상국 지원에 관한 공여국 간 자문 포럼으로서 개발원조그룹(DAG; Development Assistance Group) 설립이 제안되었다. DAG의 초기 설립 목적은 개발도상국에 대한 재정 지원 및 투자 전 단계에서의 기술원조 지원에 대한 자금 흐름을 비교할 수 있는 정보제공 채널을 구축하는 것이었다. 1960년 12월에 OEEC가 OECD로 개편되면서 개발원조그룹(DAG)도 개발원조위원회(DAC; Development Assistance Committee)로 이름이 바뀌었다. DAC의 설립으로 현재의 공적개발원조(ODA; Official Development Assistance) 체계가 시작되었다고 볼 수 있다.

ODA는 "중앙 및 지방정부를 포함한 공공기관이나 이들 기관의 집행기관이 개도국의 경제개발과 복지증진을 주목적으로 하여 개도국 및 국제기구에 무상 및 유상으로 제공하는 자금의 흐름(해외투자용어사전, KOTRA)"이라고 정의하고 있다. 현재 우리나라의 개도국 지원 ODA는 국제기구에 대한 분담금 및 출연·출자금 등 다자간 원조와 무상원조, 유상원조를 포함하는 양자 간 원조로 구성되어 있으며, 다자간 원조 중 UN 등 국제기구에 대한 분담금은 외교부가, 세계은행 등 국제개발금융기구에 대한 출연·출자금은 기획재정부가 담당하고 있으며, 양자 간 원조 중 유상원조는 기획재정부 대외결제협력기금(EDCF)에서, 무상원조는 외무부 산하의 한국국제협력단(KOICA)에서 담당하고 있다.

국제사회의 ODA 규모는 DAC 설립 이후 지속적으로 커지고 있으며, 1990년대 이래 DAC국가들의 ODA 규모는 전체 회원국의 국민총소득(GNI) 대비 ODA 비율도 서서히 증가되어 왔다. OECD에서 발간한 2020년도 데이터 (자료 출처: OECD, 13 April 2021),

https://www.oecd.org/dac/financing-sustainable-development/development-finance-data/ODA-2020-detailed-summary.pdf 에 의하면, <그림 1.5>에서 보는 바와 같이 29개 DAC 회원국 공적개발원조금 총액은 1,612억 달러(2019년보다 3.5% 증액)이고, 미국(355억 달러)이 계속 1위 국가이고, 다음으로 독일(284억 달러), 영국 (141억 달러), 일본 (163억 달러), 프랑스(141억 달러)이다. 한국(22.5억 달러)은 16위를 기록하고 있다. ODA/GNI 비율을 보면 스웨덴(1.14%)이 1위이고, 그 다음으로 노르웨이(1.11%), 룩셈부르크(1.02%), 덴마크(0.73%), 독일(0.73%)의 순이고, 한국(0.14%)은 27위를 기록하고 있다.

2020년에 평균 ODA/GNI 비율은 0.32%로 2019년의 0.30%보다 상향되었으나, UN의 목표치인 0.7%에는 아직 많이 못미치고 있다. 이와 유사한 자료는 대한민국 ODA 통합홈페이지인 http://odakorea.go.kr 에서도 찾아 볼 수 있다.

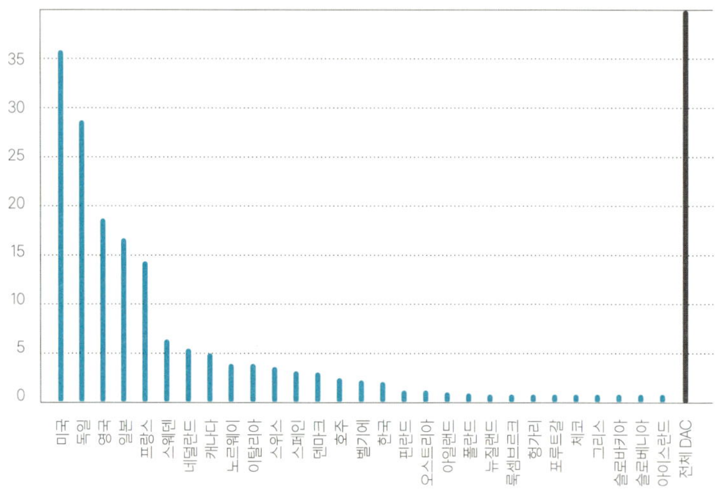

<그림 1.5> 2020년 국가별 ODA 규모 (출처: OECD, 증여등가액 기준)

우리나라는 해방 이후 1990년대 후반까지 약 127억 달러 규모의 ODA를 지원 받았다. 1945년 이후 1950년대까지 대표적인 최빈국이었던 우리나라는 국제사회의 집중적인 원조를 통해 경제성장의 계기를 마련할 수 있었다. 1990년대 이후 한국은 국민소득 1만 달러를 돌파(1994년)하고 OECD가입(1996년)과 함께 국제적인 위상이 높아지게 되었다. 이와 함께 한국이 받은 도움과 경제 규모에 걸맞게 국제사회의 이웃들을 도와야 하는 책임도 같이 늘어가게 되었다.

한국은 OECD 산하의 개발원조위원회(DAC)에 2010년에 회원국으로 가입하면서 ODA를 시작하였고, 10년이 지나가면서 양적·질적 성장을 통해 중견 공여국으로 자리매김하고 있다. 2010년 이후 우리나라의 연평균 증가율은 DAC 회원국 가운데 최상위 수진이다. ODA 통합홈페이지(http://www.odakorea.go.kr)에 따르면 우리나라는 2020년 ODA 지원규모(증여등가액, grant equivalent, 기준)는 코로나19 영향에 따른 양자 원조 감소, 지역개발은행 출연·출자 감소 등으로 전년(25.4억 달러) 대비 약 8.7% 감소한 22.5억 달러를 기록하였다. 그러나 우리나라는 국내 기준으로 2020년 ODA 확정액이 약 3조 4,270억 원이었고, 2021년에는 약 3조 7,101억 원(2020년 대비 8.3% 증가)으로 ODA 규모 증액에 대한 확고한 의지를 가지고 있으며, 2030년까지 총 ODA 규모를 2019년 대비 2배 이상 수준으로 확대하는 것을 목표로 하고 있다. ODA 연평균 증가율을 보면 2010년 이후 DAC 회원국 전체 평균은 2.7%이나, 한국은 9.7%로 최상위 증가 수준을 기록하고 있다. 우리나라는 이 증가 비율을 계속 유지하여 조만간 전체 평균인 0.32%를 달성해야 할 것이다.

2) 한국의 공적개발원조 계획

우리나라는 지리적 접근성과 문화적 친밀성을 바탕으로 아시아 지역에 대한 ODA 지원을 중점적으로 수행해 왔으며, 2010년에 수립된 「ODA 선진화 방안」을 토대로, 아시아 중심의 지원을 유지하면서 아프리카 비중을 점진적으로 확대해 왔다. '대한민국 ODA 통합정보포털'을 보면 2020년에 아시아 지원 비율이 50.0%로 가장 많고, 그 다음이 아프리카(22.8%), 중남미(7.6%), 오세아니아(0.8%), 유럽(0.4%)의 순이다. 미배분(18.3%)도 많아서 사용되지 못한 ODA 지원금도 상당히 많다. 아시아와 아프리카에 대한 지원 비중은 지속적으로 높은 수준을 유지하되 중남미, 오세아니아, 유럽 등의 지역에도 관심을 갖는 것이 바람직할 것이다.

(2) SDGs를 달성하기 위한 국제적 노력

SDGs는 UN을 중심으로 지구촌을 살리기 위해 야심차게 시작된 국제적 사업으로 반드시 성공하여야 한다. 그러나 2020년부터 시작된 코로나19로 인하여 큰 암초를 만난 셈이며, 대부분의 SDGs 목표가 흔들리고 있다. 따라서 인류는 하루 속히 코로나19를 극복하면서 다시 한 번 2030년의 SDGs 달성을 위해 매진해야 한다. 그러기 위해서 특별히 부족한 점이 무엇인지, 이를 어떻게 보완하면 좋은지 등에 대하여 다음과 같이 제안하고자 한다.

1) 코로나19의 종식을 위한 전 세계적인 협력

교통수단이 매우 발달한 지구촌이므로 국가 간에 사실상의 경계는 없는 셈이다. 따라서 코로나19와 같이 전파력이 뛰어난 감염병에서는 전 세계적인 협력이 필수적이다. 최근에는 백신 불평등이 심화되면서 전파력이 강한 오미크론 변이가 기승을 부리고 있다고 전문가들은 진단하고 있다. 세계보건기구(WHO) 사무총장인 테워드로스 아드하놈 거브러여수스(Tedros Adhanom Ghebreyesus)는 지난 2022년 1월 22일 화상 정례 기자회견에서 백신 접종률이 낮은 저소득국가(low-income countries)에 백신을 분배해 백신 불평등 문제를 해소해야 한다고 촉구한 바 있다.

미국 듀크대 국제보건혁신센터는 2021년 말 기준 백신 생산량이 누적 110억 회분으로 추산했다. 이는 전 세계 인구 78억 명 중 최소 55억 명이 2회 접종할 수 있는 양이다. 그러나 저소득국가의 1회 이상 접종자는 해당 국가 총인구의 약 7%에 불과하다. 저소득국가에 백신을 보급하는 책임도 DAC국가들은 가지고 있다. 코로나19의 종식을 위해 전 세계적인 협력이 절실하다.

2) SDGs를 달성하기 위한 과학기술의 진흥

SDGs의 목표들은 빈곤과 기아의 종식, 건강한 삶의 보장, 양질의 물과 위생설비 관리, 지속가능한 에너지 보장, 지속가능한 경제성장, 지속가능한 산업화, 기후변화 대응, 생태계 보존, 토지 황폐화 방지 등이다. 이들은 모두 과학기술력의 도움이 필요하다. 따라서 개발도상국들은 과학기술의 진흥에 노력해야 하며, 이를 통하여 SDGs의 상당 부분을 해결할 수 있다. 따라서 DAC 회원국들은 스스로의 과학기술 진흥을 도모할 뿐아니라, ODA 지원 등을 통하여 개발도상국의 과학기술 진흥에 특히 관심을 가지고 지원해 주어야 한다.

3) SDGs 달성을 위한 강력한 방안 수립

SDGs가 지구촌을 위하여 훌륭한 목표들을 많이 가지고 있으나, 임의의 한 나라(특히 개발도상국)가 이를 달성하기 위하여 아무런 노력을 하지 않아도 징계하거나 강제할 방안이 없었다. 따라서 UN 결의 형식으로 각국이 SDGs 달성을 준수하도록 강제화하는 방안이 마련되어야 한다. 예를 들어, 북한은 UN 회원국이나 SDGs를 달성하기 위한 자체 노력을 안 하고 있는 것으로 보인다. 이런 경우에 UN에서 북한에 이 목표를 달성하기 위한 노력을 하도록 우선 권장하고, 아무런 노력이 없을 경우에 UN 차원에서 간섭하고 제재하는 방안이 있어야 할 것이다.

4) 인권 향상

SDGs 17개 목표에는 구체적으로 인권 향상(Improvement of human rights)에 대한 언급이 없다. 인권 향상과 가장 가까운 목표가 목표5(성평등), 목표10(불평등 해소)과 목표16(평화, 정의 강력한 제도)이다. 인류의 삶의 질을 확보하는데 기본적으로 가장 중요한 것은 모든 인류가 인권 존중을 받는 것이다. 일부 개발도상국이나 전쟁을 수행하고 있는 국가에서는 인권 침해를 받는 것이 매우 흔하다. 모든 사람은 평등하다는 원칙과 죄를 지었을 경우에 재판 받을 수 있는 권리 등에 대하여 명시할 필요가 있다. 국제적인 인권 향상 노력은 목표 5, 10과 16을 달성하는데 유의한 도움이 될 것이다.

UN에서 SDGs를 발표할 때의 슬로건은 '어느 누구도 뒤처지지 않게 한다(Leaving No One Behind).' 였다. 이 슬로건이 달성되기 위해서도 세계인 모두에게 인권 향상과 존중은 필요하다.

5) ODA에 의한 재정 지원

1970년 UN 총회에서 부유한 나라들은 그들의 국민총소득(GNI: Gross National Income)의 0.7%를 ODA로 사용하여야 한다고 결의하였다. 한국은 2010년에 ODA를 주관하는 국제협력개발기구(OECD) 산하의 개발원조위원회(DAC)에 가입한 후 개발도상국 발전에 기여하기 위하여 지속적으로 ODA를 증액시켜 왔다. 그러나 국민총소득 대비 ODA 비율(ODA/GNI)은 2020년 현재 0.14%(약 22.5억 불)로 전체 DAC 회원국 중 27위이며, 세계 10위권 경제규모인 국가에 비하여 기여도가 낮은 수준이다. 이 비율에 대한 DAC 국가 전체 평균은 0.32%였다. 한국도 SDGs가 종료되는 2030년에는 DAC 국가 전체 평균의 수준에 도달하도록 노력해야 할 것이다.

6) 개발도상국 국가통계시스템 지원

SDGs의 달성 정도를 정확히 파악하기 위해서, 또한 코로나19의 영향이 어느 정도인지 신뢰성 있는 데이터로 파악하기 위해서는 믿을 만한 국가통계시스템(national statistical system)이 있어야 한다. 그러나 'SDGs 보고서 2021'에 의하면, SDGs가 채택된 이후 4년 연속 ODA 요청 항목으로 '데이터와 통계' 작성에 대한 재정지원 요청이 증가하고 있으며, 2015년에는 5억 9,100만 달러, 2018년에는 6억 9,300만 달러였다. 특히 소도서국가(SIDS)와 최빈국(LDCs)에서 강한 요청이 있었다.

'SDGs 보고서 2020'에 의하면 132개 국가 중에서 국가통계시스템을 제대로 작동시킨 나라는 84개국이라고 지적하고 있으며, 46개 최빈국(LDCs) 중에서는 4개국만이 제대로 작동되었다고 보고했다. 이들 개발도상국들은 코로나19가 심해진 2021년도에는 인구조사나 가구조사 등 비용이 많이 드는 통계조사를 제대로 수행한 나라들이 많지 않다. 따라서 코로나19와 싸우며 SDGs를 달성해 가기 위해서는 ODA 지원 등의 방법으로 개발도상국의 국가통계시스템이 적절히 작동될 수 있도록 이들 국가들을 도와주는 것이 절실하다.

7) 적절한 SDGs 관리부서 지정

SDGs 달성 상태를 점검하고 이에 대한 대비책을 세우는 것은 모든 국가에서 필요하다. 따라서 이를 관리할 정부 부처가 필요하다. 어느 부처에서 관리할지는 국가마다 차이가 있다. 한국은 환경부가 관리담당부서로 지정되어 있고, 환경부 산하에 지속가능발전위원회를 두고 관리하고 있다. 그러나 SDGs 달성을 위한 통계적 점검보고서는 공식통계를 관장하는 통계청에서 '한국의 SDGs 이행보고서 2021'로 최근 발행된 바 있다. 따라서 SDGs 관리부서로 환경부가 적절한지에 대해서는 의문의 여지가 크다. SDGs 17개 목표 주에는 환경 관련 목표는 5개이고, 경제성장 관련 목표는 4개, 사회발전 관련 목표는 6개이고, 기타 총괄적인 목표가 2개이다. 환경부는 환경 관련 목표 5개 이외에 다른 목표들에 대해서는 사실상 관리 능력이 떨어진다. 따라서 SDGs의 원활한 관리를 위해서는 관리부서를 국무총리실이나 대통령 직속 위원회로 하는 것이 적절해 보인다.

(3) 기업 환경의 변화

포스트 코로나 시대에는 비대면 기술들이 발전하고, 코로나19로 인하여 지구촌의 교통, 무역, 원자재 수급 등이 어려움을 겪으면서 중요 원자재를 국내에서 공급하려는 움직임이 강하게 나타날 것이다. 따라서 글로벌 가치사슬(value chain)의 재구축으로 지역적, 국가 중심적 생태계로 전환될 것으로 보인다. 여기에 추가하여 미국과 중국 간의 갈등이 심화할 것으로 보이며, 특히 최근에 발생한 우크라이나 사태는 글로벌 공급망에 차질을 가져올 것이다. 이러한 상황은 기업 환경의 급격한 변화를 초래할 것이며, 이에 대비한 위험 관리가 더욱 중요해지고 있다.

비대면 기술이 차음 고도화되지만 기존의 대면 기술들도 동시에 발전을 추구하는 양상이 전개될 것이다. 따라서 비대면 기술과 기존의 대면 기술들과 연결되어 두 기술이 융합되는 하이브리드(hybrid) 기술들이 발전될 것이다. 하이브리드 기술을 활용한 산업 스마트화 구조 변화, 글로벌 네트워크 다변화가 진행될 것이다. 여기에 추가하여 탄소중립(carbon neutral)을 강조하는 국제적 움직임이 강화되고, ESG(환경, 사회, 지배구조) 경영을 강조하는 국제 비즈니스의 흐름이 강화됨에 따라 기업 환경은 급변하고 있다. 우리 기업들은 생존하기 위해서도 여기에 대응하는 전략을 구사해야 할 것이다.

02

새로운 패러다임과 ESG경영의 중요성

2장: 새로운 패러다임과 ESG경영의 중요성

2.1 ESG의 등장

(1) ESG 열풍과 그 배경

요즘 주요 기업 CEO들의 발표에서 빠지지 않고 등장하는 키워드는 ESG이다. ESG 경영을 선언하고 ESG 조직을 정비하며 다양한 사회공헌 활동을 홍보하는데 주력하고 있다. 최근에 ESG가 투자자 및 금융, 컨설팅 업계에서도 주목받기 시작했다. 2021년부터는 신문, 잡지, 뉴스 등 각 언론 매체에서 거의 하루도 빠지지 않고 ESG 기사가 등장하고 있다. 그야말로 ESG 열풍이 불고 있다고 해도 과언이 아니다. 언론매체들의 제목만 보아도 ESG에 대한 관심이 어느정도 인지 가히 짐작할 수 있다.

<표 2.1> ESG에 대한 말, 말, 말...

'ESG는 거스를 수 없는 메가트렌드이다.'
'ESG는 선택이 아니라 필수'
'ESG는 트렌드를 넘어 생존의 문제'
'빨라지는 ESG 시계... 한국기업, 발등의 불'
'ESG열풍에 본업까지 바꾼다'
'세계는 지금 기술혁명 시대에서 ESG 혁명시대로 바뀌고 있다.'
'애플, 혁신의 대명사에서 ESG 선도자로 거듭나다'
'탄소제로 30년 전쟁, 사활을 건 경쟁'
'코로나 팬데믹 이후 더욱 중요해진 ESG'
'ESG는 재무제표에 드러나지 않은 리스크 관리이다.'
'ESG 안 하면 투자 못해'
'ESG는 비용이 아니라 장래의 기업가치를 높여주는 투자다.'
'ESG는 기업에게 새로운 도약의 가치이자 생존을 결정짓는 뉴노멀(New normal)이다.' 등...

이러한 ESG 열풍의 기폭제 역할을 한 것은 2020년 1월 초 세계 최대 자산운용사인 블랙록(Black Rock)의 래리핑크 회장이 글로벌 주요기업 CEO들에게 보낸 연례 서신이었다. 그는 서신에서 앞으로 투자결정시 지속가능성을 기준으로 삼겠다고 밝히면서 'ESG 성과가 나쁜 기업에는 투자하지 않겠다'고 폭탄선언을 했다. 이어서 다른 글로벌 자산운용사들도 ESG 관련 상품을 출시하는 등 ESG 투자에 동참했다, 그리고 이러한 움직임은 코로나19의 위기 속에서도 ESG 투자 기업의 수익률이 높게 나타나면서 ESG에 대한 관심을 더욱 고조시켰다. 이와 같이 최근의 ESG 열풍은 래리핑크 회장의 강한 의지표명에서 시작된 글로벌 투자자들의 요구와 언론사들의 관심이 가장 큰 역할을 했다고 볼 수 있다.

그리고 이 외에도 글로벌 공급망 등 기업을 둘러싼 다양한 이해관계자들의 요구, MZ세대 소비자의 가치관과 행동주의, 지구온난화 대응을 위한 온실가스 감축과 관련된 각종 국제적 규제 강화 등 기업환경이 크게 바뀌었고, 특히 코로나 위기를 겪으면서 기업의 환경 및 사회문제 해결에 대한 책임이 크게 강조된 것도 그 배경이 되었다고 볼 수 있다.

(2) ESG의 의미와 중요성

그렇다면 ESG란 무엇인가? ESG는 환경(Environment), 사회(Social), 지배구조(Government)의 앞글자를 딴 용어로서, 기업의 지속가능성(Sustainability)을 달성하기 위한 이 3가지 핵심요소를 의미한다. 그리고 기업경영에서 친환경, 사회적책임, 지배구조의 투명성과 윤리성을 강조하는 것이 ESG 경영이다. 기업 이미지와 브랜드 강화를 위해 강조되어온 기업의 사회적책임(CSR)에서 더 나아가 기업을 둘러싼 소비자, 주주, 협력회사, 지역사회 등 다양한 이해관계자들을 두루 고려해야 한다는 것이 ESG 경영의 지향점이다.

따라서 ESG 경영은 기업의 재무적 성과만을 판단하던 전통적 방식과 달리, 장기적 관점에서 기업 가치와 지속가능성에 영향을 주는 환경, 사회, 지배구조 등의 비재무적 성과도 기업 평가의 중요한 잣대가 된다. 즉, 기업의 재무적 성과와 비재무적 성과를 통합한 기업가치의 새로운 패러다임으로 전환해야 한다.

<그림 2.1> 기업가치의 새로운 패러다임
(출처 : 삼정KPMG 경제연구원, 한국경제신문 2021.04.15.)

환경(Environment) 항목에는 기업의 경영활동 과정에서 발생하는 환경영향 전반을 포괄하는 요소들이 포함되며 자원사용과 오염물질 최소화가 핵심이다. 최근에는 기후변화와 관련된 탄소중립, 재생에너지 사용 등이 중요한 이슈로 부각되고 있다.

사회(Social) 항목에는 근로환경, 노사관계, 직원만족도, 고객, 협력회사, 지역사회 등 다양한 이해관계자에 대한 기업의 권리와 의무, 책임 등의 요소가 포함되고 최근에는 인권, 안전 보건, 다양성 등에 대한 이슈가 화두가 되고 있다.

지배구조(Governance) 항목에는 회사의 경영진과 이사회, 주주 및 회사의 다양한 이해관계자의 권리와 책임에 대한 영역으로 이사회의 구조 및 다양성, 경영진 보수, 주주

권리 보장, 감사기구 등이 강조되고 있다.

세계최대 자산운용사 블랙록이 ESG를 투자의 중요기준으로 삼겠다고 선언한 것처럼 이제 기업이 투자를 받기 위해서도 ESG 경영이 필수가 되는 시대가 되었다. 주요국가들은 ESG의 규범화와 표준화제도를 본격 추진하고 있다. 유럽 기업들에는 2021년부터 유럽연합(EU) 분류체계에 의해 환경, 기업투명성, 인권 등과 같은 비재무적 요소의 공시가 의무화되었다. 그리고 피치, 무디스, S&P 등 국제 신용평가사들은 발빠르게 ESG를 기업 신용평가에 반영하며 요구기준을 강화하고 있다. 이러한 ESG 기준 및 규제 강화는 앞으로 기업들이 제대로 관리하지 못하면 중요한 리스크가 될 수 밖에 없다. 이처럼 ESG 경영은 피할 수 없는 과제가 되었다.

더욱이 2020년 다보스포럼에서는 주주와 기업 이익을 우선시 해온 기존의 자본주의에서 탈피해 거미줄처럼 얽혀 있는 모든 이해관계자의 이익을 충족할 수 있는 '이해관계자 자본주의(Stakeholder capitalism)'를 강조하기 시작했다. 따라서 기업은 다양한 이해관계자에게 더 많은 관심을 기울여야 하며 이를 위해서도 글로벌 스탠다드에 부합하는 ESG 경영을 도입·실행해야만 한다. 이제 ESG 경영은 모든 기업에 선택이 아니라 필수과제가 된 셈이다.

2.2 ESG 개념의 확산과 발전 경과

(1) 지속가능발전과 사회적책임

지속가능성(Sustainability)은 현 세대의 필요를 충족시키기 위해 미래세대가 사용할 경제·사회·환경 자원을 낭비하거나 여건을 저하시키지 않고 서로 조화와 균형을 이루는 것을 의미한다. 글로벌 차원에서 지속가능성이 주요 의제로 등장한 것은 1987년 유엔환경계획(UNEP)이 채택한 '우리 공동의 미래(Our common future)' 일명 '브룬트란트' 보고서에서 지속가능발전이란 화두가 나오면서부터이다.

1992년 178개국 정상들이 참여해 내놓은 환경과 개발에 관한 리우선언에서 국제사회가 환경과 개발의 조화를 추구해 나가는데 필요한 철학적 지침과 21세기를 향한 실천계획으로 실천기반, 목표, 활동사항, 이행방안 등 4개부문과 38개 의제를 담은 아젠다(Agenda21)를 채택했다. 이어 1996년에는 ISO(International Organization for Standardization : 국제표준화기구)에서 환경경영시스템에 대한 국제표준 ISO 14001을 제시하였다. ISO 14001 환경경영시스템은 기존의 관리방식을 탈피하고 전 직원의 참여를 통하여 사전에 환경 문제를 관리하는 시스템적 접근방법이다. 조직은 ISO 14001 환경인증을 통하여 경제적 이윤창출과 환경성과 개선이라는 두 가지 효과를 거둘 수 있게 되었다.

1997년에는 일본 교토에서 2000년 이후 선진국의 온실가스감축을 목표로 하는 교토의정서가 채택되었다. 이는 온실가스 배출량 감축에 따른 막대한 경제적 비용을 감안하더라도 국제적 여론에 따라 합의에 이르게 된 것이다. 2002년 지속가능발전 세계정상회의에서는 1990년 이후 전 세계가 실천해온 환경과 지속가능한 발전의 성과를 평가하고 이후의 이행과제를 구체화하는 계기로서 요하네스버그 선언이 채택되었다. 한편 1997년에는 GRI(Global Reporting Initiative) Standards 초안이 작성되었고, 2000년에는 정식 GRI Standards가 제정되었다. GRI 구성 자체가 경제, 환경, 사회 지표로 구성되어 있어 현재 GRI Standards는 ESG 보고의 가장 기본적인 가이드라인이 되고 있으며, 세계 경제포럼의 이해관계자 자본주의 공통지표 또한 상당 부분 GRI의 지표를 사용하고 있다.

ISO는 2010년 이해관계자의 참여와 합의가 중요함을 인식하고 운영할 것을 촉구하였다. 그리고 7대 핵심주제에 대해 정부, 산업, 노동, 소비자, NGO 등 사회를 구성하는 모든 조직이 준수해야 할 사항을 포괄적으로 규정하여 사회적책임 국제표준 ISO

26000을 제정하였다. ISO 26000의 7대 핵심주제와 37개 이슈는 3장에서 상세히 소개하기로 한다. ISO 26000의 목적은 조직이 지속가능한 발전을 할 수 있도록 돕고, 사회적책임이 필수요소임을 인식시키며, 법 준수이상의 활동을 하도록 권장하고 있다. 이런 점에서 ISO 26000과 지속가능경영, ESG는 상호 연결되어 있다고 볼 수 있다.

2015년에는 유엔의 MDGs(Millenium Development Goals : 새천년개발목표) 이행 목표기한이 만료됨에 따라 유엔은 2030년까지 달성할 새로운 목표로 SDGs(Sustainable Development Goals : 지속가능발전목표)를 제정하였다. 그리고 2020년 1월 다보스 경제포럼은 주제를 '결속력 있고 지속가능한 세계를 위한 이해관계자들(Stakeholders for a Cohesive and Sustainable World)'로 정했다. 자본주의의 변화와 지속가능한 지구를 위해 다보스 포럼이 "이해관계자 자본주의(Stakeholder Capitalism)" 를 키워드로 제시했다고 볼 수 있다. 세계경제포럼에서 기업이 재무사항뿐 아니라 환경·사회·투명경영(ESG) 관련 보고를 하겠다고 선언한 것은 지속가능한 글로벌 경제구축을 위해 중요한 발걸음이라고 평가할 수 있다. 그리고 이러한 흐름을 짚어볼 때, ESG는 지속가능발전과 사회적책임이 진화되고 규범화·제도화 된 것으로 설명할 수 있다.

(2) GRI 지침의 글로벌 표준화

1989년 3월 24일 미국 알래스카에서 발생한 액손발데즈 기름유출(Exxon Valdez oil spill) 사고로 환경 훼손에 대한 일반 대중의 격렬한 외침이 있었다. 이후 기업들이 책임질 수 있는 환경행동 원칙을 준수하도록 하는 설명책임기구를 창설할 목적으로 1997년 국제연합체계 내에서 환경이슈들에 대한 대응책을 조율하는 유엔환경프로그램(United Nations Environment Programme, UNEP)의 지원을 받아 미국 보스턴에 기반을 둔 비영리단체, 세레스(Coalition for environmentally responsible economies, Ceres)와 텔루스 연구소(Tellus Institute)란 조직을 구성하였다. GRI 업무를 수행하는 사무국은 2002년에 네덜란드 암스테르담으로 옮겨졌고, 브라질, 중국, 인도, 미국, 남아프리카, 콜롬비아 및 싱가포르에 각각 지역네트워크 허브(regional network hubs)를 두고 있다.

GRI는 독립적으로 지속가능경영보고 관련 지침이나 표준을 다루는 하나의 국제조직이면서 유엔환경계획의 협력센터로 되어있다, 유엔글로벌콤팩트(UNGC)의 활동에도 긴밀하게 협조하고 있다. 또한 GRI는 환경, 인권 및 부패와 같은 이슈들의 영향에 대해 기업, 투자자, 정책입안자, 시민사회, 노동기구 및 기타 전문가들로 구성된 다중이해관계자 프로세스(multi-stakeholder process)에 의해 GRI 지침 또는 표준을 개발하여 필요로 하는 조직들에 도움을 주고 있다. 특히, 지속가능성 보고를 위한 글로벌프레임워크(global framework)는 글로벌네트워크를 통해 전 세계 기업들에게 명확하고 비교가능한 방법으로 정보를 식별, 수집 및 보고할 수 있는 지침을 제공한다.

지속가능성보고를 위한 GRI 지침과 표준의 주요 내용을 정리하면 다음과 같다. 2000년에 지속가능경영보고를 위한 글로벌프레임워크로서 GRI 지침 초판(GRI guidelines, G1)을 발행하였고, 그 이후 2002년 G2, 2006년 G3, 2011년 G3.1 및 2013년 G4로 이어지는 개정판을 각각 발행하였다. 지난 15년 동안 글로벌 네트워크를 통해 기업들로부터 GRI 지침에 대한 관심과 수요가 점차 증가하자, 2016년 지침(guidelines)을 제공하는 것에서 벗어나 지속가능경영보고를 위한 글로벌 표준(global standards)으로 전환하였고, 그 이후 기존 표준들에 대한 갱신뿐만 아니라 세금(tax)에 대한 투명성, 인권실사(human rights due diligence) 같은 새로운 주제들로 영역을 넓혀가고 있다.

이 표준은 기업들이 경제, 환경, 및 사회에 미치는 영향에 관하여 보고하는데 사용할 수 있도록 설계된 것으로서 보고원칙(reporting principles)에 기초하여 중요한 주제(material topics)에 초점을 맞춘 지속가능경영보고서를 준비하는데 도움을 준다. 또한 이 표준은 4가지(100, 200, 300 및 400) 시리즈로 나누어져 있다. <그림 2.3>와 같이 GRI 공통 표준(universal standards) 100 시리즈는 GRI 101, GRI 102 및 GRI 103로 구성되어 있다

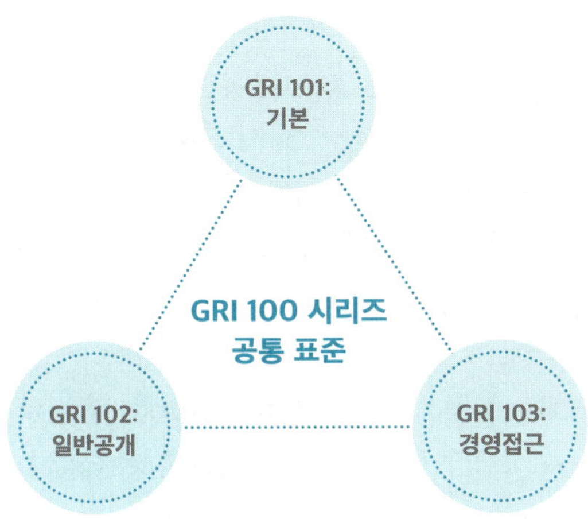

<그림 2.3> 공통 표준 GRI 100시리즈

중요한 주제별로 관련된 공개사항에 대한 보고내용은 <그림 2.4>에서와 같이 크게 GRI 200, 300 및 400 시리즈로 분류된다. 이 시리즈는 지속가능경영의 핵심인 경제적, 환경적 및 사회적 주제에 관련된 기업의 의사결정과 활동에 따른 영향에 관하여 보고할 때 적용된다.

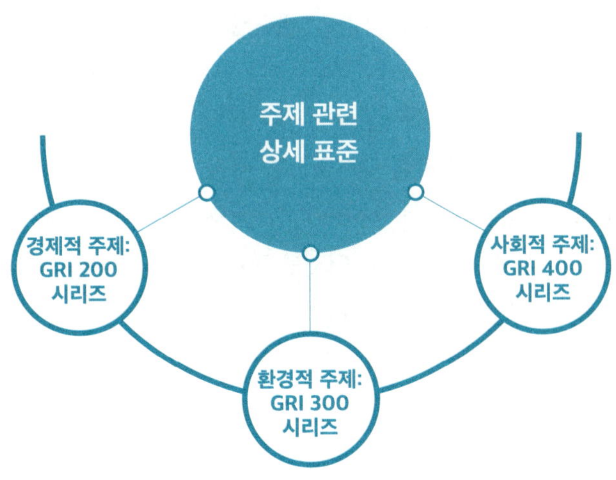

<그림 2.4> 주제별 GRI 표준 분류

(3) 유엔책임투자원칙과 자본주의의 위기

ESG라는 용어가 처음 사용된 것은 2004년 유엔글로벌콤팩트(UNGC)와 20여개 글로벌 금융기관이 작성한 보고서인 'Who Cares Wins ; Connecting Financial Markets to a Changing World'에서 였다. 이 보고서에서 기업의 ESG성과가 중장기적 가치창출 능력을 효과적으로 나타낼 수 있다고 언급했다. 이에 따라 기업의 ESG성과 평가에 대한 관심과 필요성이 지속적으로 확대되었다.

그러나 ESG는 투자의 관점에서 시작되었으며 투자자가 그 변화를 주도하고 있다는 사실을 간과해서는 안된다. ESG 투자는 'Who Cares Wins'라는 보고서 제목이 상징적으로 보여주듯 기업들이 환경·사회 문제를 잘 해결하면 그들의 장기적 재무성과도 따라서 좋아진다는 메시지다. ESG투자의 문제의식과 지향성은 기본적으로 사회책임투자나 지속가능투자와 같기 때문에 거의 같은 의미로 쓰인다. 이것이 계기가 되어 UNGC에서 사회책임투자에 대한 글로벌 이니셔티브의 설립을 결의하게 되었고, 그 결과 2006년 유엔책임투자원칙(UN PRI)이 결성되었다.

UN PRI는 코피아난 당시 유엔 사무총장이 주도적으로 설립한 기구로 기업의 비재무적 성과를 반영하는 금융기관들의 사회책임투자를 촉진하기 위해 만들어졌다. 20세기 중반 미국 종교계를 중심으로 사회책임투자가 확산되기 시작해 기업의 사회적책임과 지속가능성을 고려한 투자가 점차 늘어났다. 특히 2000년대 들어서 기업의 사회적책임 핵심요소인 환경·사회·지배구조 이슈가 주가에 직간접적인 영향을 미치게 됨에 따라 유엔과 대형 금융기관들을 중심으로 이전까지는 투자시 비재무적인 이슈를 미미하게 고려했던 기업의 지속가능성을 이제는 체계적으로 고려하는 것이 '수탁자 의무(Fiduciary Duty)'이며 책임을 다하는 투자라고 재정의하게 되었다. UN PRI는 6개의 투자원칙과 35개 세부실천 프로그램으로 구성되어 있는데 이 투자원칙에 ESG라는 용어가 등장한다.

<표 2.2> 유엔책임투자원칙(UN PRI)

① 우리는 ESG 이슈들을 투자 의사결정시 적극적으로 반영한다.
② 우리는 투자 철학 및 운용원칙에 ESG 이슈를 통합하는 적극적인 투자자가 된다.
③ 우리는 우리의 투자 대상에게 ESG 이슈들의 정보 공개를 요구한다.
④ 우리는 금융산업의 PRI준수와 이행을 위해 노력한다.
⑤ 우리는 PRI 이행에 있어서 그 효과를 증진시킬 수 있도록 상호 협력한다.
⑥ 우리는 PRI 이행에 대한 세부활동과 진행상황을 외부에 보고한다.

또 ESG가 확산하게 된 계기는 2008년의 국제금융위기와 지구온난화 이슈라고 할 수 있다. 금융위기를 계기로 자본주의 문제점과 금융시장의 민낯이 드러나면서 글로벌 투자자들이 기존 체제로는 자본주의를 유지할 수 없다는 위기감을 느꼈다. 또한 지구온난화가 지속되면 대부분의 산업은 비용 증가, 수익 감소에 직면하게 되어 연기금과 같은 기관투자자, 자산운용사들이 투자수익을 올릴 방법이 사라지기 때문에 투자자들이 기업들에게 ESG 준수를 압박하기 시작했다. 이들은 ESG와 기업의 이윤추구는 충돌하지 않는 가치라고 생각했다. 기업의 다양한 이해관계자를 배려하고 환경문제에 대응하는 것은 장기적으로 이윤 극대화에도 도움이 된다는 것이다.

현재까지 ESG 평가기준이 완전히 정립되지는 않았지만, 항목별로 어떤 행동이 바람직한지에 대해서는 사회적 합의가 어느정도 형성되어 있다고 할 수 있다. 환경분야에서는 2050 탄소중립을 달성해야 한다는 목표가 있고 사회적책임에 대해서는 다양성과 포용성이라는 대원칙 아래 산업 안전 문제, 공급망 관리 문제에 대한 국제적인 가이드라인이 만들어지고 있다. 그리고 지배구조에 대해서는 이해관계자를 배려하면서 주주가치를 극대화하는 방향으로 기업 경영이 이루어져가고 있다.

2.3 새로운 경영패러다임과 ESG경영

(1) 경영 패러다임의 변화

시대의 변화에 따라 경영 패러다임이 전통적 경영에서 경제적·환경적·사회적 성과를 동시에 추구함으로써 지속가능한 경쟁우위를 확보하기 위한 지속가능경영의 방향으로 계속 바뀌어 왔다. 그 경영 패러다임의 변화(Paradigm Shift)과정을 <그림 2.5>에 정리해 본다.

1980년대 이전에는 전통적 경영(Conventional management)의 시대로서 경제적 성과를 추구했다. 따라서 이 시기에는 제품가격과 품질이 주된 관심사항이었고, 이윤 극대화에 집중하였다. 반면에 환경규제 등 법규 준수(Compliance)에 소극적으로 대응했고 경제와 환경문제의 상충관계가 자주 발생했다.

1990년대에는 환경을 중요시한 환경경영(Environment management)의 시대였다. 이 시대는 경제적 성과와 환경적 성과를 동시에 추구했다. 따라서 주요 관심사항은 경제적 성과와 환경적 성과의 조화로운 추구와 EHS(환경, 보건, 안전) 분야에 대한 통합적 접근, 자원생산성 향상 추구, 친환경 제품 및 서비스의 생산과 제공이었다.

그리고 2000년대에 들어오면서 부터는 지속가능경영(Sustainability Management)의 시대로 발전했다. 이 시대는 ESG로 표현되는 경제적 성과, 환경적 성과에 더하여 사회적 성과까지 종합적으로 추구하는 것이다. 따라서 주요관심사항은 기업의 투명성 및 윤리성에 대한 요구, 이해관계자 커뮤니케이션, 소비자 권리, 양성평등 등 인권문제, 가치사슬에서의 사회적책임 강화, 기업시민의식 성장 등 ESG와 관련된 사항들로 더욱 증가하였다.

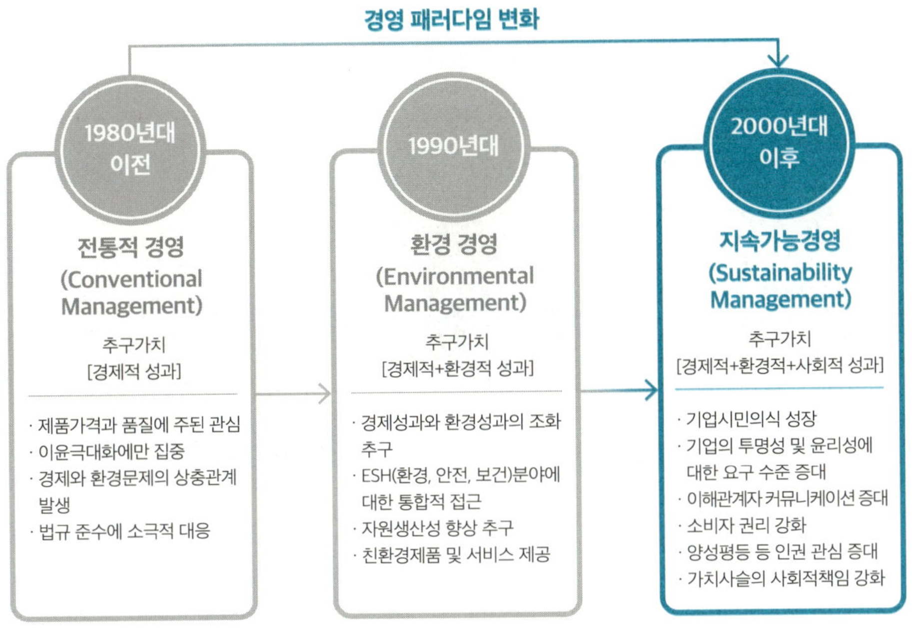

<그림 2.5> 경영 패러다임의 변화

(2) ESG 경영의 본질

ESG는 지속가능발전과 사회적책임 개념이 발전되고 규범화·제도화 된 것으로 이해할 수 있다. 이를 한마디로 요약한다면 ESG를 관통하는 정신이자 ESG 경영의 본질은 "지속가능성(Sustainability)"이라고 할 수 있다. 그리고 지속가능경영은 <그림 2.6>과 같이 '경제적 성과, 환경적 성과, 사회적 성과의 세 범주로 정리되는데. 이것은 트리플 보텀라인(Triple Bottom Line, TBL)으로 설명할 수 있다.

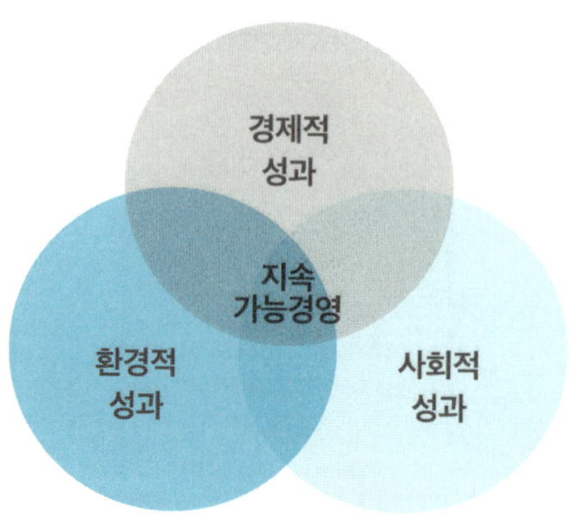

<그림 2.6> 지속가능경영의 세 범주(TBL)

흔히 기업이 이익극대화를 추구하는 것을 보텀라인(Bottom Line)을 추구한다고 말한다. 보텀라인이란 회계처리상 손익계산서의 마지막 줄(Bottom Line)을 의미한다. 즉 세후 순이익을 말하는 것으로 이를 바탕으로 기업의 경제적 성과를 파악할 수 있게 된다. 여기서 확장된 용어가 트리플 보텀라인(Triple Bottom Line; TBL)이다. 1990년대 중반부터 회자되기 시작한 TBL은 기업의 경제적 성과 뿐만 아니라 환경적 성과와 사회적 성과를 통칭한다.

지속가능발전의 개념은 TBL의 세 가지 범주인 경제, 환경, 사회적 요소가 균형을 이루며 발전하는 구조적 틀로서 설명된다. 즉 경제, 환경, 사회의 세분야가 서로 독립되지 않고 상호 연관되어 영향을 주고 받으면서 경제발전, 환경보전, 사회 안정과 통합이 인류의 발전전략으로서 균형을 이루며 점차 확장되고 있으며, 지속가능발전 목표와 교육의 형식 및 내용을 결정하는 데도 중요한 역할을 한다는 것이다. 이 TBL의 개념에서 경제가 안정적으로 지속되기 위해서는 환경과 사회를 해쳐서는 안된다고 하는 주장이 등장했고, 이것이 ESG의 이론적 기반이 된 것이다.

(3) ESG와 사회적책임

먼저 ESG와 CSR(기업의 사회적책임)의 관계에 대해 살펴보기로 하자. ESG를 처음

접하는 기업관계자들은 대개 'ESG와 CSR이 어떻게 다른가'라는 질문을 하게된다. 환경, 사회, 지배구조 등을 다루는 ESG 개념이 사회적가치(Social value, SV) 실현을 추구하는 CSR과 비슷하다고 생각하는 사람들도 있을 것이다. 두 개념을 거의 같은 의미로 받아들일 수도 있지만, ESG 개념을 좀 더 넓게 생각할 필요가 있다.

CSR은 처음에 시장실패에 대한 기업의 책임론에서 등장한 개념이다. 기업은 CSR을 실천하며 좋은 평판을 쌓고, 그 평판을 활용해서 이윤을 창출한다. 이에 비해 ESG 가치를 추구하는 기업은 매출액·이익 등 재무적 성과뿐만 아니라 환경, 사회, 지배구조 등 비재무적 성과까지 기업 경영의 목표로 삼는다. ESG 가치를 실현하는 방향으로 투자계획을 세우고 조직구조를 바꾼다. CSR이 기업 경영의 한 요소였다면, ESG는 기업경영 그 자체를 의미한다고 해도 과언이 아니다. 일반인에게 CSR이 알려지기 시작한 것은 1980년대부터이다. 1980년대 후반 인도네시아 나이키 공장의 열악한 근로환경이 문제가 되면서 CSR을 기업 평가의 잣대로 삼아야 한다는 주장이 제기되었다.

ESG개념이 처음 등장하고 ESG라는 용어가 사용된 것은 2000년대 초반이다. 코피 아난 당시 유엔 사무총장은 2004년 세계 각국 금융회사에서 지구환경과 사회의 지속가능성을 위한 행동에 나서줄 것을 호소하며, 투자결정과정에서 ESG 가치를 비중있게 다뤄달라고 요청했다. 2006년에는 ESG가치가 적용된 '유엔책임투자원칙(UN PRI)'이 정립되었다. 이때부터 ESG가치가 본격적으로 기업경영을 위한 국제규범으로 자리잡기 시작했다.

기업들이 앞다투어 ESG관련 조직을 신설하고 대외적으로 ESG 경영을 선언한 것은 비교적 최근의 일이다. 특히 코로나19 팬데믹이 세계경제를 강타하면서 환경과 자연생태계의 파괴가 코로나19 팬데믹으로 이어졌다는 인식이 확산되면서 기업의 지속가능경영을 위해서는 경영의 목표 자체를 ESG가치와 연계해야 한다는 주장이 늘고 있다. 빠르게 붕괴하는 글로벌 밸류체인(Value Chain)을 목격한 투자자와 기업 관계자들이 ESG가치를 경영리스크를 줄이기 위한 필수조건으로 인식하기 시작한 것이다.

ESG와 CSR은 사회적가치(SV)에 대한 접근 방법에서 다소 차이가 있다. CSR은 환경오염, 빈부격차, 계층갈등 등 산업화 과정에서 나타난 시장실패에 대한 책임론에서 시작했다. 기업은 자발적인 CSR활동을 통해 SV를 실현하고 그 대가로 좋은 평판을 얻는다. 기업은 CSR을 통해 경제적 토대인 사회와 호혜적 관계를 다져나간다. 이에 비해 ESG 경영을 추구하는 기업은 SV실현을 기업경영에 내재화한다, 기업경영목표를 ESG 가치에 부합하는 방향으로 설정하고 최선의 ESG 성과를 얻고자 노력한다. 환경·사회·지배구조 등 분야별 성과지표, 즉 비재무적 지표를 매출, 영업이익 같은 재무적 성과지표와 동일하게 본다는 의미이다.

그리고 ESG와 CSR을 가장 확실하게 구분하는 지점은 기업의 지배구조(Governance)이다. ESG는 SV실현을 위한 '지배구조의 투명화'를 추구한다. 예컨대 CSR에서는 사회적책임을 다하기 위해 쓰레기 줍기 캠페인 등 사회공헌 활동을 했다면 ESG는 기업내 환경경영 정보를 공시하고 제조과정을 친환경 공정으로 개선한다. CSR이 기업 외부에서 사회적 약자를 지원했다면 ESG에서는 직장내 양성평등, 노사관계, 채용, 공급망 관리 등 기업경영 전반에 SV를 연계한다.

또 ESG는 기업 투자지표가 된다. 투자자들은 재무적 성과와 함께 환경, 사회, 지배구조 등 비재무적 요소를 기업의 중요한 평가항목으로 삼아 적극적으로 활용하기 시작했다. CSR을 투자결정 과정에서 부차적인 요소로 간주하는 것과는 근본적으로 차이가 있다. 2021년 초 국제 회계기준위원회(IASB)에서 본격적으로 ESG 회계표준의 제정에 나서고 있는 만큼 국내 업계에서도 기업 평가지표로서 ESG의 활용도가 한층 높아질 것으로 예상되고 있다.

(4) ESG와 지속가능발전목표

ESG와 비슷한 개념으로 사회적책임 외에도 지속가능발전목표(Sustainable Development Goals, SDGs)가 있다. 이 용어 역시 유엔에서 나온 것이다. SDGs란 사람, 지구환경, 그리고 공동의 번영을 위한 행동 계획으로서 사람, 지구, 번영, 평화, 그리고 파트너십에 관한 범 지구적 행동을 촉구하는 키워드라고 할 수 있다. 이는 2000년부터 2015년 까지 빈곤문제 해결을 위해 다양한 차원에서의 국제적 활동을 활발하게 일으켰던 새천년개발목표(MDGs)의 연장선에서 이해 할 수 있다.

유엔 총회의 70번째 회의가 진행 된 2015년 9월, 유엔 회원국들은 유엔개발정상회의(UN Sustainable Development Summit)를 개최하여 지속가능발전목표의 국제적 공식명칭인 「우리 세계의 변혁: 2030 지속가능발전의제 (Transforming our world: The 2030 Agenda for Sustainable Development)」를 채택하였다.

MDGs가 개도국을 중심으로 적용된 반면, SDGs는 모든 UN 회원국들에 공통적으로 적용되며 MDGs에 비해 훨씬 포괄적이고 야심 찬 목표라고 볼 수 있다. 특히 '단 한 사람도 소외되지 않는 것(Leave no one behind)'이라는 슬로건과 함께 사람, 지구, 번영, 평화, 파트너십이라는 5개 영역에서 인류가 나아가야 할 방향성을 17개 목표(Goals)와 169개 세부목표(Targets)로 제시하고 있다. 각 목표들은 인간으로서의 기본적인 삶을 유지할 수 있는 식량 문제, 깨끗한 식수 확보 등 기본적인 인프라 구축의 내용을 포함하며, 세계 곳곳에서 자행되는 인권문제를 해소하고 사회적 불균형의 타파를 지향한다. 지속가능발전목표 채택 이후 국제사회는 제시된 목표를 지역, 국가 및 지방정부 차원에서 각각의 고유 여건에 부합하는 이행전략을 통해 실천하고자 노력하고 있다.

지속가능발전목표의 17개 목표는 '사회발전', '경제성장', '환경보전' 세 가지 축을 기반으로 하고 있다. 17개 목표 중 목표 1부터 목표 6은 사회발전 영역의 목표로, 이 목표의 달성을 통해 빈곤퇴치 및 불평등을 해소하고 인간의 존엄성을 회복하고자 하는 것이다. 목표 8부터 목표 11은 경제성장을 달성하기 위한 목표이다. 무분별한 개발을 통한 경제규모의 성장을 의미하는 것이 아니라 모든 사람들이 양질의 일자리를 통해 적절한 수준의 생계를 유지할 수 있도록 포용적인 경제 환경을 구축하고 지속 가능한 성장 동력을 만드는 것을 목표로 하고 있다. 마지막으로 목표 7, 12, 13, 14, 15는 생태계를 보호하기 위한 목표이다. 현재 지구는 극심한 기후변화와 그로 인한 자연재해로 몸살을 앓고 있다. 또한 선진국에서의 대량생산과 대량소비는 환경을 오염시키며 지구의 자원을 고갈시키고 있다. 그래서 환경을 보호하고 지속가능한 지구를 만들기 위한 목표가 여기에 포함되어 있는 것이다.

그렇다면 목표 16과 17은 어디에 해당하는가? 1번부터 15번까지의 목표가 지속 가능한 발전을 위해 달성해야하는 목표라면 16번과 17번은 이 목표들을 달성하기 위한 조건 및 방법을 담은 목표라고 할 수 있다. 16번은 정의롭고, 평화로우며 효과적인 제도를 구축하는 것이며, 17번 목표는 이 모든 목표를 달성하기 위하여 전 지구적인 협력이 필요하다는 내용이다. 이 17개 목표에 대한 현황판을 만들어 보면 <그림 2.7>과 같다.

<그림 2.7> SDGs 현황판

각 세부 항목별 목표이행수준은 UN에서 제공하는 UN 지속가능목표 연간보고서를 통해서 확인할 수 있다. 지속가능발전목표는 국제규범으로서 SDGs가 다루어야 할 이슈영역이 2000년에 비해 다각도로 풍부하고 포괄적으로 조명이 되었다는 점에서 긍정적인 해석을 내릴 수 있다. 하지만 양적으로 이슈영역이 팽창한 것에 비해 세부목표를 구체적으로 어떻게 이행할 것인가에 대한 논의가 더욱 필요하다는 의견도 있다.

SDGs는 <그림 2.8>과 같이 "5P" 개념으로 각 목표들을 구조화할 수도 있다. 5P는 사람(People), 번영(Prosperity), 지구환경(Planet), 평화(Peace), 파트너십(Partnership)의 첫 번째 글자인 다섯 개의 P를 의미한다. 이 5P는 새로운 개발 의제의 기본정신이자 키워드라고 할 수 있다.

<그림 2.8> SDGs 5P 구성요소

SDGs는 특정기업이나 국가만이 달성해야 할 목표가 아니라 지구상의 모든 사람이 실행하고 지켜야 할 약속이다. SDGs를 기업 평가에 적용하는 기관투자자들도 늘어나고 있다.

SDGs와 ESG의 관계를 생각해 보면, SDGs가 목표라면 ESG는 그 목표를 달성하기 위해 기업이 실행해야 하는 수단이나 활동이라고 할 수 있다, 예를 들면 기업이 플라스틱 빨대를 폐지하고 종이 빨대를 도입하는 ESG 활동을 실시하는 것으로 SDGs의 13번째 목표인 '기후변화 대응'의 달성에 기여한다.

ESG, CSR, SDGs는 닮은 듯 다른 형태로 기업의 사회적책임 활동을 지원하고 평가한다.

기업, 정부, 비영리단체, 개인 등은 전세계 대상의 SDGs를 목표 삼아 다양한 사회적 공헌활동을 추진한다.

투자자와 금융기관은 기업의 재무실적과 ESG 활동 내용을 근거 삼아 해당기업을 지원(투자, 융자) 할 것인지를 판단한다. 거래처 기업, 소비자, 지자체, 구직자 등은 기업의

ESG 활동을 보고 해당 기업과 거래하거나 제품을 구매하거나 채용 공모에 응시하게 된다. 이렇게 각각의 이해관계자가 올바른 평가를 수행하기 위해서는 기업의 투명한 정보공시가 중요하다. ESG, CSR, SDGs는 서로 용어는 달라도 결국은 사회문제를 해결하고 기업의 건강하고 지속적인 성장과 발전을 이루어 가기 위해 꼭 필요한 기반이요 근간이라고 할 수 있다.

2.4. ESG경영 확산을 위한 국내외 노력

(1) ESG 정보공개 표준화

ESG 성과가 우수한 기업들의 제품에 대한 수요가 확산되고 자본조달 및 투자가 확대되며 ESG 경영을 확산하기 위한 기업들의 노력이 계속되고 있다. 특히 기업의 중요한 이해관계자인 투자자와 고객, 정부 등의 ESG 경영에 대한 높은 수준을 요구하면서 지속가능한 기업의 필수 요소가 되었다. 그러나 ESG와 관련한 기관들은 2018년 기준 ESG 표준 제정기관, 데이터 공급업체, 평가기관 등을 모두 합치면 600개가 넘는다. ESG 정보공개에 대한 표준만 헤아려도 2021년 1월 기준으로 GRI(글로벌 보고 이니셔티브), SASB(지속가능성 회계기준위원회) 등 전 세계에 374개가 존재한다.

너무도 많은 기준들이 존재하여 기업들의 평가 부담이 가중됨에 따라 2020년 초, EU의 집행위원회는 비재무공시에 대한 표준을 개발하기로 했다는 안건을 발표했다. 우리가 흔히 알고 있는 재무정보도 신뢰성과 비교가능성을 확보할 수 있도록 표준을 정하고자 하였다. 이에 따라 GRI, SASB, IIRC(국제통합보고위원회), CDSB(기후정보공개표준위원회), CDP(탄소정보공개프로젝트) 등 5개 기관이 2020년 9월 공통 표준 제정에 합의하였으며 같은 해 12월에 초안을 공개하였다. SASB와 IIRC도 조직차원에서 2021년 하반기까지 합병하기로 하고 조직명을 VRF(Value Reporting Foundation)으로 바꾸기로 결정하였다.

또한 세계경제포럼(WEF)의 국제비즈니스협의회(IBC)도 Deloitte, EY, KPMG, PwC 등 글로벌 4대 회계법인과 함께 2020년 9월 '이해관계자 자본주의 지표(Stakeholder Capitalism Metrics)'를 개발하였다. 21가지 핵심지표와 34가지 확장지표로 구성된 이해관계자 자본주의 지표는 GRI를 기반으로 하여 다른 공시 표준과 프레임워크를 반영하고 있으며, 2021년 1월에 진행된 '다보스 어젠다 2021'에서 글로벌 61개 기업이 본 지표를 활용하여 비재무정보를 공시하기도 하였다.

그밖에도 IFRS(국제회계기준) 재단은 2021년 11월 ESG 정보공개 표준 제정을 위한 '국제지속가능성기준위원회(International Sustainability Standards Board, ISSB)를 설립하였다. 또한 기존의 지속가능성 기준 제정기구인 CDSB와 VRF를 2022년 6월까지 ISSB에 통합하고, 2분기에 기준 공개초안을 발표하고 하반기에 확정할 계획이다.

국내에서도 ESG 정보 공개를 의무화하였으며, 금융위원회에서는 기업지배구조보고서와 지속가능경영보고서를 필수적으로 공개하도록 하였다. 자산총액 2조 원 이상의 코스피 상장사들을 대상으로 필수적으로 공개하기로 한 기업지배구조보고서는 2022년부터 1조 원 이상, 2024년부터 5천억 원 이상, 2026년에는 전체 코스피 상장사로 확대할 예정이다. 또한 지속가능경영보고서도 의무화하여 매년 120여 개의 기업이 지속가능경영보고서를 발간한 것에 비해 거래소에 공개된 지속가능경영보고서는 20여 개에 지나지 않았다. 그러나 2025년부터 자산 2조원 이상의 코스피 상장사부터 의무적으로 ESG 정보를 공개하도록 하였으며, 2030년에는 모든 코스피 상장사로 확대되게 되었다.

한국거래소는 ESG 정보공개 활성화를 위해 'ESG 정보공개 가이던스'를 발표하여 공개 지표 12개 항목을 공개하였다. 환경 부문 5개 항목(온실가스 배출, 에너지 사용, 물 사용, 폐기물 배출, 법규 위반·사고), 사회 부문 4개 항목(임직원 현황, 안전·보건, 정보 보안, 공정경쟁), 거버넌스 부문 3개 항목(경영진의 역할, ESG 위험 및 기회, 이해관계자 참여)의 내용을 포함하였다.

(2) 공급망 책임 평가 및 실사

영국에서 2015년 '현대판 노예제 방지법(Modern Slavery Act)'이 제정된 이후, 2017년에는 ESG 평가기관에서 공급망 내 인권조사 항목을 추가하였다. 2017년 9월 글로벌 공급망 평가기관인 에코바디스(EcoVadis)[1]는 '공급망의 강제 노동과 인권 지수'를 발표하였다. 특히 유엔책임투자원칙(UN-PRI)은 투자 과정에 있어 인권 항목을 반드시 포함시키는 5개년 계획을 수립하였으며, 기존 정보공개 프레임워크에 포함하여 공급망 인권 보고에 대한 의무화를 추진하고 있다.

2022년 2월 EU는 기업에 공급망 전체의 환경, 인권 등 현황에 대한 실사를 의무화하는 '기업공급망실사법(A Directive on Corporate Due Diligence and Corporate Accountability)'을 공식화했다. 이 법은 2024년 발효되는데, 국제통상과 관련해 중요한 의미가 있다. 가장 중요한 내용은 최종재와 서비스를 EU시장에 제공한다면 해당 기업은 EU에 본사를 두고 있지 않더라도 본사와 자회사, 계열사 및 공급망에 있는 모든 기업에 대해 해당 법에 따른 인권실사를 해야 한다. 보통은 기업이 직접 관여했을 때만 적용 받았으나 이제는 공급망 전체에 대한 책임을 져야 한다.

EU 공급망실사법은 인권문제에 더해 환경측면 실사도 강조될 전망이다. EU 경제블록 차원의 공급망실사법 뿐 아니라 독일, 영국, 프랑스 네덜란드 등도 개별적으로 실사법을 추진하고 있고, 미국 역시 '노예제근절 기업인증법'이 상원에 발의된 상태다. 이름에 노예라는 단어가 들어가지만, 내용을 보면 그 본질에서 완성품(서비스)업체 뿐 아니라 그 공급업체도 인권을 탄압하거나 그에 방조했다면 수입금지 조치 등 엄중한 제재를 받는다. 이제 기업이 글로벌 시장에서 신경써야 할 업무가 '안보이는 인권'에까지 늘어난 것이다.

기업공급망실사법이나 노예제근절 기업인증법은 남의 나라 이야기가 아니다. 공급망의 기업 윤리가 두드러지는 상황에서 이제 우리 기업들도 내부 매뉴얼을 다시 점검할 필요가 있다. 특히 대기업은 ESG 경영체제를 확실히 준비하고 최종재와 서비스 제

1) 에코바디스(EcoVadis)
- 글로벌 기업의 ESG 활동을 평가하고 인증하는 기관으로 전세계 160개국, 90,000여개 기업을 대상으로 매년 평가함
- 환경, 노동 및 인권, 윤리, 공급자 관리 등 4개 주제, 21개 지속가능성 기준으로 평가함.
- 평가결과에 따라 플래티넘(상위 1%), 골드(상위 5%), 실버(상위 25%), 브론즈(상위 50%)의 등급을 부여하고 있음

공자로서 전체 공급망을 엄격히 관리할 책임이 있다.

(3) ESG 채권 발행

녹색채권(Green Bond) 및 사회적 채권(Social Bond)의 성격을 합친 지속가능채권(Sustainability Bond) 등 특수한 목적을 가지고 있는 채권 발행의 증가도 주목할만 하다. 이 분야는 전 세계적으로 빠른 성장을 나타내고 있는 분야이며, 한국은 2020년 8월 아시아 지역 ESG 채권 발행량이 가장 많은 국가로 뽑히기도 하였다.

GSIA(글로벌지속가능투자연합)에 의하면, 글로벌 ESG 채권 발행은 꾸준히 증가하여, 2018년 1,980억 달러에서 2019년 3,282억 달러, 2020년에는 4,841억 달러로 계속하여 증가하고 있다. 2019년까지는 녹색채권이 전체 발행량의 80%를 차지하였으나, 2020년에는 녹색채권의 비중이 60%로 낮아지고 사회적 채권의 비중이 25.5%로 상승하는 특징을 보이기도 하였다.

한국의 원화 ESG 채권 발행은 2018년 9,500억 원에서 2019년 27조 3,300억 원으로 매우 빠르게 성장하였다. 2020년 11월에는 전체 ESG 채권 발행액이 51조 원으로 급증하여 블룸버그에 따르면 중국과 일본을 제치고 아시아 ESG 채권 발행 1위를 기록하였다, 또한 국가별 규모로 따져도 미국, 프랑스, 독일에 이어 4위를 차지하였다. 국내에서는 녹색채권보다는 사회적채권이 주도하고 있으며, 한국주택금융공사, 한국장학재단, 중소기업벤처진흥공단 등 공공기관과 은행 등 금융기관에서도 사회적채권을 발행하고 있다. 또한 LG그룹, 현대그룹에서도 녹색채권 및 사회적채권을 발행하여 자금을 조달하고 있다.

(4) 스튜어드십 코드 개정

스튜어드십 코드(Stewardship Code)란 기관투자자가 타인의 자산을 관리·운용하는 수탁자로서 성실한 책임을 다하기 위하여, 의결권 행사 등을 통해 기업의 의사결정에 개입하는 제도를 뜻한다. 국내에서는 2016년 12월 도입되었으며, 금융위원회에서는

2021년 1월 스튜어드십 코드의 시행성과를 평가하고, ESG 관련 수탁자 책임 강화 등 개정을 검토한다고 발표하였다. 국제적으로는 2020년 영국과 일본에서도 스튜어드십 코드를 개정하여 기관투자자의 ESG 수탁자 책임을 강화하였다.

영국에서는 재무보고위원회(FRC)에서 수탁자 책임범위를 지배구조 중심에서 환경·사회 이슈로 확대하였으며, 투자 집행 전에 투자대상의 ESG 주요 이슈를 조사하도록 하였다. 또한 일본 금융청도 스튜어드십 코드 개정을 통해 ESG 이슈를 포함하도록 하였다.

국내에서는 금융투자기관이 의결권 자문사를 이용할 경우에 대한 가이드라인을 제정하여야 하며 추후 자본시장법에 근거를 마련하기로 하였다. 국민연금 또한 2018년 스튜어드십 코드를 적용하였으며, 공무원연금과 사학연금, 우정사업본부도 스튜어드십 코드를 도입함으로서 국내 4대 연금이 모두 스튜어드십 코드를 적용하게 되었다.

(5) 플라스틱 규제

EU에서는 순환경제 플랜 2.0을 2020년 3월에 발표하고 35개 과제를 실행하고 있다. 이 중 2021년 1월부터 재활용할 수 없는 플라스틱 포장재 폐기물에 대한 세금을 부과하는 내용이 포함되었다. EU는 재활용할 수 없는 플라스틱 폐기물은 kg당 0.8유로의 세금을 내게끔 하였으며, 제조자의 책임이 강화되어 빨대 및 면봉의 일회용 플라스틱 금지, 일회용 플라스틱 용기 90% 회수, 제품 폐기 및 재활용 방법 제시 의무화, 플라스틱 환경 영향 측정, 제품 내 플라스틱 함유량 표기 라벨 등의 규제를 시작하였다.

또한 EU에서는 2030년까지 플라스틱 포장재에 바이오 성분 포함량을 60% 이상까지 확대하도록 하고, 전체 플라스틱 폐기물의 50%를 재활용하고자 하고 있다. EU 집행위원회는 플라스틱에 대한 세금을 부과함으로써 약 57억 유로(약 7조 6천억 원)의 추가적인 세금 수입이 있을 것으로 예상하고 있다. 특히 한국은 2019년 기준 약 21억 달러(2조 5천억원)의 플라스틱을 EU에 수출할만큼 상당량의 플라스틱을 EU에 수출하는 국가이다. 따라서 앞으로는 바이오 성분이 포함된 플라스틱 및 생분해 플라스틱 등 친환경 소재가 반드시 필요할 것으로 보인다.

2.5. 기업은 왜, ESG 경영을 해야 하는가?

글로벌 투자자들과 공급망의 강력한 요구와 주요 대기업들의 ESG 선언이 언론에 크게 보도되는 등 ESG 경영이 중요한 화두로 떠올랐지만, ESG 경영이 무엇이고, 왜 중요한지, 그리고 어떻게 준비해야 하는지에 대해 아직도 잘 모르거나 확신을 갖지 못하는 기업들이 적지 않은 것 같다. 기업 CEO가 ESG는 실질적인 기업가치 향상과 지속성장을 가능하게 하는 경영활동이며, ESG가 비용이 아닌 미래를 위한 투자라는 확고한 인식과 실행의지를 갖는 것이 중요하다. ESG를 유행하는 하나의 경영기법 정도로 이해하거나, 단순한 홍보나 행사에 그치는 형식적인 ESG 경영이나 'ESG워싱'(앞에서는 ESG 경영을 한다고 외치지만 실제 행동은 전혀 그렇지 않은 것)을 경계해야 한다. 실질적이고 진정성 있는 ESG 경영이어야 한다. 기업이 ESG 경영을 실행할 때의 기대효과는 다음과 같다.

(1) 선진 경영시스템 도입으로 기업의 지속적인 성장과 발전이 가능하게 된다.

과거에는 투자자들에게 있어 최고의 기업은 높은 수익률을 창출하는 기업이었다. 그러나 2008년 세계금융위기는 자본주의 체제의 문제점을 인식시켜준 결정적 계기가 되었다. 금융기업들의 비윤리적인 비즈니스로 인해 서브프라임 모기지 사태가 일어나고 금융권 전체의 위기로 확산되면서 전세계적으로 모든 기업과 가계가 큰 어려움을 겪어야 했다. 그렇지 않아도 당시에 자본주의 체제에 대한 불만과 불신이 날로 커지던 상황에서 발생한 금융위기는 불에 기름을 끼얹은 격이었다. 자본시장과 투자자, 대기업과 경영자들은 전방위적으로 쏟아지는 비판에 직면하게 되었다.

거기다 온실가스로 인한 지구온난화, 대기오염 등의 기후 문제와 인종차별, 인권보호 등의 사회적 문제가 전세계적인 심각한 이슈로 대두되면서 투자자들의 기업을 바라보는 시각에 변화가 왔다. 단순히 수익성이 좋은 기업이 아니라 환경을 생각하고 사회적 문제해결에 동참하며 투명하고 올바른 경영을 하는 지속가능성이 높은 기업에 투자하는 것으로 관심이 바뀌었다. 또한 무디스, 피치, S&P등 국제 신용평가사들도 ESG를 기업신용평가에 반영하며 요구기준을 강화하고 있다. 이와 같은 글로벌 투자사들과 신용평가사들의 ESG에 대한 관심과 요구는 기업입장에서는 큰 부담이 되고 경영의 리스크로 작용할 수 있다.

그러나 반대로 ESG 경영을 적극적으로 도입·실행한다면 기업에 대한 신뢰와 경영성과를 높일 수 있는 좋은 기회가 될 수 있다. 특히 이들의 평가기준과 GRI, ISO 26000등 관련 국제 표준을 기업의 ESG 경영시스템 수립에 반영하고 활용함으로써 선진경영체제를 도입·정착시킬 수 있고 기업의 지속적인 성장과 발전도 도모할 수 있다.

(2) 글로벌 공급망내의 파트너십을 확보할 수 있다.

ESG 경영은 글로벌 공급망에서의 필수적 요구사항이 되고 있다. 2021년 10월 기준 구글, 애플, 마이크로소프트, 인텔, 아마존, 페이스북, BMW 등 300개 이상의 글로벌 기업들이 2050탄소중립(탄소 순배출량을 '0'으로 만드는 것)을 선언하고 RE100(기업이 사용하는 전력 100%를 재생에너지로 충당하겠다는 국제캠페인)에 가입했다. 그리고 이를 글로벌 협력회사에 요구하고 있다.

대표적인 사례가 애플이다. 이 회사는 2020년 7월에 2030년까지 글로벌 전체 공급망과 제품에 탄소중립을 달성하겠다고 선언하고 모든 글로벌 협력사에 이에 동참해 줄 것을 요구했다. 이에 따라 대만 TSMS, 일본 소니 등 전세계 24개국 109개 회사가 이에 동참 의사를 밝혔다. 한국에서는 SK하이닉스, 서울반도체 등이 탄소중립 협력사 명단에 포함되었다. 이 기업들이 애플과의 거래를 이어가려면 온실가스 배출량을 획기적으로 줄여야만 한다.

그리고 BMW 경우도 글로벌 협력사에 RE100 동참과 재생에너지 사용을 요구했다. 국내 기업 가운데서는 2018년 LG화학과 삼성SDI가 배터리 부품의 납품조건으로 RE100을 요구 받았고, 이 중 삼성 SDI는 재생에너지를 사용하는 해외공장에서 BMW용 배터리를 생산하여 납품함으로써 문제를 해결할 수 있었다.

이런 글로벌 기업들은 물론 기관투자자들까지도 공급망 전체의 ESG 수준을 평가하기 시작했다. 따라서 국내 대기업 입장에서도 이제는 싫든 좋든 협력사의 ESG도 챙겨서 공급망 전체의 ESG 수준을 끌어올려야 하는 상황에 놓여있다. 이를테면 협력사에서 오염물질이 누출되거나 안전사고가 발생하여 불이익을 당하는 상황을 염두에 두지 않을 수가 없게 된 것이다.

최근에 국내 대기업들에서 협력사의 ESG 활동을 돕기 위한 상생 플랜이 잇따라 발표되고 있다. 이것은 공급망 전체의 ESG 수준 향상을 위한 노력이라는 점에서 그 의미가 크다. 모기업의 협력사에 대한 ESG 지원 플랜의 몇가지 사례를 <표 2.3>에 소개한다.

<표 2.3> 모기업의 협력사 ESG 지원 플랜(예)

구분	내용
삼성전자	• 협력회사 리스크 통합관리시스템 운영
SK하이닉스	• 협력사 대상 무료 ESG 컨설팅
LG전자	• 협력사 안전·ESG교육 및 ESG 컨설팅 지원
LG이노텍	• 협력사 ESG 역량진단 및 개선, 컨설팅 지원
한화솔루션	• 협력사 ESG 평가모델과 비용 지원
포스코건설	• 협력사 ESG 평가모델 개발 및 정보공유시스템 구축

(3) 중견 · 중소기업도 ESG 경영을 효과적으로 도입하여 잘 활용할 수 있다.

중견·중소기업이 자체적으로 ESG 경영을 도입·실행하기에는 인력·비용의 부담과 정보의 벽이 높기 때문에 현실적으로 어려울 수 있다. 그러나 중견·중소기업에서도 글로벌 공급망 및 모기업과의 협력 네트워크(가치사슬)상 ESG 경영은 피할 수 없는 과제가 되고 있다. 특히 수출기업의 경우는 더욱 그렇다. 따라서 기업이 ESG의 중요성을 인식하고 모기업의 ESG 지원 플랜에 참여하는 것이 중요하다. 또 최근에 국내금융사가 시작한 '지속가능성연계대출(Sustainability-linked loan, SLL)'과 같은 지원사업에도 관심을 가져 금융비용 절감 등 적극적으로 활용할 필요가 있다. SLL이란 대출자의 ESG목표 달성 정도에 따라 은행이 금리를 조정하는 대출을 말한다. 2022년 2월에 기업은행과 대한상공회의소가 중소기업의 ESG 경영 지원을 위한 업무협약을 맺고 내놓은 'ESG 경영 성공지원 대출'이 그 대표적인 예다.

그리고 정부가 제시한 ESG 평가기준인 K-ESG(제 4장에서 소개) 등을 참고하여 E, S, G 지표 가운데 오염물질 감소, 고용개선, 준법경영 등 비교적 쉽게 개선할 수 있는 것부터 계획을 세워 실천해 나간다면 중견·중소기업도 스스로의 경쟁력을 키우고 기업가치를 높일 수 있는 ESG경영의 좋은 사례가 될 수 있다.

(4) 변화된 소비자의 요구에 적절히 대응할 수 있다.

요즘은 기업이 사회문제나 환경문제를 소홀히 하면 소비자로부터 외면당하는 시대가 되었다. 소비자들은 SNS로 정보를 공유하기 때문에 상대적으로 정보가 많고 소문도 빠르다. 따라서 좋은 기업과 나쁜 기업의 정보가 금방 퍼진다. 소비자의 태도도 바뀌었다.

대한상공회의소의 2022년 4월 설문조사결과 MZ세대 소비자 가운데 '구매시 ESG요소를 고려하겠다'고 응답한 사람이 64.5%로 나타났다. 이 중 'ESG에 부정적인 기업의 제품은 사지 않겠다'는 응답도 70%에 달했다. 이와 같이 MZ세대 소비자는 ESG에 뜨겁게 호응하고 기업정보에 따라 자신의 취향과 신념에 의해 거침없이 표현하고 행동(이를 미닝아웃, Meaning out 이라 한다)하는 특징을 가지고 있어서 제품과 서비스의 판매량에 크게 영향을 미친다. 즉 ESG 경영에 진정성이 있는 기업에 대해서는 적극적인 구매와 홍보로 응원하지만 ESG 워싱(이중적인 행동) 기업에 대해서는 불매운동으로 저항한다. 실제로 최근에 MZ세대 소비자의 미닝아웃으로 인해 기업들이 '혼쭐(불매운동)'이나 '돈쭐(적극적 구매 및 홍보)'을 겪는 일들이 눈 앞에서 벌어지고 있다.

이제 소비자의 E(환경), S(사회), G(지배구조)에 대한 영향력의 증가로 'ESG 소비자', '그린 슈머(환경이슈에 민감하게 반응하는 소비자)'와 같은 용어들이 낯설지 않게 되었다. 그리고 이러한 변화가 시장의 미래방향성을 제시한다는 점에서 오늘날 기업들은 ESG 경영이라는 도전에 직면해 있다고 볼 수 있으며, 이에 적극적으로 대응해 나가야 한다.

(5) 기업의 경영리스크가 감소된다.

매출액, 영업이익 등 실적이 좋아도 친환경, 사회적책임, 투명한 지배구조를 중시하는 ESG 경영이 제대로 되지 않으면 소비자와 투자자의 외면을 받게 되고, 이로서 기업의 성장은 물론 생존까지도 위협받게 된다. 앞에서 기업에 대한 투자사와 신용평가사의 평가에 대한 부담과 리스크에 대해 언급하였다. 기업의 평가기준도 이제는 '얼마나 벌었느냐'가 아니라 '어떻게 벌었느냐'에 초점이 맞춰지고 있다. 따라서 기업 입장에서는 ESG의 외부환경과 금융생태계 등 경영활동을 위협하는 ESG요인을 잘 관리해야 한다.

<그림 2.9> ESG 리스크 관리
(출처: 금융위원회 2021.02.09, OECD 2020, 한국경제신문 2021.04.15.)

예를 들면, E(환경) 측면에서는 자연재해에 따른 자원 고갈과 자원 가격 상승, 탄소 배출 감소와 탄소배출권 구매 등으로 인한 막대한 비용 지출을 들 수 있다.

S(사회) 측면에서는 빈곤, 저출산 등으로 인한 구매력 저하와 시장 축소, 인권·노동과 안전문제, 사회적 물의에 따른 위협 등을 들 수 있다.

그리고 G(지배구조) 측면에서는 회계 투명성 등을 위한 법적 규제 강화와 이사회 구성 및 운영, 오너리스크 등을 생각할 수 있을 것이다. 이러한 리스크 요인을 사전에 체계적으로 잘 관리함으로써 기업 경영의 위험을 크게 줄일 수 있다는 것이 ESG 경영의 장점이다. E, S, G의 리스크 관리를 소홀히 하는 기업은 문제가 외부에 알려지면 소비자와 투자자로부터 외면을 받고, 매출감소와 자금조달의 어려움에 빠질 수 있다. 또 열악한 근무환경이 개선되지 않으면 이직율이 높아져 생산성이 저하되고 비용의 증가를 가져오게 된다. 이와같이 ESG는 리스크요인이 되기도 하지만, 잘 관리하면 기회 요인이 된다.

2019년 MSCI(모건스탠리캐피털인터내셔널)사가 발표한 보고서에 의하면 ESG 관리 수준이 높은 기업이 낮은 기업에 비해 기업 리스크인 외부적 위험과 기업 고유위험 모두 낮은 것으로 평가되고 있다.

(6) 탄소감축 등 글로벌 규제강화와 ESG 정보공개에 능동적으로 대처할 수 있다.

2018년 IPCC(기후변화에 관한 정부 협의체)가 발표한 '지구 온난화 1.5˚C 보고서'에 의하면, 지구가 기후위기를 막기 위해서는 2030년까지 이산화탄소 배출량을 현재의 절반 수준으로 감축하고 2050년까지 인위적인 온실가스 배출을 '넷제로(Net Zero)' 상태로 만들어야 한다고 되어 있다. 그런데 현실적으로 기업이 공장을 멈추지 않는 한 단기간에 온실가스 배출을 제로로 만드는 것은 불가능하기 때문에 넓은 의미에서의 넷제로는 탄소배출량은 플러스(+)로, 탄소포집기술(CCUS) 등을 이용한 상쇄량을 마이너스(-)로 잡아 전체가 제로(0)가 되면 된다는 점에서 '탄소중립'이라고도 한다.

이산화탄소를 배출하는 만큼 흡수하는 대책을
세워 **실질적인 배출량을 '0'**으로
만든다는 개념

CO_2 배출

0

CO_2 흡수

<그림 2.10> 넷제로(탄소중립)의 개념 (출처 : 언론종합)

그러나 정확하게 말하면 넷제로는 이산화탄소(CO_2)만이 아닌 6대 온실가스[2] 전체의 배출을 '제로(0)로 만드는 활동으로 탄소중립보다 조금 더 넓은 의미이다. 이미 세계 70개국 이상이 탄소중립을 선언한 상황이며, 우리정부도 2020년 10월 2050탄소중립 목표를 정하고 2021년 10월 이를 위한 탄소중립 시나리오를 발표했다. 물론 이것은 '탄소배출을 줄이지 않으면 지구의 미래는 없다'는 국제사회의 위기의식과 공감대가 형성된 결과이다. 그리고 국제사회의 공동 목표인 이 탄소중립을 달성하기 위한 대책으로 탄소국경세 부과, 내연기관차 수입 금지, 석탄 발전소 폐지 또는 감축, 탄소배출권 강화 등 국제적 규제가 강화되고 있고, 또 기업의 중요한 이해관계자인 투자사와 평가기관, 고객, 정부 등으로 부터의 기업평가와 정보공개 요구가 갈수록 증가하고 있어 기업 경영에 큰 부담이 되고 있다. 따라서 이러한 여러 글로벌 ESG 이슈에 기업이 선제적이고 효과적으로 대처하기 위해서도 ESG 경영을 적극적으로 도입·실행해야 한다.

(7) 기업의 이미지와 신뢰도가 좋아지고 경영성과가 향상된다.

ESG 경영을 도입해야 하는 가장 중요한 이유이자 기대효과는 기업의 모든 이해관계자들로부터 신뢰를 받고 매출증가와 수익성 향상을 통해 기업이 지속적으로 성장·발전하는 것이라고 할 수 있다. ESG 경영을 통해 사회 및 환경 문제 해결에 '기여하는 기업'

2) 6대 온실가스(Greenhouse Gases) : 온실효과를 일으키는 이산화탄소(CO2), 메탄(CH4), 아산화질소(N2O), 수소불화탄소(HFCs), 과불화탄소(PFCs), 육불화황(SF6) 등 여섯가지 온실가스를 말한다.

이고 투명하고 올바른 경영을 하는 '믿을 수 있는 기업'이라는 이미지를 대외적으로 알리게 된다는 것은 매우 중요하다.

소비자의 이러한 기업 이미지와 인식은 기업에 대한 신뢰도와 선호도를 높여서 팬덤 고객층이 만들어지고 이는 안정적인 매출증가와 수익성 향상으로 이어진다, 투자사들로부터 좋은 평가를 받게되어 투자유치 및 자금조달이 용이하게 되고, 경우에 따라서는 M&A 및 IPO(기업공개)등을 통해 사업이 빠르게 성장하고 큰 수익을 올릴 수도 있다.

그리고 올바로 ESG를 추구하는 경영을 한다면 이에 그치지 않고 미래의 글로벌 기업으로 지속적인 성장 발전을 할 수 있을 것이다. 이를 위해서는 기업의 CEO와 모든 구성원이 'ESG 경영은 비용이 아니라 현재의 생존전략이고 장래의 기업가치를 높이는 투자'라는 명확한 인식과 확신을 가지는 것이 필요하다.

그리고 가장 중요한 점은 ESG 경영을 보여주기식이나 형식적으로 해서는 안된다. 절대 'ESG 워싱'(이중적 행동)이나 그린워싱(Green washing, 위장 환경주의)을 해서는 안된다. 최근 미국의 수탁은행 BNY멜론이 미국 증권 거래위원회(SEC)로부터 허위 ESG 투자정보를 기재한 혐의로 벌금 150만 달러(약 18억원)를 부과 받았다. 이는 SEC가 투자자문사를 규제한 사례다.

ESG 경영은 무엇보다 진정성이 중요하다. 자산운용사나 신용평가사가 기업의 ESG를 평가할 때도 이점을 매우 중요시 한다.

지금까지 기업이 ESG 경영을 도입해야 하는 이유이자 ESG 경영을 했을 때의 기대효과에 대해 살펴 보았다. 21세기 글로벌 기업의 목표는 이미 바뀌었다. 이익 극대화는 이제 낡은 명제가 되었다. 사회적가치 내지 공익생산에 주력해야 살아남는다. 주주, 고객, 투자사, 소비자가 감시의 눈을 뜨고 지켜보고 있다.

전 세계에 ESG경영의 쓰나미가 몰려오고 있다. E(환경), S(사회), G(지배구조)를 변혁하라는 지구촌의 압력이 거세다. 유럽연합(EU)은 4만 9000개 기업의 ESG 성과정보에 따라 세금차별부과 방침을 공시했고 영국 역시 대기업의 기후관련 재정을 재무제표에 공시하도록 명시했다. 이보다 조금 늦지만 우리나라도 2025년부터 ESG 지표 공시를 입법화했고 최근에는 ESG에 대한 내용을 재무제표에 주석으로 넣는 방안도 적극 검토하겠다고 발표했다. 그러나 ESG를 재무제표에 담는 것이나 공시의무화도 정부가 강제하기 보다는 기업과 시장이 주도하는 것이 바람직하며, 특히 기업이 자발적으로 진정성 있게 추진하는 것이 가장 효과적이라고 할 수 있다.

03

기업의 ESG경영 실행 전략

Environment

Social

Governance

3장: 기업의 ESG경영 실행 전략

1995년 세계무역기구(WTO, world trade organization)가 출범된 이후 수십 년 동안 선진국 중심의 다국적 기업들은 세계화에 편승하여 새로운 제품과 서비스의 연구개발 및 마케팅은 본국에 두고, 신흥 개발도상국들의 저임금을 쫓아 국경을 자유롭게 넘나들며 생산시설을 옮겨 다니는 등, 세계교역 및 국제협력을 활발하게 견인해왔다.

하지만 미국과 중국 간의 기술패권경쟁이 점차 심화되어, 2010년대 중반부터 관세 철폐와 자유무역을 중시 해오던 분위기가 서서히 가라앉는가 하면 근년 들어 코로나19를 겪으면서 국가 간 사람들의 이동제한과 사회적 거리두기로 세계화는 더욱 둔화되었고, 심화되는 기술패권경쟁에 더하여 자국의 산업을 보호하려는 움직임까지 서서히 나타나고 있다.

코로나19는 기업의 평판과 경영성과에 있어 사회적 요인의 중요성을 일깨우는 계기가 되었고, 점차 투자자들이 전례 없는 사회적 과제를 해결하는데 보다 탄력적일 수 있는 다중-이해관계자 책임 방향으로 선회할 정도에 이르렀다.

세계 시장에서 국가 간 상호 의존성이 강한 핵심기술과 사업의 환경 변화뿐만 아니라 다양한 환경적, 사회적 및 지배구조(ESG) 투자 접근방식도 고려하는 기관투자자와 기금의 수가 증가하여 지속가능금융(sustainable finance) 형태가 최근 몇 년 동안 빠르게 성장하였다. 그러한 급성장의 배경에는 투자에 대한 기본 경제적 성과에 더하여 환경적 및 사회적 영향을 고려하려는 투자자들의 강한 욕구가 있었다. 지속가능금융은 일반적으로 지속가능경제활동 및 프로젝트에 관련하여 좀 더 장기적인 투자로 이어지는 투자결정 시 ESG 요인들을 고려하는 프로세스로 알려져 있다.[3)]

3) Boffo, R., and Palalano, R., 'ESG Investing: Practices, Progress and Challenges', OECD Paris, 2020.

포스트 코로나(Post Corona) 시대에는 이미 경험한 재택근무, 화상회의, 온라인 수업 등이 가능하고, 사람들 간의 물리적 접촉을 피하거나 최소화하려는 문화가 확산되면서 그들이 실제 생활을 하고, 일을 하며, 서로 관계를 맺는 방식에 이르기까지 근본적으로 바꿀 수 있는 기술혁명을 맞이하게 될 것이다.

예컨대 빅데이터(BD, big data)와 인공지능(AI, artificial intelligence)기술을 접목하는 시스템 반도체, 바이오헬스, 자율주행자동차, 자율주행배송로봇, 드론기반 지리정보시스템(GIS, geographic information system)구축 같은 산업의 발전이 가속화가 될 것으로 전망되고 있어, 이러한 기술 환경변화에 선제적으로 대응하기 위해 산업계와 더불어 기업의 리더십은 기존 산업 일자리의 전환과 감소, 기후변화, 탄소중립, 사회적 가치 등을 고려한 ESG경영 실행 전략을 개발하여야 할 것이다.

기업은 이해관계자들의 니즈를 고려하여 모든 사업 활동 전반에 걸쳐 공정하고, 정직하며, 윤리적으로 업무를 수행하려는 의지를 공개적으로 표명하고, 그 실천방안으로 ESG 요인들을 정기적으로 식별, 분석, 측정 및 보고할 필요가 있다.

특히 조직 자체 직원들의 건강과 복지, 일자리 창출, 기술 환경변화에 걸 맞는 교육과 훈련, 책임 있는 조달(responsible procurement) 및 지역사회 활동 참여 같은 사회적 가치는 투자자의 도덕적 가치와 신념에 광범위하게 관련되어 있고, 유엔의 지속가능발전목표(SDGs)와도 맥락을 같이 한다.

3.1 데이터·AI 경제시대의 ESG경영

제3차 산업혁명이 시작된 1970년대 이후 세계화에 힘입어 전자와 정보기술(IT, information technology)로 산업화를 크게 가속화 시켰다면, 2010년경부터 시작된 제

4차 산업혁명에서는 지능공장들(intelligent factories)을 생산사슬과 차세대 자동화의 모든 부분과 연결시킨다.[4] 데이터와 AI기술이 향후 우리 경제 환경에 어떻게 영향을 미칠 것인가 그리고 그것이 ESG경영과 어떤 연관성이 있는가에 대한 연구 또는 이해가 필요 하다.

2019년 1월 17일자 과학기술정보통신부 보도에 의하면, 데이터와 인공지능이 제4차 산업혁명의 촉진자 역할을 하고, 상호간 시너지를 창출하는 복합적인 요소로 되어있어 데이터·AI경제부문의 육성이 시급하다는 것이다. BD와 AI기술, 그리고 ESG경영 접근 방향에 관하여 정리해본다.

(1) 빅데이터

오늘날 기업들은 BD기술을 통해 그들의 고객, 제품과 서비스, 그리고 구매가 이루어지는 상황에 관한 상세한 데이터를 수집 및 통합할 수 있다. BD의 기본개념은 이미 1990년대부터 언급되어 왔다.

BD는 기존의 전통적 데이터를 중심으로 처리해온 소프트웨어에 의해 방대한 데이터를 체계적으로 분석·처리하기에는 한계가 있거나 너무 복잡하여 다룰 수 없는 데이터 집합체들(data sets)을 다루는 영역에 해당하며, 급속한 정보기술의 발전과 더불어 비즈니스분야는 물론, 실생활에 이르기까지 상당한 영향을 미치고 있다.

데이터 저장, 계산, 디지털장치 및 네트워킹의 지속적 성장과 통합은 BD의 폭발적 증가뿐만 아니라 데이터를 생성하고, 공유하며, 치료 및 분석하는 도구에도 풍부한 환경을 제공했다.[5] 가트너(Gartner)에 의하면, '빅데이터(BD)란 강화된 통찰력, 의사결정 및 처리프로세스 자동화가 가능하며, 비용-효과적인 혁신적 정보처리방식을 필요로 하는 대량(high-volume), 고속(high-velocity) 및/또는 고다양성(high-variety)의 정보 자산이다.'[6]

4) European Union, 'Policy Department A: Economic and Scientific Policy Industry 4.0,' 2016.
5) S. Sakr, Big data 2.0 Processing Systems - A Survey, Springer Briefs in Computer Science, Springer, 2016.
6) Gartner, Inc. and/or its affiliates. https://www.gartner.com/en/information-technology/glossary/big-data

BD분석에 대한 도전과제에는 데이터 포착(data capturing), 데이터 저장, 데이터 분석, 검색, 공유, 전송, 시각화, 질의어(querying), 갱신, 사생활정보(information privacy) 및 데이터 출처 등이 포함될 수 있다.

1) 빅데이터 처리 특성

BD는 <그림 3.1>에서와 같이 5가지 특성으로 정의된다.[7)] BD처리에 필요한 컴퓨터 시스템을 구성할 때 양(volume), 다양성(variety), 속도(velocity), 진실성(veracity) 및 가치(value) 이 외에 가변성(variability)까지 포함하여 5가지 특성을 고려한다.

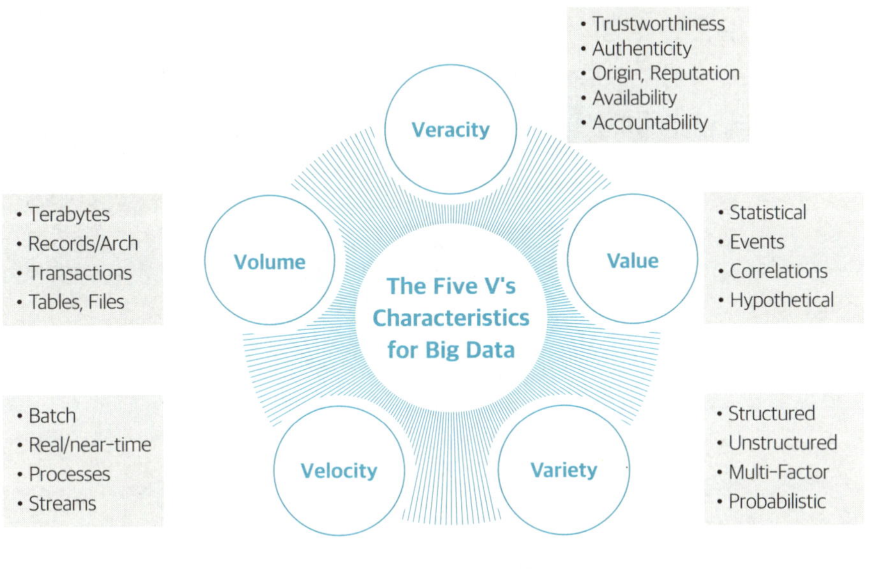

<그림 3.1> 빅데이터의 5가지 특성

① 양

BD가 구체적인 양에 대하여 언급을 하지는 않으나 발생하여 저장된 데이터의 수량(quantity)인 데이터집합체의 크기를 의미한다. 데이터의 크기에 따라 가치와 잠재적인 통찰력, 그리고 BD로서 고려될 수 있는가를 결정하게 된다. BD의 크기는 일반적으

7) Hadi, H. J., Shnain, A. H., Hadishaheed, S., & Ahmad, A. H., 'Big Data and Five V's Characteristics', International Journal of Advances in Electronics and Computer Science, Vol. 2, No. 1, p. 20, 2015.

로 컴퓨터에서 데이터를 처리하는 정보단위인 테라바이트(terabytes)와 페타바이트(petabytes)보다 크다.

② 다양성

다중저장소(multiple repositories)와 도메인(domains)에 있는 자료의 유형과 성격을 의미한다. 대량의 데이터를 관계형 모델에 따라 구조화하여 저장·관리해왔던 전통적인 관계형 데이터베이스 관리시스템(RDBMS, relational database management system) 같은 기술은 정형화된 데이터(structured data)를 효과적이면서 효율적으로 처리할 수 있었다.

하지만, BD기술은 반-정형화된 데이터(semi-structured data)와 비정형화된 데이터(unstructured data) 까지도 포착, 저장 및 처리하는 것으로 진화하였다. <그림 3.2>는 정형화된 데이터, 반-정형화된 데이터 및 비정형화된 데이터 유형을 각각 나타낸다.[8)]

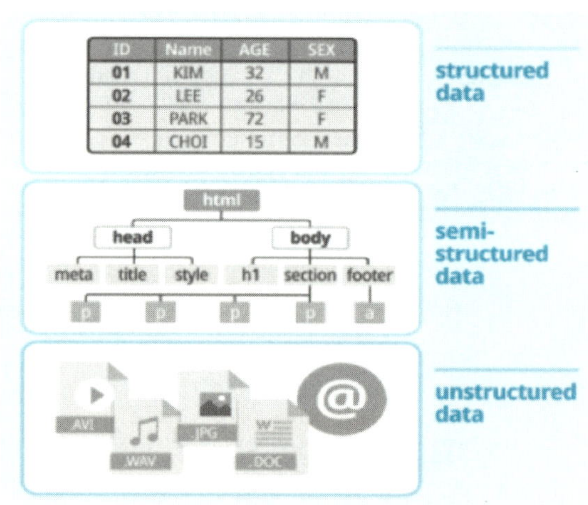

<그림 3.2> 데이터의 유형

③ 속도

경제성장과 발전이라는 길목에서 맞닥뜨린 요구와 도전을 충족하기 위해 데이터가

8) 한국정보통신기술협회, TTA정보통신용어사전

생성되고 처리되는 속도라고 할 수 있다. 일반적으로 BD는 실시간으로 이용가능하다. 소규모의 데이터에 비해, BD는 보다 더 지속적으로 산출된다.

④ 진실성

데이터의 사실성(truthfulness), 신뢰성(reliability) 및 정확성(accuracy)까지를 포괄하는 의미로서 데이터의 품질과 가치에 연계된다. BD는 양(volume)에 있어서 클 뿐만 아니라 그 BD의 분석에서 가치를 얻기 위해 신뢰성도 있어야 한다. 포착된 데이터의 품질은 상황에 따라 크게 다를 수 있어 정확한 분석에 영향을 미칠 수 있다.

⑤ 가치

큰 데이터집합체들의 처리 및 분석에 의해 얻을 수 있는 정보의 세계를 의미한다. 가치는 BD의 분석에서 검색되는 정보의 수익성에 해당될 수 있고, 또한 그 BD에 대한 품질평가에 의해서도 측정될 수 있다. BD를 분석하거나 스마트 데이터 분석 알고리즘과 기술을 사용하여 BD에서 숨겨진 패턴, 추세 및 지식모델을 추출함으로써 가치를 얻게 된다.[9)]

⑥ 가변성

BD의 변화하는 서식(formats), 구조 또는 출처에 대한 특성을 의미한다. BD에서는 정형화된 데이터, 비정형화된 데이터, 정형화된 데이터와 비정형화된 데이터의 조합이 있을 수 있다. 또한 BD분석은 다중출처(multiple sources)로부터의 원시 데이터(raw data)를 통합할 수 있다.

2) 빅데이터 적용

적절한 시기에, 관련 이해관계자들이 BD에 좀 더 쉽게 접근할 수 있게 함으로써 상당한 가치를 창출할 수 있다. 대량의 데이터를 분석하고, 숨겨진 패턴들(patterns)을 찾아냄으로써 더 나은 비즈니스 결정을 내리는데 도움을 줄 수 있다.

9) Elshawi, R., Sakr, S., Talia, D., & Trunfio, P., Big Data Systems Meet Machine Learning Challenges: Towards Big Data Science as a Service, Elservier Inc. 2018.

BD가 적용될 수 있는 주요 영역(domains)에는 크게 정부, 건강관리/의료서비스, 매체/엔터테인먼트(entertainment), 사물인터넷(IoT, internet of things) 및 제조부문으로 구분할 수 있으나 그 외에도 교육, 보험, 특허분야 등 다양하게 적용될 수 있다.

① 정부

정부가 공공부문에 BD시스템을 도입함으로써 비용, 생산량 및 새로운 것에 대한 도전이라는 관점에서 효율적일 수 있다. 동일한 데이터집합체가 수많은 적용들과 수많은 부서들에서 사용되기 때문에 상호 공동으로 일할 수 있게 된다. 정부의 BD적용분야에는 사이버 보안과 정보, 범죄 예측과 예방, 가짜 뉴스 탐지, 회계부정 적발, 약품 평가, 과학적 연구, 일기예보, 납세준수, 전자 상거래, 항공, 농업 등이 있을 수 있다.

② 건강관리/의료서비스

BD시스템의 역할로서 개인 맞춤형 의료와 처방분석에 의해 건강관리/의료서비스 영역이 어느 정도 개선되고 있다. 연구자들은 특정 질병에 대한 최선의 치료, 약물의 부작용, 보건리스크 예측 등을 결정하기 위해 데이터를 분석한다. 또한 질병을 예측하는 것이 가능하다.

③ 매체/엔터테인먼트

매체/엔터테인먼트산업은 새로운 비즈니스 모델을 사용하는 콘텐츠를 창조, 광고 및 유통하고 있다. 오늘날 BD시스템은 시청자 패턴을 분석함으로써 매체의 수익을 증가시키고 있다.

④ 사물인터넷

사물인터넷 장치는 연속적으로 데이터를 생성하여 매일 서버(server)에 보낸다. 이 데이터들은 그 장치의 상호 연결성을 갖도록 만들어져 있다. 매핑(mapping)은 정부기관들과 역량을 높이기 위한 다양한 기업들에 의해 유용하게 사용될 수 있다. IoT는 스마트 관개 시스템(smart irrigation systems), 교통관리, 군중관리 등에서도 적용될 수 있다.

⑤ 제조

제조영역에서 동시병행설계(concurrent engineering)를 실현하기 위해 R&D, 공학기술 및 제조시설 간의 데이터를 통합하게 되면, 신제품의 시장출시 기간을 상당히 단축할 수 있다. 또한, 설비의 가동중단 시간을 최소화하여 더 많은 제품을 생산하게 함으로써 능률을 증가시킬 수 있는 예측제조가 가능하다.

정교한 예측도구는 데이터집합체에서 가치 있는 정보를 탐색하도록 조직화된 프로세스를 따르게 된다. 예컨대 제조업 부문에 BD를 적용함으로써 생산량 예측, 에너지 효율증가, 제품의 높은 품질, 결점 추적, 새로운 제조공정에 대한 시험 및 시뮬레이션 등이 가능하다.

3) 빅데이터 사용에 따른 과제

BD는 스킬-편향된(skill-biased) 기술변화를 유도할 수 있어, 스킬에 따른 소득 불평등 문제를 야기할 수 있다. 실제 대부분의 산업들에서 최상위와 최하위 간의 이익률 격차가 커졌다. 일부 최상위 기업들이 시장 점유율을 얻고 있는 반면에, 노동자들의 소득은 기업 수준 생산성 차이에 점점 더 연관된다.[10]

BD를 어떻게 적용하느냐에 따라 기술이 노동력을 향상 시킬 수도 있고, 아니면 노동력을 대체할 수도 있다. BD분석은 상품과 서비스를 생산하는데 필요한 노동자의 수를 줄일 수 있고, 심지어 지식기반 인지 작업과정들을 없애버릴 수도 있다.[11]

(2) 인공지능

AI기술의 발전은 비즈니스, 경제, 교육, 레저산업 등에 이르기까지 상당히 광범위한 영역에 영향을 미치고 있으며, 이미 많은 사람들에게 생산성과 경제성장의 엔진으로 인식되고 있다. AI는 일을 처리하는데 효율성을 높이고, 많은 양의 데이터를 분석함으로써 의사결정프로세스를 획기적으로 개선할 수 있다. 또한 AI는 신제품과 서비스, 시장과 산업을 창조하여 소비자 수요 증대와 새로운 수익원을 창출하게 할 수 있다.

10) Choi, J. J., and Ozkan, B., 'Disruptive Innovation in Business and Finance in the Digital World,' International Finance Review, Vol. 20, pp. 29-43, 2019.

11) Kelly, J. E., and Hamm, S., Smart Machines: IBM's Watson and the Era of Cognitive Computing, Columbia Business School Publishing, 2013.

AI는 학습, 이해, 추리 및 상호작용 같은 인간과 유사한 인지 프로세스를 수행하는 기계를 묘사하기 위해 사용된 용어로서 음성인식, 가상의 비서들이 업무를 수행하도록 지시하는 것, 식별을 위한 영상 인식, 자율주행 등을 포함한다.

AI는 알고리즘 같은 기술적인 인프라, 생산 프로세스의 일부 및 최종 사용자 제품을 포함한 다양한 형태로서 근대사회의 삶의 작동방식을 점점 더 크게 변화시킬 것으로 전망된다.

1) 인공지능과 빅데이터 간의 관계

BD는 AI가 작동하는데 필요한 연료와 같은 것이고, BD와 AI는 시너지 효과 창출 관계에 있다. AI는 학습을 통한 의사결정 프로세스를 개선하기 위해 방대한 양의 데이터를 요구하고, 더 나은 데이터분석을 위해서 AI를 활용한다.

시너지 효과로서, 증강 또는 예측과 같은 고급분석기능을 보다 쉽게 활용할 수 있고, 방대한 데이터 저장소에서 실행 가능한 통찰력을 보다 효율적으로 표면화 할 수 있다.

① AI 빅데이터 분석

AI는 데이터 사이클 또는 여러 출처(예컨대, 데이터 관리, 패턴 관리, 목표 관리, 고객관리, 리스크 관리)로부터 다양한 유형의 데이터 집계, 저장 및 검색에 관련된 프로세스의 모든 단계에서 사용자를 지원한다. AI는 데이터의 유형을 식별하여, 데이터집합체들 중 가능한 연결을 찾고, 자연어 처리(natural language processing)를 통해 지식을 인식할 수 있다.

② 기술혁신의 시너지

BD와 AI는 분야별 연구와 기술혁신 측면에서 상호 연계되어 있다. 즉, BD기술은 AI 이론과 방법을 사용하고, AI는 의사결정능력을 개선 및 발전시키기 위해 대량의 데이터와 BD 지원기술에 의존하게 된다.

AI는 데이터 준비, 데이터 시각화, 예측 모델링 및 노동집약적이고 시간이 많이 소모되는 복잡한 분석 작업을 자동화 하고 강화함으로써 BD분석을 더욱 간소화 시킨다. 또한 AI가 더 많은 데이터를 이용할수록 더 많은 것을 학습하여 패턴인식능력(pattern recognition capabilities)을 개선할 수 있다.

2) 인공지능의 경제적 잠재력

AI가 세계경제에 미칠 경로는 크게 두 가지로 분류된다. 하나는, AI가 일상적인 작업의 자동화에 기초한 생산성 향상으로 이어져 제조업과 운송업 같은 자본집약적인 부문에 영향을 미칠 가능성이 높다. 다른 하나는, 개인화되고 높은 품질의 AI를 강화한 제품과 서비스의 가용성이 결국, 더 많은 데이터를 생성하게 될 소비자 수요를 증가 시킬 것이어서 더욱 중요해 질 것이다.

2018년 2월에 발간된 프라이스워터하우스쿠퍼스(PwC, Pricewaterhouse Coopers) 보고서에 의하면, AI의 급속한 발전과 활용 결과로서 2030년까지 글로벌 GDP가 14%(15조 7천억 US$) 증가할 것으로 추정된다.[12)]

매킨지 글로벌 인스티튜트(MGI, McKinsey Global Institute)는 2030년까지 약 70%의 기업들이 일부 AI 기술을 채택할 것으로 추정한다. AI가 매년 약 1.2%의 글로벌 GDP를 증가시켜 2030년까지 약 13조 US$의 추가적인 경제 생산량을 제공하게 될 것으로 추정된다.[13)] 이러한 추정들은 주로 자동화에 의한 노동력의 대체, 그리고 제품과 서비스의 증가된 혁신에 의해 가능 할 것이다.

3) 인공지능이 고용에 미치는 영향

기업들은 인적자원분야에서 AI를 사용할 경우, 발생할 수 있는 잠재적인 문제들을 사전에 인식하여 적절한 대책을 마련할 필요가 있다. 4차 산업혁명의 근간이 되는 인공지능, 로봇공학 및 자동화 같은 기술들이 산업 전반에 걸쳐 광범위하게 전개된다면, 번창하는 산업부문에서는 수요의 증가로 인해 새로운 일자리들이 창출될 수 있으나 다른

12) Pricewaterhouse Coopers, 'The macroeconomic impact of artificial intelligence', February 2018.
13) McKinsey Global Institute, Notes from the AI frontier modeling the impact of AI on the world economy, September 2018.

한편으로는 인간을 기술로 대체하는 일자리 파괴도 일어 날 것이다.

지능적인 기계가 점점 더 높은 기량(high-skill)과 비정형적 작업(non-routine tasks)을 수행하는 자동화와 고급기계-학습기술 중심의 새로운 물결이 닥아 오고 있다. 실제 온라인 거래의 효율증가에서부터 전 산업생산으로의 광범위한 인공지능시스템 사용 움직임은 점차 노동력의 잠재적 이동에 관한 우려로 나타난다.[14)]

이러한 인공지능의 광범위한 확산이 거의 확실하게 기존의 많은 업무들을 대체하게 될 것이다. 특히, 고용문제에 있어서는 단순히 실업에 관한 것만이 아니라 불평등에 대한 것까지 고려하여야 할 것이다.

4) 인공지능 기술의 발전에 따른 과제

1950년대 AI가 출현한 이래, 혁신 및 연구자들이 약 34만 건에 달하는 AI 관련 특허들을 출원해왔고, AI 관련 특허에서는 기계학습(machine learning) 기술이 주류를 이루고 있다. AI를 선도하는 기계학습기술은 주로 심층학습(deep learning)과 신경망(neural networks)에 관한 것이다. 특히 AI 기술은 조기 수용자(early adopters)에게 상당한 이점을 제공할 수 있다.

하지만, AI 기술은 복잡하고 광범위하여 인간 활동의 많은 다른 영역에 잠재적으로 영향을 미칠 수 있다. 또한 이것은 해결하기 어려운 사생활(privacy), 신뢰 및 자율성에 관한 복잡한 문제와 얽혀 있을 수 있고, 우리 인간 스스로 위협을 받는 것에 대한 두려움으로 이어진다.

AI가 업무현장에 영향을 미쳐 기존의 기술을 대체하여, 일자리와 소득을 위협하는 것 뿐만 아니라 데이터에 관한 보안 침해와 해킹에 대한 두려움에서부터 개인정보를 담은 사생활의 동의(허락)여부, 알고리즘의 잠재적 편향과 데이터 평가에 이르기까지 다양한 윤리적 문제들이 사회적 도전과제로 등장하게 될 것이다.[15)]

14) Petropoulos, G., 'Do We Understand the Impact of Artificial Intelligence on Employment?', Brugel blogpost, April 2017.
15) World Intellectual Property Organization, Artificial Intelligence, WIPO Technology Trends 2019.

(3) ESG경영의 중요성과 접근 방향

클라우드 기반의 BD, AI 관련 기술역량의 급속한 발전으로 야기될 수 있는 일자리와 불평등, 편향(bias), AI 활용에 대한 투명성, 책무, 사생활 등 다양한 사회적 이슈들을 고려할 때 정부의 적극적인 관심과 적절한 선제적 조치 또는 규제가 필요하고, 범 지구 환경적 이슈로서 기후변화의 잠재적 영향을 금융에 잘 반영 할 필요가 있다는 글로벌 투자자, 금융시장 및 금융기관들의 요구가 점점 커지고 있다.

BD와 AI 기술혁신에 기초하는 경제, 그리고 2016년 파리협정(Paris Agreement)이후 기존 갈색 산업(brown industries)에서 탈피하여 저탄소 경제(lower-carbon economy)로의 전환 등으로 국제금융기관들이 지속가능성 측면에서 ESG경영 관련 금융 리스크와 기회요인 평가를 중요시 하고 있다.

평가기관들의 특성과 지속가능성에 대한 시각에 따라 ESG경영 리스크와 기회요인은 다양해진다. 예컨대 <표 3.1>은 엠에스씨아이(MSCI, Morgan Stanley Capital International), 톰슨 로이터(Thomson Reuters), 블룸버그(Bloomberg)같은 대형평가기관들이 제공하는 ESG경영 관련 주요 평가 범주들을 비교한 것이다. <표 3.1>에서 블룸버그는 다른 두 평가기관, MSCI와 톰슨 로이터 보다 평가 영역별 이슈범주를 더 구체적으로 분류하고 있다.

이 기관들이 제공하는 서비스의 방향은 주로 투자자들로 하여금 중대한 ESG경영 리스크와 기회요인들을 식별하고 이해하는데 도움을 줄 수 있도록 설계되어 있다.

<표 3.1> 평가기관들의 ESG 경영 평가영역별 범주분류
(출처: ESG Investing: Practice, Progress and Challenges OECD, 2020)

구분	엠에스씨아이	톰슨 로이터	블룸버그
환경	• 기후변화 • 천연자원 • 오염 및 폐기물 • 환경적 기회	• 자원 사용 • 배출 • 혁신	• 탄소 배출 • 기후변화 영향 • 오염 • 폐기물 처리 • 재생 에너지 • 자원 고갈
사회	• 인적자본 • 제조물 책임 • 이해관계자 대립 • 사회적 기회	• 노동력 • 인권 • 지역사회 • 제품 책임	• 공급사슬 • 차별 • 정치적 기여 • 다양성 • 인권 • 지역사회 관계
지배구조	• 기업지배구조 • 기업행동	• 경영진 • 주주 • CSR 전략	• 집중투표제 • 임원 보상 • 주주의 권리 • 경영권 방어 • 시차이사회제도 • 사외이사

국내 기업들 역시 BD와 AI를 기반으로 한 글로벌 기술 환경변화, BD와 AI투자에 따른 노동력 이동과 고용 불평등 문제, 그리고 기후변화 리스크와 기회요인을 고려한 저탄소 경제로의 전환 등에 적극 대응하기 위해 ESG경영 도입은 필수적이다.

2021년 9월 대한상공회의소와 한국생산성본부가 국내기업 300개(대기업 102개, 중견기업 117개 및 중소기업 81개)를 대상으로 실시한 ESG 확산과 정착을 위한 기업 설문조사(모바일)에서 'ESG가 기업경영에 중요하다'는 응답이 70%로 나타났다.

국내 기업들이 ESG의 중요성에 대한 인식수준은 전반적으로 높았으나, 실제 ESG경영을 추진하는 전담조직과 인력을 갖춘 기업의 수는 적은 것으로 조사된바, 실행하는 ESG경영 수준은 아직 낮다고 할 수 있다.[16)]

16) 대한상공회의소 ESG경영, 'ESG 확산 및 정착을 위한 기업 설문조사', 2021.

기업들이 ESG경영을 체계적으로 도입하려면 ESG경영위원회 구성, ESG경영 전략 개발, ESG경영 정보시스템 구축, 기후 관련 재무정보공개 태스크 포스(TCFD, Task Force on Climate-related Financial Disclosures) 권고사항의 채택과 유엔의 지속가능발전목표(SDGs, Sustainable Development Goals)를 ESG경영 보고서에 통합, 이해관계자 참여/중대성 평가, ESG경영 세부목표 설정, 진정한 가치(true value)/사회적 투자 수익률(SROI, social return on investment) 및 공급망관리(SCM, Supply Chain Management) 등을 고려하여야 할 것이다.

포스트 코로나 시대 기업의 ESG경영 전략은 적어도 BD와 AI기술 혁신을 기반으로 한 중장기적 지속가능성(sustainability) 관점에서 접근한다. ESG경영 전략은 리더십의 확고한 ESG경영 방향 설정, 비즈니스 의사결정 프로세스에 관련된 건전하고 투명한 지배구조, 사회적 이슈를 다루는 사회적 책임, 그리고 기후변화, 오염물질과 폐기물처리를 고려한 환경경영을 포함한다.

3.2 리더십

리더십(leadership)은 한 개인 또는 집단이 다른 개인이나 집단을 이끌어 가거나 영향을 미치는 능력을 함축적으로 의미하는 것이어서 그동안 연구영역에서, 그리고 실질적인 기량(skill)측면에서 많은 사람들의 관심사가 되어왔다.

그 어느 때보다 최근 들어 웹사이트, 지속가능경영보고서 또는 다양한 정기 간행물들을 통해 ESG경영에 대한 기업 리더십(corporate leadership)의 의지를 확인하려는 경향이 뚜렷하게 나타나고 있다. 특히, 포스트 코로나 시대에 ESG경영을 전략적으로 도입하는데 있어 통찰력 있는 리더십이 중요하게 작용할 것이다.

(1) 리더십에 대한 정의

일반적으로 리더십은 보는 관점 또는 시각에 따라 다양한 견해를 갖고 있어 정의하기 매우 어려운 개념들 중 하나로서 개인적 특성, 행동, 다른 사람들에 대한 영향력, 상호작용 유형, 역할관계 등으로 정의되고 있다.

미국 오하이오주립대 스토그딜(Stogdill, R. M.)교수는 '조직 집단으로 하여금 목표를 지향하게 하고, 그 목표 달성을 위해 노력하도록 영향을 미치는 프로세스(행동)'라고 리더십을 정의하였다.[17] 그는 리더십을 단순히 한 개인의 특성에 국한하는 것이 아니라 다른 사람들에게 영향력을 행사하는 프로세스로 본 것이다. 또 다른 정의에 의하면, 리더십은 설득력 있는 비전을 만들고 그 비전을 조직의 현실(organizational realities)로 변환하는 능력이다.[18]

결국, 리더십이란 어떤 주어진 환경 또는 상황에서 사람들이 공동의 목표를 달성하기 위해 누군가를 리더로 받아들일 때 일어날 수 있는 상호작용 영향(interactive influence)의 프로세스로 정의될 수 있다.[19]

1) 기업 리더십

기업 리더십(corporate leadership)은 그 기업 경영구조의 최상위에 위치해 있고, 관리자, 감독자 및 직원들이 수행하여야 할 전사적인 방향(company-wide direction)을 제시하게 된다. 그 방향에 따라 기업의 미래는 달라질 수 있다. 예컨대, 다른 평범한 기업들이 일상적인 과제에 매달리거나 당장 해결 가능한 수단을 찾고 있을 때, 미래지향적인 현명한 기업 리더십은 미래의 가치에 비중을 두어 큰 그림을 준비한다.

2) 윤리적 리더십

윤리적 리더십(ethical leadership)이란 다수의 사람들이 공공의 이익을 위한 건전한 기준으로 인식하거나 인정하는 원칙과 가치(principles and values)에 따라 개인이 행동하는 것이다.

17) Stogdill, R. M., 'Leadership, membership, and organization', Psychological Bulletin, Vol. 47, No. 1, pp. 1-14, 1950.
18) Bennis, W. G., and Townsend, R., 'Reinventing Leadership: Strategies to Empower the Organization', Collins Business Essential New York, 2005.
19) Silva, Alberto., 'What is Leadership ?', Journal of Business Studies Quarterly, Vol. 8, No. 1, 2016.

이 원칙과 가치에는 적어도 언행일치, 존중, 신뢰성, 공정성, 투명성 및 정직성이 포함될 수 있다. 집단적 관점에서, 리더십은 자신을 중심으로 한 주변 사람들에게 윤리적으로 행동하도록 영감을 줄 수 있는 역량을 갖출 필요가 있다.

(2) 리더십의 비전과 유형

기업의 리더십은 전사적으로 직원들의 협력을 이끌어내기 위해서, 반대로 그 기업의 직원들은 리더십이 추구하는 목표를 분명하게 이해하기 위해서 상호 잘 소통된 명확한 비전(vision)은 꼭 필요하다.

일반적으로 비전은 미래에 대해 분명하고, 독특하며, 그리고 구체적인 시각에서 정의되는 것으로 기업의 전략적 발전과 연계되어 있다. 리더십의 의사결정과 전략은 기업에게 혁신적 이거나 적어도 현재보다는 더 개선될 수 있는 시각을 반영한다.

1) 리더십 비전

리더십 비전(leadership vision)은 기업이 달성하고자 하는 비즈니스의 가장 핵심적인 측면에 대해 역량을 집중하도록 하는 능력이기 때문에, 기업의 리더십은 명확하게 정의된 리더십 비전을 개발하게 된다. 이것은 과거로부터의 교훈, 반드시 다루어야 하는 현실적 과제 및 미래의 염원들을 함축할 수 있다.

리더십 비전은 기업의 목표를 설정하거나 그 목표에 대한 우선순위를 결정하는데 도움을 줄 수 있다. 잘 정의된 리더십 비전은 직원들에게 기업이 나아 갈 방향과 꿈을 따르도록 유도할 뿐만 아니라 설정된 목표를 달성하려는 열망도 조성하게 한다.

2) 리더십 유형

리더의 신념, 개성 및 경험을 바탕으로 상황에 따라 조직이 나아갈 방향을 제시하고, 계획을 실천하며, 그 조직의 구성원들에게 동기부여를 하는 행태이다. 상황에 따라 적절한 리더십 유형을 적용할 수 있다.

① 권위적 리더십

권위적 리더십(authoritative leadership)하에서는 모든 의사결정권이 독재자들의 경우와 마찬가지로 리더에게 집중되어 있다. 권위적인 리더들은 하급자들로부터의 어떠한 제안이나 이니셔티브(initiatives)를 요청하거나 받아들이지 않는다.

권위적인 경영이 관리자에게 강력한 동기를 부여하기 때문에 성공적이었다. 그것은 단 한 사람만이 전체 집단에 대해 결정을 하고, 자신이 나머지 다른 사람들과 공유할 필요가 있다고 느낄 때 까지 각 결정을 유지하기 때문에 빠른 의사결정을 할 수 있다.[20)]

② 참여적 리더십

참여적 리더십(participative leadership)은 의사결정을 할 때 집단 구성원들의 의견 또는 인풋(input)을 모색한다. 즉, 집단 구성원들이나 하급자들을 의사결정 프로세스에 참여하도록 하여 그들의 의견을 적극적으로 반영한다.

③ 위임적 리더십

위임적 리더십(delegative leadership)에서 의사결정은 하급자들에게 넘겨진다. 이 유형의 리더십은 다른 사람들의 일에 간섭하지 않는 다는 의미를 내포하고 있어, 그 하급자들이 높은 수준의 독립성과 자유뿐만 아니라 목표를 설정하고 문제점과 장애물을 해결하기 위한 권리와 힘까지 부여 받게 된다.

④ 관료적 리더십

관료적 리더십(bureaucratic leadership)은 리더 자신에게 부여된 지위와 힘을 정해진 규정에 의하여 하급자들을 관리하는 유형이다. 관료적 리더는 집단 구성원들에 대한 엄격한 방침과 절차를 정하고, 결과와 성과에 초점을 맞춘다.

20) Lewin, K., Lippitt, R., & White, R. K., 'Patterns of Aggressive Behavior in Experimentally Created Social Climates', Journal of Social Psychology, Vol. 10, No. 2, pp. 271-301, 1939.

⑤ 변혁적 리더십

변혁적 리더십(transformational leadership)에서는 리더가 필요한 변화를 식별하기 위해 자신의 직접적인 이해관계를 넘어 팀들이나 추종자들과 함께 일하면서 영향력과 영감을 통한 변화로 이끄는 비전을 창출 및 공유하고, 의지표명을 한 집단 구성원들과 협력하여 변화를 수행한다.

⑥ 전략적 리더십

전략적 리더십(strategic leadership)은 단기적 재정 건전성을 유지하면서 조직의 장기적 성공 가능성을 높이는 의사결정을 자발적으로 내리도록 다른 사람들에게 영향을 미치는 능력이다. 기업이 글로벌 비즈니스 환경 변화에 성공적으로 대응하려면, 경영자들이 전략의 수립과 실행을 위한 기량(skills)과 도구(tools)를 갖출 필요가 있다. 전략적 리더십에는 3가지 원칙이 있다.

원칙 1. 책임을 배분하고;

최고의 리더는 조직 전반에 걸쳐 모든 계층의 사람들이 의사결정에 참여 할 수 있도록 권한을 부여한다. 책임의 배분은 전통적인 의사결정 계층 밖에 있는 사람들의 지혜를 활용함으로써 시간이 지남에 따라 조직의 집단적 지능, 적응력 및 회복력을 증가 시킨다.

원칙 2. 정보에 대하여 정직하고 개방적이며;

정보가 알 필요가 있는 것에 근거하여 특정한 개인들에게만 공개되면, 나머지 많은 사람들이 암암리에 의사결정을 하게 된다. 그들은 조직의 전략에 대해 어떤 요인들이 중요한지 정확하게 알 수 없어 자신들의 추측에 의존한다. 더 나아가, 정보의 부족은 리더가 도전하거나 리더의 방식과 다른 아이디어를 제안하는 것에 대한 자신감을 약화시킨다.

원칙 3. 아이디어를 제시하고 테스트하기위한 다중경로(multiple paths)를 둔다.

조직이 가치를 창출하는 방식에 있어서 보다 중요한 것은 어떻게 사람들의 아이디어를 연결하여 수면 위로 나타나게 하느냐에 있다.

기존의 직계 관리자를 통해서 이루어지는 전통적인 방식 대신에, 혁신적인 사고를 담아낼 수 있는 경로의 다양성을 보장할 필요가 있다. 예컨대 사람들이 유사하거나 같은 생각을 가진 동료들에게 아이디어를 제시하고, 서로 그것에 대한 타당성을 테스트 할 수 있는 횡적기능 포럼(cross-functional forums)을 가질 수 있다.

기업의 경영진은 지속가능성이라는 대 전제하에 변혁적 리더십을 발휘하여 ESG경영의세계적 흐름에 적합한 비전을 제시하고, 전략적 리더십으로 효과적이고 효율적인 ESG경영 전략을 적극적으로 개발하여야 할 것이다.

(3) 리더십의 ESG경영 전략

근래 들어 기업의 ESG경영이 비재무적 관점에서 경쟁적 핵심전략으로 변모하게 되자, 기업들뿐만 아니라 자국의 정부기관들도 ESG경영 관련 이슈를 리스크관리차원에서 우려하고 있다. 많은 기업들은 ESG경영 정보 공개가 주주, 투자자 및 관련 이해관계자들로부터 지속가능성에 대한 신뢰와 투명성을 기반으로 좋은 평판과 이미지를 얻는데 상당한 긍정적 영향을 줄 수 있다는 사실을 인식하고 있다.

1) 금융시장의 ESG경영 인식

기관투자자들이 투자를 결정할 때 환경, 사회 및 지배구조(ESG)에 대한 고려사항을 중요시 해 왔으나, 실제 기업 수준에서 공개된 ESG경영 정보의 가용성(availability)과 품질이 정보에 근거하여 투자를 결정하기에는 불충분하다는 불만도 가끔 있었다.

지난 수년 동안 금융시장에 직접 참여를 하거나 관심을 가진 사람들을 포함하여 이해관계자들, 특히 투자자들 중심으로 기업의 ESG경영에 관련된 정보 이용이 점차 증가되어 왔다. 투자자들이 ESG경영 정보를 이용하는 수단들 중 하나는 인정받은 ESG경영 평가기관으로부터 얻은 ESG경영 등급(rating)이다.

국제적으로 ESG경영 정보공개 관련 프레임워크를 개발 및 공급해온 기관으로는 재무적 중대성에 초점을 둔 SASB(Sustainability Accounting Standards Board), GRI(Global Reporting Initiative), IIRC(International Integrated Reporting Council), 그리고 재무적-환경적 중대성을 반영하는 TCFD(Taskforce on Climate-related Financial Disclosures) 및 CDSB(Climate Disclosures Standards Boards) 등이 있다.

또한 중대성 관점에서 어느 데이터가 포함되고, 가중치(식별된 계량치 데이터에 기초한 지표 내 하위지표들에 대한 가중치)는 어떻게 부여되고 하는 것에 대한 결정, 그리고 동일한 산업 내 및 산업 간의 절대점수와 상대점수에 대한 주관적 판단을 계층화하는 것 등에 있어서, 등급 관행들이 광범위하게 다양해졌다.

기업의 ESG경영을 평가하는 기관들마다 지속가능성에 대해 다양한 측면을 등급화하고 있고, 그 측면 자료들이 모아져서 하나의 지표(metrics) 즉, ESG경영을 지탱하는 요인들 중 하나로 된다. 이와 같이 지표는 기업이 어떻게 자원을 이용하는지에 관해 구체적인 측면을 측정하는 여러 하위지표(sub-metrics)들의 집합된 결과이다.

기업의 ESG경영 투자와 자산관리에 대한 관심이 고조되고 있다는 사실은, 바로 ESG 리스크가 기업의 재무적 성과에 미치는 영향에 관해 금융시장의 인식이 높아지고 있음을 의미한다.

기업 리더십이 ESG 이슈에 대해 제때에 적극적으로 대응하지 못하면, 치열한 시장경쟁에서 밀려나거나 사라질 수 있어, 기업의 사업전략에 ESG경영을 포함하는 것이 권고사항이 아니라 반드시 해야 하는 것으로 변화되고 있다.

2) ESG경영 전략 개발

대개 전략적 리더십 스킬을 활용하여 기업 내 재무적 목표와 비재무적 목표를 함께 조율하면서 비용-효과적인 ESG경영 전략과 방침을 결정하게 된다. 이러한 결정은 사업기회를 창출하는 행동으로 이어지게 할 수 있다.

예컨대 기업의 리더십이 미래 지향적인 ESG경영 전략과 방침수립으로 지속가능성에 중대한 영향을 미칠 수 있는 사업 리스크를 줄이거나 완화하고, 기후변화, AI 기술발전에 의한 불평등과 편향 등의 과제로부터의 위협요인들을 체계적으로 다루고, 그 성과를 이해관계자들과 공유하거나 공개한다.

가능한 한 기존의 사업전략과 운영에 통합하는 ESG경영 전략과 로드맵(road map)을 개발하여, 진정한 가치와 사회적 투자수익률(SROI, social return on investment)을 창출해야 할 것이다. 보다 효과적이고 실행력 있는 ESG경영 전략을 개발하기 위해서는 다음 사항들을 고려할 필요가 있다.

① 이사회의 후원과 지원

ESG경영 관련 주요 의제(key agenda)를 다루는 긍정적인 문화를 조성하기 위해 영향력 있는 이사회로부터의 적극적인 후원과 지원이 필요하다. 적어도 ESG경영 관련 의제를 이사회의 정기적 항목에 포함하고, 이사회의 구성원 즉, 이사들이 제때에 ESG경영 성과와 논의할 사안에 대하여 보고를 받도록 한다.

② ESG경영 목표 설정

ESG경영 리스크와 기회요인들을 식별 및 평가하는데 적합한 횡적 기능 이해관계자들 (CFSs, cross-functional stakeholders)중심으로 팀을 구성하고 실행에 들어간다. 기업의 공급망관리(SCM)와 영향권(sphere of influence)의 경계에 있어, 그 기업조직 자체의 영향뿐만 아니라 공급사슬에서 상류(upstream), 제품의 사용 및 폐기에 이르는 하류(downstream)의 영향까지도 고려한다.

<그림 3.3> 기업의 가치사슬과 통제력

<그림 3.3>에서 기업은 다른 기업 또는 조직과 어떤 관계를 맺고 있는가의 여부에 따라 그리고 관계를 맺을 때 관계의 성격과 정도에 따라 통제력 또는 영향력의 등급을 결정할 수 있다.[21] 예컨대 현대차 그룹의 경우, 적극적인 넷 포지티브 전략 관점에서 식물성 가죽을 생산하는 마이셀에 대한 투자, 친환경 재생가죽(recycled leather) 업체 이앤알(ENR)과 업무협약을 맺는 등, 다양한 파트너들과 친환경 가치사슬을 구축하고 있다.

가능한 경우, TCFD 권고사항의 채택, 기업의 사회적책임(CSR) 이슈들, 유엔의 지속가능발전목표(SDGs) 등의 관련성을 고려하여 단기, 중기 및 장기에 걸친 ESG경영 관련 주요성과지표(KPIs, key performance indicators)와 목표도 설정한다. 목표 설정 프로세스는 ▷중대성 평가 ▷현상 파악 ▷예비 목표 설정 ▷목표 확정 순으로 전개된다.

순서 1. 중대성 평가

ESG경영 전략의 기초가 되는 중대성 평가(materiality assessment)를 통해 기업의 사업성과뿐만 아니라 이해관계자들에게 영향을 미칠 가능성이 상대적으로 높은 주요 ESG경영 이슈와 기회요인까지 파악할 수 있다.

21) 김용주·김종열, 'ISO 26000 원칙·이슈·권고를 체계적으로 다룬 사회적책임임 시스템' 범문에듀케이션, p. 31, 2016.

ESG경영에 대한 관점과 우선순위는 관련 이해관계자들이 처한 환경, 관심, 지식 및 경험에 따라 서로 다를 수 있어, 기업의 ESG경영 성숙도를 고려하고, 중대성에 관한 공통된 정의와 기준을 기반으로 평가가 이루어질 수 있도록 이해관계자들 간에 컨센서스(consensus)를 이룬다.

중대성 매트릭스(materiality matrix)를 통해 비즈니스와 이해관계자 간의 각 주제별 상대적 중요성을 알 수 있게 된다.

순서 2. 현상 파악

위 중대성 평가에서 ESG경영 관련 주제들에 대한 우선순위가 정해지면, 기업 내 기존의 프로그램, 방침, 수준 및 참여도를 평가하는 것이 중요하다. 각 우선순위 ESG경영 주제에 대해 전문성을 가진 기업 조직 내 횡적 기능 이해관계자들(CFSs)과 직접 작업할 수 있다.

예컨대 먼저 관련 보고서, 방침 및 데이터 시스템에서 정보를 수집하고, 뒤 이어 구체적인 내용의 추적과 보다 상세한 부분을 파악하기 위해 내부 이해관계자들과의 인터뷰를 통해 필요한 자료를 보충한다.

이러한 과정을 통한 기업의 현재 상태를 확인함으로써 조직 전반에 걸친 ESG경영의 성숙도(maturity)를 가늠할 수 있다. <표 3.2>는 ESG경영 성숙도 수준에 따른 평가요소를 간략하게 정리한 것이다.

<표 3.2> ESG경영의 성숙도 수준과 평가요소

구분	엠에스씨아이	평가 요소
4	최적화 단계	• ESG가 통합된 경영전략의 중요한 부분이다 • ESG가 조직문화로 정착되어 있다 • ESG 소유권한이 외부 리더십에게도 배정 된다 • ESG 정보가 동종업계 또는 산업계에 공유된다.
3	관리 단계	• 완전한 ESG경영 프레임워크가 있다 • ESG 전략과 지침이 사용된다. • ESG 소유권한이 기업 자체 리더십에게만 배정 된다 • ESG 리스크가 정기적으로 평가 된다
2	발전 단계	• 공식적인 ESG 구조가 있다 • 공식적인 ESG 프로세스가 구축되어 있다 • ESG와 그 편익을 이해하고 있다 • ESG가 기존의 경영과 분리되어 운영 된다
1	정의 단계	• 임시적인 접근방식(특별위원회)으로 운영 한다 • 공식적인 ESG 구조와 프로세스가 없다 • ESG에 대한 의식을 고취 시킨다 • 방침관리와 준수에 초점을 두고 있다
0	무 개념 단계	• ESG에 대한 의식이 없다 • 어떤 ESG 프레임워크도 없다 • 자선 활동(philanthropy activities) 정도로 생각 한다

순서 3. 예비 목표 설정

ESG경영에 관련된 기존 활동자료를 검토하면서 성숙도 관점의 현상 파악이 되었으면, 그것을 기준선(baseline)으로 정하고, 노력을 더 집중 하여야 할 예비 목표 설정 작업에 들어간다.

예비 목표를 설정할 때는 일반적으로 전략적 목적을 보다 잘 규명하기 위해 주요 이해관계자들과 주제에 초점을 맞춘 실무 회의(working sessions)를 갖는다.

실무 회의에서는 잘 수행되는 것에 대한 현재 상태의 유지(maintain), 이해관계자의 기대 수준보다 미흡한 것에 대해선 개선(improvement), 가장 효과적이라고 할 수 없는 것에 대한 최적화(optimization)로 구분한다.

특히, 개선할 부분에 대한 측정 가능한 목표 설정은 중요하다. 가능한 경우, 목표 초안을 준비하여 기업의 리더십, 이사회 및/또는 ESG 운영위원회에 제시하고, 수행될 개선 프로그램 또는 프로젝트에 따른 지원을 받을 필요가 있다.

순서 4. 목표 확정

새로운 목표에 대한 도전에 앞서, 기업이 직면 할 수도 있는 모든 잠재적 이슈들이 식별 되었는지에 대한 면밀한 검토(screening)가 있어야 실현 가능한 ESG경영 관련 전략 목표를 제대로 수립할 수 있다.

예컨대 자원의 전략적 배분, 투자 여건 등을 고려하여 현재의 기준선과 예비 목표 간의 갭 분석(gap analysis)을 통한 실현가능성 관점에서 필요한 경우, 설정된 예비 목표를 수정 및 보완하여 최종 확정한다.

3) 전략적 ESG경영 로드맵과 프레임워크 개발

전략적 ESG경영 로드맵(road map)을 개발하여 주요 활동사항들에 대한 설명책임을 보장하고, ESG경영 관련 정보들의 전후 맥락을 연결하기 위한 틀(frame)에 해당하는 프레임워크를 통해 이해관계자들에게 기업의 강점과 목표에 대한 명확한 그림을 제시한다.

예컨대 삼성물산의 ESG전략과 프레임워크에 의하면, 외부의 비즈니스 환경변화가 있어 통합된 시스템 수립을 통한 ESG경영 수준을 강화할 필요가 있다는 것이다. 삼성물산의 ESG경영 중장기 로드맵은 <표 3.3>과 같다.

<표 3.3> ESG 중장기 로드맵 (출처: 삼성물산 홈페이지 ESG)

2020년	2021년 ~ 2022년	2023년 ~
전사적 관리체계 재정비	운영수준 업그레이드	선진기업 수준 도약
• 조직, R&R, 프로세스 정비 • 이사회의 점검기능 강화 • 대내외 커뮤니케이션 강화	• 전략 과제와 KPI연계로 성과 관리 강화 • 부문 담당조직의 전문성 및 역량 강화	• 임원/조직 평가와 보상 순차적 연계 • 사업전략과 ESG전략 통합, 비즈니스 기회 발굴

프레임워크는 ESG경영 지표(metrics) 관련 보고(reporting)와 공개(disclosures)에 필요한 일련의 원칙과 지침을 제공한다. 특히 ESG경영 프레임워크를 구축할 때는 조직 전반에 걸쳐 어떻게 그것을 적용할 것인지, 그리고 목표 달성을 위해 어떻게 진척상황을 모니터링 할 것인지에 대한 고려가 중요하다.

① 통합된 ESG경영 정보시스템 구축

기업 내 사업의 모든 관련 부분으로부터 ESG경영 관련 정보를 얻기 위해 데이터 수집 프로세스와 구조화된 보고 체계를 구축한다. ESG경영 프로그램을 효과적으로 실행하기 위해 ESG경영을 기존의 기업관행과 업무프로세스에 통합한다. ESG경영을 효율적으로 수행하려면 관련 주요 성과지표(KPIs)에 대해 조직 내에서 공감대를 형성할 필요가 있다.

4) ESG경영 프로그램 진척상황 보고 및 공개

ESG경영 프로그램(프로젝트 포함)의 진척상황에 대한 추적, 분석 및 보고는 ESG경영 전략에서 중요한 요소들이다. ESG경영 프로그램의 진척보고에서 가장 중요한 것은 주제(topics)에 대한 정보를 압축하여 제때에 내·외부 이해관계자들과 명확하고 간결한 방식으로 의사소통을 하는 것이다. 보고서 작성 시 먼저 무엇을 보고할 것인가를 결정할 필요가 있다.

예컨대 보고서에 「이해관계자들에게 ESG경영 전략을 의사소통하는 것」, 「이미 실행에 들어간 ESG경영 방침, 프로그램을 강조 하는 것」, 「구체적인 ESG경영 목표 대비 실적을 공유 하는 것」, 「주요 ESG경영 분야의 진척상황과 참여에 대한 평가」등을 포함하되 사업의 목적에 맞게 내용을 조율한다.

기업은 대내외에 공개하는 ESG경영 보고서를 통해 환경, 사회 및 기업 지배구조(ESG) 관련 주제들에 대해 이해관계자들과 투명하게 소통할 수 있는 기회를 제공하게 된다.

각 산업 부문에서 ESG경영을 선도하려면, 기본적으로 기업의 ESG경영 전략을 내·부에 투명하게 공개하고 효과적으로 추진하기 위해 사용 할 수 있는 자료가 충분하여야 한다. 또한 ESG경영 성과의 주요한 측면을 벤치마킹하는데 도움이 될 수 있는 자료 출처에 쉽게 접근할 수 있게 한다.

5) ESG경영 전략의 이행에 필요한 투자

ESG경영 전략의 성공적 실행은 경제적 기회 창출, 이미지 또는 평판 향상 등에서부터 리스크 노출요인 감소에 이르기까지 사업에 관련된 수많은 편익으로 이어질 수 있다. 하지만, ESG경영 전략의 이행과 성과를 달성하기 위해 필요한 새로운 운영방식의 도입에 따라 사람, 프로세스 및 기술의 초기 투자 예산 배정은 불가피하다.

예컨대 전국경제인연합회, 2021 K-기업 ESG백서 발간에 의하면, 2021년 11월 30일까지 발표된 국내 10개 그룹(삼성, 현대차, SK, LG, 포스코, 롯데, 한화, 현대중공업, GS 및 효성)이 2030년까지 ESG경영의 3축 중 하나인 환경 분야(탄소저감공장·기술개발, 신재생에너지, 수소경제 및 순환경제)에 153조 2,123억 원을 투자할 예정이다.[22)]

22) 전국경제인연합회 K-ESG 얼라이언스, '2021 K-기업 ESG 백서', p. 21, 2021.

3.3 지배구조

기업의 지배구조는 일반적으로 기업 내부의 의사결정 프로세스, 이사회와 감사의 역할과 기능, 그리고 경영자, 주주 및 기타 이해관계자 간의 관계 등에 관한 프레임워크이다. 또한 이것은 기업의 목표를 설정하기 위한 구조뿐만 아니라 설정된 목표를 달성하는, 그리고 성과를 감시하는(monitoring) 수단까지도 제공한다.

허술한 지배구조 관행은 폭스바겐(Volkswagen)의 배출가스 조작, 페이스북(Facebook)의 사용자 데이터 오남용, 그리고 남양유업의 불가리스 코로나-19 예방효과 과장 광고와 같은 스캔들을 유발해, 그 기업의 이미지 추락은 물론이고, 심각한 재정적 손실에 까지 영향을 미치게 된다. 적어도 기업지배구조는 기업의 부정행위(corporate misconduct)를 방지하는데 필요한 견제와 균형을 보장할 수 있어야 한다.

(1) 좋은 기업지배구조

좋은 기업지배구조(good corporate governance)는 장기적 투자, 금융 안정 및 사업윤리의 조성에 필요한 신뢰, 투명성 및 설명책임의 환경구축에 도움을 주게 되어, 보다 더 강한 성장과 포용적 사회를 지탱하게 한다.[23)]

기업의 이사진과 최고경영자들이 더 나은 청렴관행을 개발 및 실행하기 위해 상당한 시간과 자원을 할애 하고, 자사의 지배구조 프레임워크, 운영 및 전략에 통합시킨다. 또한 그들은 심각한 기업 부정행위를 예방, 탐지 및 처리하는 역할 수행에 있어 사업 관련 물질 및 평판 리스크가 더 확산 되지 않도록 노력을 한다.

좋은 기업지배구조에 근접하려면 적어도 기업의 청렴성, 이사회와 고위 경영진의 성 다양성, 기후변화와 ESG리스크 관리 등에 충실할 필요가 있다.

23) OECD, Corporate Governance and Business Integrity: A stocktaking of Corporate Practices, 2015.

1) 기업의 청렴성

청렴(integrity)의 가치를 조직 내에서 공유하는 기업들은 부정행위 또는 무모한 리스크 감수에 대해 허용하지 않으며, 해당 위반행위에 대해 필요한 경우 기업 스스로 관련 당국에 통보한다.

2) 이사회와 고위 경영진의 성 다양성

지난 10년 동안 이사회의 여성 비율이 상당히 증가하였다. 하지만 아직도 전 세계 상장기업들에서 이사회의 여성비율은 1/4 미만 상태에 머물러 있다. 이사회와 고위 경영진에 대한 성 다양성(gender diversity) 균형을 고려할 필요가 있다.

3) 기후변화와 ESG리스크 관리

투자를 결정 할 때 기후와 ESG 관련 리스크를 고려하는 투자자들이 점점 늘어나고 있다. 또한, 기업들이 기후, ESG경영 성과, 리스크 및 전략에 대한 정보를 공개할 때 여러 가지 상이한 프레임워크와 표준들을 사용하고 있어 지속가능성 측면에서의 기후변화와 ESG 리스크 관리에 대한 관심과 지원이 필요하다.

(2) 이사회와 ESG경영위원회

오늘날 ESG경영이 기업의 사업 운영 및 중장기 발전에 중요한 요인으로 작용하고 있어, 최상위 의사결정기구인 이사회에서 ESG경영 관련 과제 또는 안건들을 심의 및 결정하도록 요구 받고 있다.

이사회의 역할과 일상적인 경영에 관여하는 정도는 조직의 유형, 비즈니스 또는 활동의 규모, 성격 및 복잡성에 따라 크게 달라진다. 조직 내에서 ESG경영 전략을 개발하여 전사적으로 실행하기 위해 이사회 산하에 ESG경영위원회를 둔다.

1) ESG경영위원회 운영

기업 ESG경영의 세 기둥(three pillars) 중 하나인 지배구조는 주권자의 방침수립에서

부터 이사회, 경영자, 주주 및 이해관계자를 포함하여 기업 내 여러 참가자들 간의 권리와 책임의 배분에 이르기까지 의사결정을 하는 프로세스로서 적어도 ESG 리스크를 최소화하거나 기회 창출을 위해 ESG 경영위원회에서 ESG 관련 주제 또는 의제를 다룰 필요가 있다.

2) ESG경영위원회 구성

기업은 조직 내에서 ESG경영에 관한 통일된 견해를 확립하고 환경, 사회 및 지배구조의 3가지 측면에 대한 이해를 증진시켜야 한다. 또한 이러한 측면들을 통합해가는 확고한 기틀을 마련하기위해 ESG경영위원회를 구성한다.

ESG경영위원회의 구성은 필요에 따라 사용할 수 있는 임시 특별위원회 형식일 수도 있으나 적어도 2명 이상의 직원 또는 기능들이 참여하여 ESG경영 관련 목표의 수립과 달성에 도움을 준다.

어느 정도 추진력을 갖는 ESG경영위원회는 경영진, 예산 결정권자, 그리고 후방 지원업무에 필요한 이해관계자들로 구성된다. ESG경영 관련 예산, 이슈 또는 표준에 대한 의사결정을 하기 위해 이 위원회를 활용하게 되면, 관련 부문 및 기능들로부터의 협조에 의한 ESG경영 통합 노력과 ESG 프로그램에 대한 광범위한 지원을 이끌어 내는데 도움이 된다.

3) ESG경영위원회의 위상과 역할

적어도 ESG경영위원회는 위상이나 서열에 있어서 이사회 수준 바로 아래에 위치하는 것이 바람직하다. 이 위원회는 광범위한 사업부문들로부터의 자료를 취합·검토한 후 이사회에 상정할 수 있도록 사전 심사하여 요약 할 수 있어야 한다.

① ESG경영위원회 위상

기업 지배구조를 통해 이사회와 ESG경영위원회 간의 위상을 파악하거나 ESG 관련 업무 흐름을 이해할 수 있다. 예컨대 영국 런던에 본사를 두고 있는 스탠호프 피엘시(Stanhope PLC) 기업의 ESG 전략에 의하면, <그림 3.4>와 같은 지배구조를 두고 있다.

스탠호프의 지배구조에서 경영진은 ESG에 대한 전반적인 책임을 지며, 기업의 최고 의사결정기구인 이사회에 ESG 관련 전략의 진척상황을 보고한다. ESG 위원회는 ESG 전략 개발과 기업의 의지표명을 주도 및 지원하며, 개발된 ESG전략의 성과까지 검토한다. 또한 ESG 위원회는 통합적 및 협업적 접근방식을 구현하기위해 2개월 마다 회의를 소집하여 기업 내 전 부서들에 걸쳐 진행되는 노력을 조율한다.

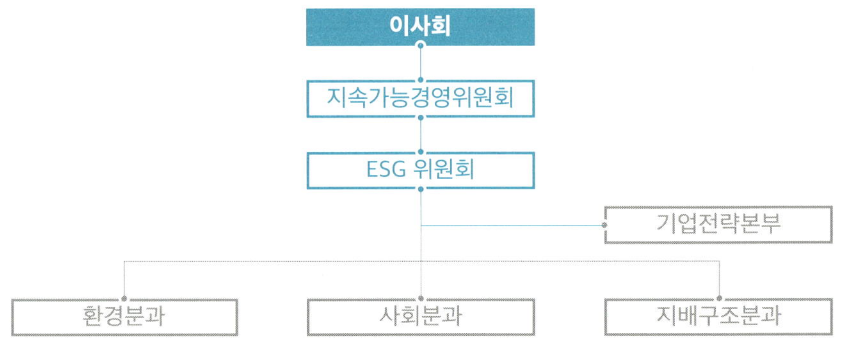

<그림 3.4> 스탠호프 지배구조
(출처: Stanhope PLC, Environmental, Social and Governance Strategy, 2021.)

② ESG경영위원회 역할

ESG경영위원회는 다음과 같은 역할을 하게 된다:

- 사업에 영향을 미치는 환경적, 사회적 및 지배구조 측면의 이해와 인식을 높인다.
- 사업에 공동으로 대응할 수 있는 지배구조에서의 결정이나 표준을 실행하고 촉진한다.
- 기후변화, 탄소중립 같은 지구환경대책을 포함하여 ESG경영의 목표와 성과에 대한 중요성을 강화한다.
- 사업에 긍정적 영향을 미칠 수 있는 ESG경영을 위한 구조 및 프로세스에 관련된 모범사례(best practice)를 제공한다.

4) 국내 기업들의 ESG경영위원회 구성 현황

한국경영자총협회가 2021년 11월에 발간한 ESG경영위원회 회보(제3호)에 의하면, <표 3.4>에서처럼 국내에서도 몇몇 대기업들 중심으로 글로벌 비즈니스 흐름을 고려하여 ESG경영의 추진에 필요한 ESG위원회를 이사회 내에 설치하거나 전담조직을 두는 경향이 나타나고 있다.

<표 3.4> 국내 대기업의 ESG위원회 설치 경향
(출처: 한국경영자총협회, ESG경영위원회 회보(제3호) 재가공)

회사명	ESG경영조직
삼성전자	이사회 내 거버넌스위원회를 지속가능경영위원회로 개편하고, 사업부 별로 ESG경영전략과 활동을 논의하는 지속가능경영협의회를 두고 있음.
SK	이사회 내에 ESG위원회를 신설함
롯데	그룹 내 10개 상장회사 모두 이사회 내에 ESG위원회를 설치함.
포스코	ESG경영을 실천하기 위해 이사회 내에 ESG위원회를 설치함.
한화	그룹ESG위원회를 두고, 모든 상장회사의 이사회 내에 위원장과 위원 과반수를 사외이사로 하는 ESG위원회를 설치함.
현대중공업	계열사 별로 이사회 내에 ESG위원회를 설치하고, 외부전문가로 구성된 자문그룹을 두어 다양한 의견을 수렴함.
두산	CEO가 위원장으로 참여하는 ESG위원회를 연 2회 개최함.
LS	지주사 내에 있던 기존의 내부거래위원회를 전문성 있는 사외이사를 위원장으로 하는 ESG위원회로 확대 개편함.
코오롱	각 사업부문 마다 ESG위원회를 설치함.
OCI	이사회 내에 ESG위원회를 설치함.
종근당	지주사 주관 하에 각사 CEO가 참여하는 ESG추진위원회를 구성하고, 모든 계열사에 ESG전담조직을 설치함.

국내 주요 대기업들은 ESG에 관련된 방침과 목표를 제시하고, 각 계열사에 ESG경영을 위한 전담조직을 설치 중에 있고, 중견·중소기업들은 원가부담(인건비, 경비 등)으로 인해 전반적으로 ESG대응에 어려움을 호소하고 있으나 ESG대응의 필요성에 대한

인식은 높은 편이다.

예컨대 현대자동차의 ESG경영 전략은 ESG 리스크 요인을 사전에 파악하여 그 발생 가능성을 최소화하고, ESG를 전략적으로 활용하여 신사업 기회를 모색하고, 새로운 가치를 창출하는데 있다.

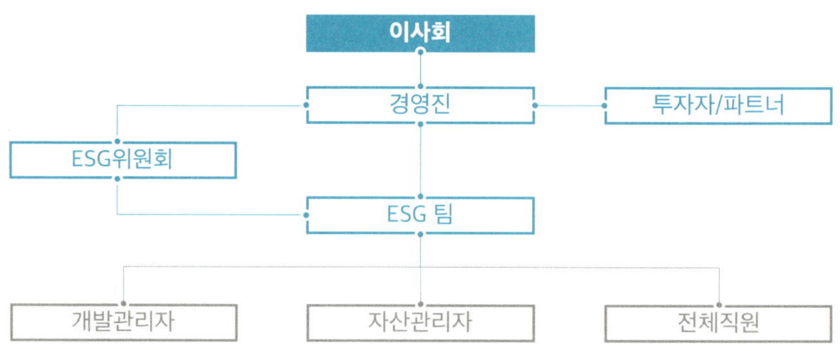

<그림 3.5> 현대자동차의 ESG 지배구조

<그림 3.5>에서와 같이 현대자동차의 ESG 지배구조 프레임은 3단계(실무분과 ▷ ESG 위원회 ▷ 지속가능경영위원회)로 되어 있다. 이사회 산하에 사외이사 6명과 사내이사 1명으로 구성된 지속가능경영위원회가 있고, 그 아래에 경영전략회의 내 소회의체로 운영되는 ESG 위원회가 있어, 실무분과(환경·사회·지배구조)에서 올라오는 과제를 검토한다. 그 다음 ESG 관련 주요 활동사항과 의사결정사안들은 반기별로 개최되는 지속가능경영위원회에서 다루어진다.

<표 3.5>는 각 실무분과별 범주를 나타낸다. 각 범주에 따른 지표 또는 목표를 설정하고, 그 성과를 조직별 KPIs에 반영하고 있다. 또한 ESG경영활동에 따른 범주별 성과는 기업수준 지속가능경영보고서를 통해 투명하게 공개된다.

<표 3.5> ESG 실무분과별 범주 분류 (출처: 현대자동차 홈페이지, ESG경영)

환경분과	사회분과	지배구조분과
• 기후변화 • 사업장 환경 • 제품 환경 • 저탄소 제품	• 인권 • 인재개발/인사관리 • 사회공헌 • 안전보건 • 고객/품질관리 • 공급망 ESG • 정보보호/이노베이션	• 이사회 • 준법·윤리

(3) ESG경영에서 지배구조 영역의 범주

기업 지배구조 측면에서는 산업이나 산업 내 많은 기업들이 지배구조에 대한 이슈 범주로서 이사회 독립성, 이사회 다양성, 주주권리, 경영자 보상 및 기업윤리를 주로 다룬다.

지배구조가 허약할 경우, 보수, 회계 및 공시 비리에 관련된 비윤리적인 행동을 유발할 수 있다. 국내외 ESG평가 기관들 마다 지배구조(G) 영역을 평가할 때 시각에 따라 범주 또는 이슈의 선정이 상이할 수 있다.

1) 해외 ESG평가 기관

국제적인 지속가능성회계표준기관(SASB)은 ESG를 포함하는 지속가능성의 중대성 평가 시, 리더십과 지배구조(leadership & governance) 영역에서 기업윤리, 경쟁적 행동, 법적 및 규제 환경의 관리(management of the regal & regulatory environment), 중대사고 위험 관리, 그리고 체계적 리스크 관리를 포함하고 있다.

2) 국내 K-ESG 가이드라인

2021년 12월 산업통상자원부가 발행한 K-ESG 가이드라인은 정보공시, 환경, 사회 및 지배구조로 구분된 4개의 영역에 27개 범주와 61개 진단항목을 포함한다. 예컨대 <표 3.6>은 지배구조 영역에 포함된 6개 범주와 17개 진단항목을 나타낸다.

<표 3.6> 지배구조 영역의 범주와 진단항목

범주	진단항목	
이사회 구성	1. 이사회 내 ESG 안건 상정 3. 대표이사 이사회 의장 분리 5. 사외이사 전문성	2. 사외이사 비율 4. 이사회 성별 다양성
이사회 활동	1. 전체 이사 출석률 3. 이사회 산하 위원회	2. 사내이사 출석률 4. 이사회 안건 처리
주주권리	1. 주주총회 소집 공고 3. 집중/전자/서면 투표제	2. 주주총회 집중일 이외 개최 4. 배당정책 및 이행
윤리경영	1. 윤리규범 위반사항 공시	
감사기구	1. 내부감사부서 설치	2. 감사기구 전문성 (감사기구 내 회계/재무 전문가)
지배구조법/ 규제위반	1. 지배구조법/규제위반	

이사회 구성(범주)에서는 ESG 관련 안건을 처리하기 위해 이사회 산하에 ESG위원회를 별도로 두거나 이사회 또는 기존의 산하 위원회(사회책임위원회, 거버넌스위원회, 투명경영위원회, 감사위원회 등)를 활용해서 ESG 안건을 다룰 수도 있다.

또한, 사외이사가 경영진의 의사결정에 중요한 영향력을 행사하거나, 이사회 의결사항에 상당한 의사결정권한을 갖추기 위해서는 충분한 수의 사외이사가 확보되어야 한다. 예컨대, 상법 제542조의8에 의하면, 상장회사의 경우, 이사 총수의 4분의 1 이상을 사외이사로 구성하여야 한다. 다만, 자산규모 등을 고려하여 대통령령으로 정하는 상장회사의 사외이사는 3명 이상으로 하되, 이사 총수의 과반수가 되도록 하여야 한다.

대기업에 비해 상대적으로 자원역량 측면에서 불리한 상황에 있는 국내 중견·중소기업의 ESG경영성과 진단의 경우, 실제 ESG경영에 투자(설비, 사람 등)되는 비용을 고려할 때 위 K-ESG 가이드라인 기본진단 항목을 모두 수용하기에는 현실적인 어려움이 있을 수 있다.

3.4 사회적책임

기업의 기본적인 책무 중 중요한 부분이 사업과 일상 업무에 관련된 법과 규제의 요구사항들을 준수하는 것이다. 이제 기업의 법규준수는 사회적책임 관점에서 최소한의 조건에 불과 한 것으로 변천 하였다. 오늘날 많은 기업들은 사회적책임의 필요성을 새로운 개념으로서가 아니라 당연한 것으로 받아들이고 있다. 이와 같이 근대 사회는 사회적 니즈와 경제적 발전 간의 적절한 균형을 바라고 있어, CSR의 중요함과 복잡함은 지속적으로 진화 할 것이다.

(1) 사회적책임의 발전과 정의

개인이든 조직이든 경제성장, 사회복지 및 환경이 상호 균형을 유지하게 될 때 사회적 책임이 제대로 작동될 수 있다. '한국기업들이 사회로부터 협력과 지원을 받으며 성장·발전하기 위해서는 능동적으로 사회적책임을 지는 기업 활동을 수행할 필요가 있다.'[24]

CSR은 기업 운영의 모든 측면에 영향을 미칠 수 있기 때문에 비즈니스 전략상 중요한 요소이다. 소비자는 믿음이 가는 기업의 제품을 구입하고자 하고, 공급자는 의존할 수 있는 기업과 비즈니스 파트너 관계를 맺고자 하고, 직원들은 그들이 존경하는 기업에서 근무하기를 원하고, 대규모 투자기금은 사회적으로 책임이 있다고 인식되는 기업을 지원하고 싶어 하고, 그리고 비영리 단체와 NGO는 공동의 목표에 대한 실용적 해결 방안을 모색하는 기업과 협력하고자 한다.[25]

1) 사회적책임 발전

모든 기업들은 전략적이거나 윤리적인 목적으로 CSR에 참여할 수 있다. CSR의 전략적 측면에서 기업이 스스로 자신의 노력에 대한 긍정적인 결과와 부정적인 결과를 모두 이해관계자들에게 투명하게 보고를 하면, 기업의 수익에 기여하게 될 것이다.

그러한 수익은 기업이 비즈니스와 법적 리스크를 줄이기 위해 긍정적인 홍보와 높은 윤리적 기준을 적용하고, 자신의 활동에 대해 책임을 지게 될 때 발생한다. 또 다른 한

24) 신유근, 사회중시경영—기업과 사회, 도서출판 경문사, p. 181, 2011.
25) Werther, W. B., and Chandler, D., Strategic Corporate Social Responsibility: Stakeholders in a Global Environment, 2nd ed., SAGE Publication Inc. p. 19, 2011.

편으로는 기업 리더십의 확고한 윤리적 신념 때문에 CSR의 방침과 관행을 채택하게 되는 경우도 있다.

CSR은 자선활동 또는 자율규제 형태로 지속되어 오다가 지구환경과 산업사회의 급속한 변화로, 점차 개별 기업조직 수준에서의 자발적 결정으로부터 지역적, 국가적 및 국제적 수준에서의 의무적 형태로 까지 발전했다. CSR은 규제 요구사항의 준수와 사회적 선행(social good)으로 보이는 활동에 적극 참여하는 것, 그리고 기업의 이익과 법률에 의해 요구되는 것을 넘어서게 된다.[26)]

2) 사회적책임 정의

1960년대 이후 CSR은 다양한 기업들과 이해관계자들로부터 상당한 관심을 받아왔다. 학계와 실무 전문가들 간에 CSR에 대한 정의를 확립하기 위해 부단한 노력을 해왔지만 이해관계자들 간에 견해 차이가 있어 합의에 도달하기 어려웠다. 예컨대 기업인은 CSR을 비즈니스의 전략적 관점에서 정의할 수 있고, NGO 단체는 환경 친화적 접근방식의 제품과 서비스 프로세스로 인식할 수 있으며, 정부 관계자는 자발적인 규제사항으로 볼 수 있다는 것이다.

① 녹서에서의 사회적책임

유럽연합집행위원회 EC2001b, 녹서(Green Paper)에 기술된 정의에서 'CSR이란 기업의 사회·생태적 관심사(social and ecological concerns)를 그 기업의 비즈니스 활동과 이해관계자들과의 상호작용에 자발적으로 통합하는 것' 이라고 하였다.

사회적으로 책임이 있다는 것은 적용 가능한 법적 의무를 완전히 충족시키는 것뿐만 아니라 그 것을 넘어서 인적자본, 환경 및 이해관계자 관계에 더 많이 투자하는 것을 의미한다. 조직에서 이해관계자는 조직의 목표달성에 의해 영향을 미칠 수 있거나 영향을 받을 수 있는 집단 또는 개인이다.[27)]

26) McWilliams, A., and Siegel, D., Corporate Social Responsibility: a Theory of the Firm Perspective, Academy of Management Review, Vol. 26, No. 1, pp. 117-127, 2001.
27) Freeman, R. E., Strategic Management: A stakeholder Approach, Pitman, p. 46, 1984.

② ISO 26000에서의 사회적책임

ISO 26000:2010 사회적책임에 대한 지침(guidance on social responsibility) 제1판이 2010년 11월에 발행되었다. ISO 26000:2010에서는 CSR이란 용어 대신에 SR을 사용하였다.

SR이라는 용어 사용의 배경: 개별 조직이 지속가능발전에 기여한다는 광의의 관점에서 사회적책임(SR)이 단지 기업에만 해당되는 것이 아니고, 사회에 존재하는 모든 형태의 조직들(organizations)에게 해당된 다는 것이다.

ISO 26000:2010에서의 사회적책임(social responsibility) 정의에 의하면, '사회와 환경에 관련된 조직의 의사결정과 활동에 의해 미치는 영향(impacts)에 대한 책임이다. 조직은 투명하고 윤리적인 행동을 통하여, 보건과 사회복지를 포함하는 지속가능발전에 기여하고, 이해관계자들의 기대를 고려하고, 적용 가능한 법을 준수하고 국제행동규범과 일관성을 가지며, 조직 전반에 걸쳐 통합하고 조직의 관계에서 실천하는 것이다.'

여기서 언급된 활동들(activities)은 제품, 서비스 및 프로세스를 모두 포함한다. 또한, 관계(relationships)는 조직의 영향권(sphere of influence) 내에서 이루어지는 조직 활동을 의미한다. 다음 <그림 3.6>은 조직과 사회·환경의 관계, 조직과 이해관계자의 관계를 각각 나타낸다.

기업이 사업에 관련된 의사결정을 하고 실제적인 활동, 즉 실행에 옮기게 되면, 사회와 환경에 영향을 미칠 수 있고, 사회와 환경은 그 기업에 대한 기대가 있을 수 있다. 또한 이해관계자도 기업의 의사결정과 활동으로부터 영향을 받을 수 있다.

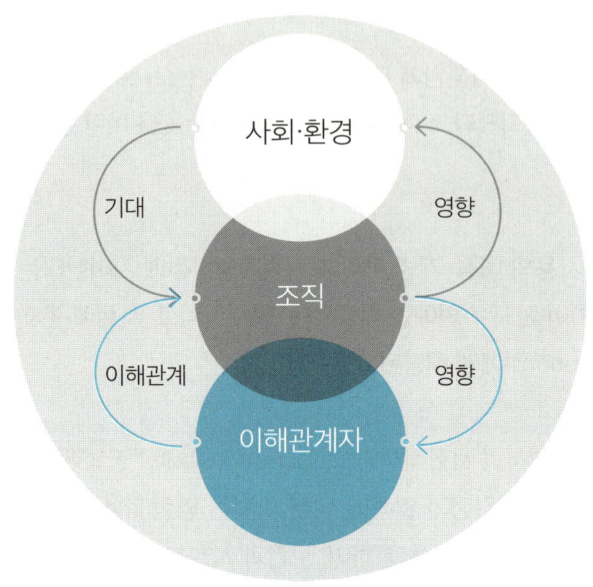

<그림 3.6> 조직, 이해관계자 및 사회·환경간의 관계
(출처: KS A ISO 26000:2012 사회적책임에 대한 지침 그림2 인용)

(2) 사회적책임의 원칙과 핵심주제

ISO 26000:2010을 개발할 때 사회적책임의 특성과 지속가능발전과의 관계를 고려하여 사회적책임에 대한 기본원칙과 실행에 필요한 핵심주제들에 대해 ISO 총회 참여자들 간에 컨센서스(consensus)를 이루었다.

1) 사회적책임 원칙

ISO 26000:2010 사회적책임에 대한 지침에서는 기업을 포함하여 모든 조직들이 비즈니스와 관련하여 의사결정을 하거나 활동을 할 때 먼저 사회적책임에 대한 7가지 기본원칙을 존중하도록 권장하고 있다.

① 설명책임

조직은 사회, 경제 및 환경에 관련된 영향에 대해 책임이 있다. 설명책임

(accountability) 이란 조직이 적절한 조사(scrutiny)를 수용할 뿐만 아니라 그 조사에 대응할 의무까지 받아들인다는 의미이다.

② 투명성

조직은 사회와 환경에 영향을 미치는 조직의 의사결정과 활동에 대하여 투명할 필요가 있다. 조직은 사회와 환경에 대해 알려진 영향과 발생 할 것 같은 영향을 포함하여 방침, 의사결정 및 활동을 합리적이고 충분할 정도로 명백하고, 정확하며, 완전한 방식으로 공개한다.

③ 윤리적 행동

조직은 윤리적으로 행동한다. 즉 조직의 행동은 정직, 평등 및 청렴(integrity)의 가치에 기초한다. 이러한 가치는 사람·동물·환경에 대한 관심 및 이해관계자의 이해관계에 대한 조직의 활동과 의사결정에 관련된 영향을 다루려는 의지표명으로 나타난다.

④ 이해관계자 이해관계 존중

조직은 이해관계자의 이해관계에 대해 존중, 고려 및 대응한다. 비록 조직의 목표가 조직의 소유자, 일원(members), 고객 또는 구성원의 이해관계로 제한 될 수 있지만 다른 개인 또는 집단의 권리, 주장 또는 특정 이해관계도 고려될 수 있다.

⑤ 법치 존중

조직은 법치 존중(respect for the rule of law)을 의무적인 것으로 받아들인다. 법치란 법의 우위를 말하며, 특히 어떠한 개인 또는 조직도 법 위에 있지 않으며 정부 역시 법의 적용을 받는다.

⑥ 국제행동규범 존중

조직은 법치 존중 원칙을 고수하면서, 국제행동규범도 존중한다. 법 또는 그 법의 시행이 충분하게 환경적 또는 사회적 안전장치를 제공하지 않는 상황에서, 조직은 최소한 국제행동규범을 존중하도록 노력한다.

⑦ 인권 존중

조직은 인권을 존중하고 인권의 중요성과 보편성을 인정한다. 조직은 국제인권장전(International Bill of Human Rights)에 규정된 권리를 존중하고, 가능 한 한 촉진한다.

2) 사회적책임 핵심주제

ISO 26000:2010 사회적책임에 대한 지침에서 조직이 다루어야 할 7가지 핵심주제(core subjects)에는 조직 거버넌스, 인권, 노동관행, 환경, 공정운영관행, 소비자 이슈, 지역사회 참여 및 발전이 포함된다.

<그림 3.7>은 사회적책임에서 다루는 7가지 핵심주제와 상호 관련성을 나타낸다. 이들 중 조직 거버넌스는 조직 내 의사결정을 위한 기구 또는 프레임워크로서 나머지 다른 핵심주제들과 상호의존적으로 연계되어 있다. 또한 각 핵심주제별로 조직에서 다루어야 할 관련 이슈들이 포함되어 있다.

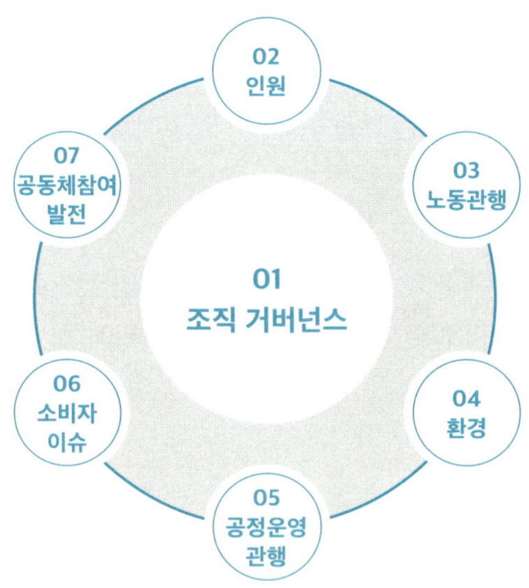

<그림 3.7> 사회적책임의 7가지 핵심주제
(출처: KS A ISO 26000:2012 사회적책임에 대한 지침 그림3 재구성)

조직의 규모, 유형 및 특성에 따라 각 이슈들에 대한 관련성의 정도가 다를 수 있어, 조직은 의사결정과 활동의 영향을 이슈 관점에서 고려한다. 각 핵심주제별 이슈들은 다양한 방식으로 설명되거나 범주화 될 수 있다.

3) 사회 영역의 핵심주제와 이슈

위 <그림 3.7> 사회적책임 7가지 핵심주제에서 환경(E)과 조직 거버넌스(G)를 제외한 나머지 주제들을 사회(S) 영역으로 분류한다면, 관련된 이슈들을 <표 3.7>과 같이 정리할 수 있다.

<표 3.7> 사회 영역에서 핵심주제에 관련된 이슈

핵심주제	관련 이슈	
인권	1. 실사(due diligence) 3. 연루/공모회피 5. 차별 및 취약집단 7. 경제적, 사회적 및 문화적 권리	2. 인권 리스크 상황 4. 고충처리 6. 시민권 및 정치적 권리 8. 근로에서의 근본원칙 및 권리
노동관행	1. 고용 및 고용관계 3. 사회적 대화 5. 작업장에서의 인적 개발 및 훈련	2. 근로조건 및 사회적 보호 4. 근로에서의 보건 및 안전
공정 운영관행	1. 반부패 3. 공정 경쟁 5. 재산권 존중	2. 책임 있는 정치적 참여 4. 가치사슬에서의 사회적책임 촉진
소비자 이슈	1. 공정 마케팅, 사실적이고 편중되지 않은 정보 및 공정 계약 관행 2. 소비자의 보건 및 안전보호 3. 지속가능소비 4. 소비자 서비스, 지원과 불만 및 분쟁 해결 5. 소비자 데이터 보호 및 프라이버시(privacy) 6. 필수 서비스에 대한 접근, 교육 및 인식	
지역사회 참여 및 발전	1. 지역사회 참여 3. 고용 창출 및 기능 개발 (skills development) 5. 부(wealth) 및 소득 창출 7. 사회적 투자	2. 교육 및 문화 4. 기술 개발 및 기술 접근성 6. 보건

포스트 코로나 시대, BD와 AI기술의 발전과 맞물려 사회 영역 핵심주제 관련 이슈들에 있어 상당한 변화가 있을 것이다. 예컨대 <표 3.7> 노동관행(labor practices) 중 4. '근로에서의 보건 및 안전' 이슈에서 근로자를 보건 리스크로부터 보호하고, 그의 생리적 및 심리적 니즈(needs)에 맞는 직업 환경을 조성한다는 취지를 고려하면, 재택근무와 사무실근무를 병행하는 재택-출근 병행 하이브리드 근무 형태로 바뀔 수 있다.

(3) ESG경영에서 사회 영역의 범주

사회적 측면에서는 해당 산업군의 특성이나 기업의 전략 방향에 따라 다소 상이할 수도 있으나 관련 이슈 범주로서 노동력, 인권, 다양성, 공급사슬, 산업안전 및 지역사회 참여를 주로 다룬다.

1) 해외 ESG평가 기관

국제적인 지속가능성회계표준기관(SASB)은 ESG를 포함하는 지속가능성의 중대성 평가 시, 사회자본(social capital) 영역에서 인권과 지역사회 관계, 고객 사생활, 데이터 보안, 접근성과 경제성(affordability), 제품의 품질과 안전성, 고객 복지, 판매 관행 및 제품 라벨링(product labeling)을 포함하고, 인적자본(human capital) 영역에서는 노동 관행, 직원 보건·안전, 직원의 참여, 다양성 및 포용성을 포함하고 있다.

2) 국내 K-ESG 가이드라인

K-ESG 가이드라인에서의 사회 영역은 9개 범주 및 22개 진단항목을 포함한다. 다음 <표 3.8>은 사회 영역에 포함된 범주와 진단항목을 나타낸다.

<표 3.8> 사회 영역의 범주와 진단항목

범주	진단항목	
목표	1. 목표 수립 및 공시	
노동	1. 신규 채용 및 고용 유지 3. 자발적 이직률 5. 복리후생비	2. 정규직 비율 4. 교육훈련비 6. 결사의 자유보장
다양성 및 양성평등	1. 여성 구성원 비율 3. 장애인 고용	2. 여성 급여 비율(평균 급여액 대비)
산업안전	1. 안전보건 추진체계	2. 산업재해율
인권	1. 인권정책 수립	2. 인권 리스크 평가
동반성장	1. 협력사 ESG 경영 3. 협력사 ESG 협약사항	2. 협력사 ESG 지원
지역사회	1. 전략적 사회공헌	2. 구성원 봉사참여
정보보호	1. 정보보호 시스템 구축	2. 개인정보 침해 및 구제
사회 법/규제 위반	1. 사회 법/규제 위반	

3.5 환경경영

환경(environment)에 대한 범위가 시대적 흐름 또는 니즈에 따라 변화하면서 넓어지고 있다. 예컨대 초창기 원시시대의 환경개념은 가시적 관점에서의 생물군집으로 동·식물의 삶에 필요한 지구의 땅, 공기 및 물 정도에 불과하였을 것이다. 하지만 세월이 흘러가면서 경제적, 사회적, 문화적 및 정치적 기능을 통해 인간 삶의 질과 함께 그 환경개념이 점점 복잡하게 확대되고 있다.

특히 근래 들어 날씨 패턴에 대한 지구온난화와 그 영향을 포함하는 기후변화(climate change), 그리고 이산화탄소 배출을 넷-제로(net-zero)상태로 하려는 탄소중립(carbon neutrality) 이 두 환경용어는 환경경영에서 핵심과제로 분류되어, 전 세계 각국의 정부와 산업계에서 신·재생에너지 개발 및 이용 등 대응책 마련을 위해 부단히 노력하고 있다.

(1) 삶의 질과 환경경영

자연은 인류 고유의 유산으로서 사회가 발전 및 진화해가는 공간일 뿐만 아니라 상품과 서비스의 원천이기도 하다. 상품, 서비스 및 위험(hazards)에 대한 개념은 질 좋은 환경이 삶의 질 니즈(life quality needs)를 만족시키기 위해 필요한 상품과 서비스를 제공하게 되어 위험한 사건(hazardous event)과의 마주침에 따른 심각성을 완화시켜주기 때문에, 천연자원의 개념을 개방하고 확장하여 환경의 질과 삶의 질로 연결하게 된다. [28)]

1) 상품과 서비스

우리가 생산하는 상품과 서비스는 근본적으로 경제적 의미를 내포하고 있다. 이러한 경제적 상품과 서비스는 천연자원을 유용한 제품으로 개량하고 전환하기 위한, 그리고 보건, 보안, 통신 및 정부 서비스 같은 공익사업활동을 설계하고 제공하기 위한 노동력과 자본지출의 결과이다.

개발 과정은 인간 삶의 질을 유지 및 개선하기 위한 상품과 서비스의 사용, 개선 또는 보존으로 이어지는 일련의 활동들로 구성되어 있다. 하지만 그러한 개발 과정의 이면에는 환경오염 같은 부정적인 영향도 따른다.

2) 환경경영의 필요성

인간이 추구하는 환경경영(environmental management)의 궁극적인 목표는 자연재해를 최소화 하면서 인간 삶의 질을 개선하는 것이다. 또한 이것은 영향을 받는 인구 전체에 걸쳐 개발 활동에 따른 비용과 편익을 배분하기 위한 시스템분석과 갈등해결방

28) Hufschmidt, M. James, D. E. Meister, A. D. Bower, B. T. & Dixon, J. A., 'Environment, Natural Systems and Development', The Johns Hopkins University Press, Baltimore, p. 338, 1983.

안 등을 마련하여, 자연재해로부터 개발활동을 보호하려는 환경경영에 대한 필요성이기도 하다.

(2) 환경경영에 필요한 시스템과 접근 방향

우리가 말하는 환경경영은 기본적으로 생태학의 원리(principles of ecology)에 기초하며, 자연환경에 대한 인간 활동의 상호작용과 그 활동에 따른 영향을 관리하는 것이다. 즉, 인간의 니즈 충족과 환경보호 간에 일어날 수 있는 상충에서 이해관계를 갖는 요인들을 식별하여 관리할 필요가 있다.

1992년 리우 데 자이네로 지구정상회의(Earth Summit)이후 환경적 이슈들이 중요해지자 1996년, 국제표준화기구(ISO)는 환경경영에 관련된 모범사례(best practices) 정보를 조직화하여 적용할 수 있는 ISO 14000 환경경영표준 패밀리(family)를 발간하였다.

ISO 14000 환경경영표준 패밀리는 조직 내 효과적인 환경경영체제를 확립하기 위해 필요한 환경경영방침의 수립, 제품 또는 서비스에 대한 환경영향의 결정, 환경목표에 대한 계획수립, 목표달성을 위한 프로그램의 수행, 시정조치의 이행 및 경영검토에 관한 요구사항들을 포함한다.[29]

오늘날 많은 기업들은 ISO 14000 시리즈와 같은 관련된 표준 및 기술적 도구들을 사용하여 체계적 방식으로 환경 이슈들을 다루고 있다. 또한 그들은 환경적 책임, 예방적 접근(precautionary approach), 환경 리스크 관리 및 오염자 부담(polluter pays) 같은 환경원칙들을 존중한다.

1) 환경경영시스템

전 세계적으로 기업들이 환경성과(environmental performance)를 개선하거나 환경에 대한 부정적인 영향(negative impacts)을 줄이기 위해 가장 널리 적용하는 경영표준이 바로 ISO 14001 환경경영시스템(EMS, environmental management system)이다.

29) (사)사회적책임경영품질원·ESG경영연구회, '지속가능성장을 위한 ESG 경영전략', 자유아카데미, p. 46, 2021.

1996년 9월, EMS 초판(ISO 14001:1996)이 발행된 이래, 300,000개 이상의 조직들이 환경경영시스템 요구사항들(EMS requirements)을 이행해오고 있다.

EMS는 기업이 환경성과를 지속적으로 검토, 평가 및 개선하여 환경목표를 달성하는데 도움을 줄 수 있는 하나의 프레임워크이다.

EMS 프레임워크의 기본요소에는 기업의 환경목표 검토, 환경영향과 법규준수 의무에 대한 분석, 환경영향을 줄이고 법규준수 의무에 일치하는 목표와 세부목표의 설정, 설정된 목표와 세부목표를 충족하는 프로그램 개발, 목표에 대한 성과를 측정/모니터링 및 개선 등이 포함될 수 있다.

2) 환경경영 접근 방향

기업들은 환경경영 관련 활동들을 전개할 때 전 과정 접근방식, 환경영향평가, 청정생산과 에코-효율성 및 지속가능조달에 대한 관련성을 검토하고 필요한 경우 전략적으로 선택하여 실행에 옮긴다.

① 전 과정 접근방식

전 과정 접근방식(life cycle approach)은 원료의 추출과 에너지의 생성에서부터, 생산 및 사용을 통해 수명이 다한 것에 대한 폐기 또는 회수에 이르기 까지, 수명주기 전반에 걸쳐 제품과 서비스의 환경영향을 줄일 뿐만 아니라 사회경제적 성과(socioeconomic performance)도 개선한다.

② 환경영향평가

환경영향평가(environmental impact assessment)는 제안된 프로젝트의 수행 또는 개발 시 발생 할 것 같은 환경영향을 사전에 평가하고, 그 결과가 이로운 것이든 해로운 것이든 상호 연관된 사회-경제, 문화 및 인간-건강의 영향을 고려 및 반영하는 프로세스이다.

③ 청정생산과 에코-효율성

청정생산(cleaner production)과 에코-효율성(eco-efficiency)은 프로세스나 활동의 마지막 단계에서 라기 보다는 원천에서의 개선을 중요시 하는 접근방식이며, 정비관행 개선, 신기술 또는 프로세스의 향상이나 도입, 재료와 에너지의 사용량 줄임, 재생에너지 사용, 물 사용 합리화, 독성· 유해물질과 폐기물의 제거 또는 안전한 관리, 제품 및 서비스의 설계 개선 등이 포함될 수 있다.

④ 지속가능조달

지속가능조달(sustainable procurement)은 재생 가능하거나 재활용된 재료를 사용하고 폐기물을 줄임으로써 한정된 자원의 보존과 책임 있는 관리를 촉진하는데 그 목적이 있다. 구매 의사결정 시 전 과정에 걸쳐 조달되는 제품과 서비스의 환경적, 사회적 및 윤리적 성과를 고려한다.

(3) ESG경영에서 환경 영역의 범주

ISO 26000:2010 사회적책임에 대한 지침의 경우, 환경주제 관련 이슈 범주에 오염예방, 지속가능자원 이용, 기후변화 완화와 적응, 환경보호, 생물다양성 및 자연 서식지 복원이 포함되어 있다.

1) 해외 ESG평가 기관

국제적인 지속가능성회계표준기관(SASB)은 ESG를 포함하는 지속가능성의 중대성 평가 시 환경 영역의 이슈 범주로서 온실가스 배출, 대기 질(air quality), 에너지 관리, 물과 유해물질 관리 및 생태계 영향을 포함한다.

2) 국내 K-ESG 가이드라인

K-ESG 가이드라인에서의 환경 영역은 9개 범주와 17개 진단항목으로 구성되어 있다. 다음 <표 3.9>는 환경 영역에 포함된 범주와 진단항목을 나타낸다.

<표 3.9> 환경 영역의 범주와 진단항목

범주	진단항목	
환경경영 목표	1. 환경경영 목표 수립	2. 환경경영 추진체계
원부자재	1. 원부자재 사용량	2. 재생 원부자재 비율
온실가스	1. 온실가스 배출량(scope1 & scope2) 3. 온실가스 배출량 검증	2. 온실가스 배출량(scope3)
에너지	1. 에너지 사용량	2. 재생에너지 사용 비율
용수	1. 용수 사용량	2. 재사용 용수 비율
폐기물	1. 폐기물 배출량	2. 폐기물 재활용 비율
오염물질	1. 대기오염물질 배출량	2. 수질오염물질 배출량
환경 법/ 규제위반	1. 환경 법/규제위반	
환경 라벨링	1. 친환경 인증 제품 및 서비스 비율	

기업의 리더십은 제4차 산업혁명의 시각에서 바라본 BD와 AI 기반 글로벌 기술 환경 변화, 이에 따른 노동력 이동과 고용 불평등, 저탄소 경제로의 전환 등에 적극적으로 대응할 뿐만 아니라 신사업 기회를 창출하기위해 이사회의 지원을 받을 수 있는 ESG경영위원회 설치, 공급사슬까지 고려하여 기존 사업전략과 운영에 통합하는 ESG경영 실행 전략(실행을 위한 투자 포함) 및 관련 로드맵(road map)을 개발하여야 할 것이다.

04

기업의 미래발전 전략

Environment

Social

Governance

4장: 기업의 미래발전 전략

4.1 기후위기 대응과 탄소중립

(1) 기후위기와 기후변화

유엔 산하 기후변화 정부간 협의체(IPCC: Intergovernmental Panel on Climate Change)가 2021. 8. 9일 발표한 6차 보고서에서 산업혁명이후 지구 기온은 1.09도 상승했다고 발표하였다. 이산화탄소 농도는 391ppm에서 410ppm으로 늘어났다. 향후 1.5도의 지구 온도 가열은 돌이킬 수 없는 티핑 포인트 (tipping point)인 임계수준을 넘으면 지구의 균형이 순간적으로 깨지는 인류의 실존적 위험 발생할 것이라고 전망하여 커다란 충격이 되고 있다.

기후위기(climate crisis)와 기후 변화(climate change)는 지구 온난화처럼 지구의 평균 기온이 점진적으로 상승하여 기후 패턴이 급격하게 변화하는 현상을 말한다. 현재의 기후 변화는 자연적인 이유로 발생하는 현상이 아니다. 현재의 급격한 기후 변화는 인간이 이산화탄소 같은 온실가스를 방출하여 일어난 현상이다.

방출한 온실 기체의 절대 다수는 에너지원의 화석연료를 태워서 만들어진 것이다. 온실 기체는 햇빛을 투과하기 때문에 햇빛이 지구 표면을 가열하고 복사열을 흡수하여 가둬진 열로 지구가 점점 뜨거워지면서 지구 온난화를 가속시킨다. 기후 변화는 물 부족, 극심한 폭염, 질병의 확장, 경제적 손실, 인구 난민 등 다양한 형태로 인간을 위협한다. 세계보건기구(WHO)는 기후 변화를 21세기 세계 보건에게 끼칠 가장 큰 위협이라고 전망했다. 육지는 지구 전체 평균보다 기온이 약 2배 빠르게 상승했으며 사막화가 빠르게 진행되고 있으며 폭염과 산불횟수도 점점 늘어나고 있다. 기온이 증가하여 빙하기 점차 사라지고 있으며 기후의 급격한 변화로 수많은 동식물이 멸종하고 있다.

(2) 기후변화의 파급과 영향

지구 기온 상승폭은 1.5도 이내로 제한해야 한다는 것이 과학자들의 결론이며, 파리 기후협정에 따른 국제적 합의다. 2017년을 기준으로 지구의 평균기온은 지구 전체 규모의 측정이 시작된 1880년 이후 섭씨 1도 이상 올랐다. 향후에 0.5도가 더 오르면 문제가 생긴다. 1.5라는 숫자가 작다고 생각하기 쉽지만 이미 오른 1도로 인해 전세계 많은 육지 빙하가 녹아 사라졌고 해수면도 빠르게 상승 중이다. 1.5도를 넘으면 인류의 힘으로는 변화를 돌이킬 수 없게 된다. 기후가 변하면 기상도 달라진다. 기후변화는 폭염을 빈번하고 격렬하게 만든다. 폭풍우나 해안 홍수도 심해지고 가뭄으로 화재도 빈번해졌으며 2021년 오스트레일리아와 미국 캘리포니아 산불이 증명하고 있다.

지구상 이산화탄소의 양은 자연적으로 늘고 줄지만, 인류의 산업혁명 이전엔 이 변화가 수천 년에 걸쳐 일어났으나 지금은 이 속도가 지나치게 빠르며 향후 25~30년 사이 지구의 날씨는 더 극한으로 가며 산호초 같은 지구 생명체들의 주요 서식지는 이미 죽어가고 있다.

과학자들은 기후변화가 이대로 방치될 경우 지구 역사상 여섯번 째 대규모 동식물 멸종이 촉진될 것으로 본다. 식량난이 일어나고 난민이 대규모로 발생한다. 정치는 불안정해지고 종국엔 극지방의 만년설이 녹아 세계 대부분의 해안 도시가 물에 잠긴다. 문제는 이런 변화에 따른 피해를 부자들이 더 많은 온실가스를 배출했는데도 부자들보다 가난한 이들이 먼저 겪는다. 해수면은 현재 100년에 30㎝ 정도로 상승 중이나 시간이 갈수록 그 속도가 빨라진다. 많은 전문가들은 온실가스 배출을 내일 당장 멈추어도 이미 배출된 온실가스로 인해 장기적으로 5~6m가량의 해수면 상승이 불가피하다고 보며 지금과 같이 온실가스 배출이 계속되면 해수면 상승 높이는 궁극적으로 24~30m가 될 수 있다고 예측한다.

(3) 기후변화의 위험과 대응

산업화를 기반으로 경제성장이 이뤄지는 과정에서 필연적으로 이산화탄소 배출이 증가하게 되었고, 이렇게 배출된 이산화탄소는 지구의 기온이나 강수량 등에 변화를 주었다. 이러한 변화는 우리 생태계와 경제에 큰 영향을 미치게 되었고 이러한 이산화탄소 배출이 증가하게 된 배경에는 경제성장이 자리잡고 있다.

현재 세계 에너지 사용의 약 90% 가량이 화석연료 형태에 의존하고 있으며 세계 경제가 계속 성장한다면 이산화탄소 배출량도 따라서 증가하고 있다. 그 동안 친환경 기술 개발로 생산물 단위당 탄소 배출량이 감소하긴 했어도 공급증대로 인해 절대적인 탄소배출량은 늘고 있다.

에너지 전환을 위한 다각도의 노력이 이어지고 있지만 아직 문제해결에는 갈 길이 멀다. 예를 들어 세계 각국에서 전기 차 흐름이 이어지고 있지만 결국 그 차를 충전하기 위한 전기가 화석연료로 발전된다면 진정한 의미의 에너지 전환이라곤 볼 수 없다.

인류가 너무 오랫동안 행동을 미뤄온 것이 지금과 같은 위기상황으로 치달았다. 기후변화를 막으려면 지구 대기 내 탄소량을 더는 늘리지 않는 중립' 상태로 만들어야 한다. 다행히 자동차 연료 기준이나 강화된 건축 규제, 발전소 배출 제한 재생에너지로의 전환 속도를 획기적으로 높여야 한다. 이러한 전환은 경제에도 도움이 된다. 미국의 태양광 산업은 이미 석탄 채굴보다 2배 이상의 인력을 고용한다.

중요한 것은 기후변화를 막기 위해 각자가 시민으로서의 권리를 행사하고 목소리를 높여 변화를 요구하는 것이다. 파리협정에 따른 신 기후체제가 시작되는 올해, 기후변화에 대한 시민들의 관심과 목소리가 무엇보다 절실하다." 일부에서는 이산화탄소가 지구온난화에 미치는 영향이 크지 않다는 과학계의 의견도 존재한다. 그러나 반면에 기후변화 문제가 심각하다는 의견도 많다. 따라서 이러한 불확실한 상황에 직면했기 때문에 사전적으로 기후변화에 대응할 필요가 있다. 적절한 규제와 합의를 통해 배출량을 잘 조절한다면 지속 가능한 경제성장을 달성하는 선순환 구조를 그릴 수 있다.

변화에 대응하는 방법으로는 앞으로 지속될 온실 기체 배출량을 줄이고 대기의 온실 기체를 제거해서 증가 수준을 줄일 수 있다. 온실 기체 배출량을 줄이는 데에는 풍력이나 태양 에너지 등 천연 에너지의 사용을 늘리고 석탄 사용량을 점차 줄이며, 사용하는 에너지의 효율성을 높여 절약하는 방법이 있다. 기존의 화석 연료로 작동하는 많은 부분을 전기에너지로 대체하면 탄소 배출량이 감소될 수 있다. 하지만 이런 방안만으로는 심각하고 광범위하고 영구적인 기후 변화의 위협을 피할 수 없다.

2015년 채택된 파리협정으로 전 세계 각국이 기후 변화 완화를 노력하여 최대 2 ℃ 상승" 이하를 유지하기로 합의하였다. 하지만 아무리 협정을 준수하더라도 21세기 말까지 지구 평균 기온은 약 2.7 ℃ 상승할 것으로 예측된다. 온난화 수준을 1.5 ℃ 이하로 제한하기 위해서는 2030년까지 온실 기체 배출량을 절반으로 줄여야 하고, 2050년까지 온실 기체 순 배출량을 제로로 만들어야 한다.

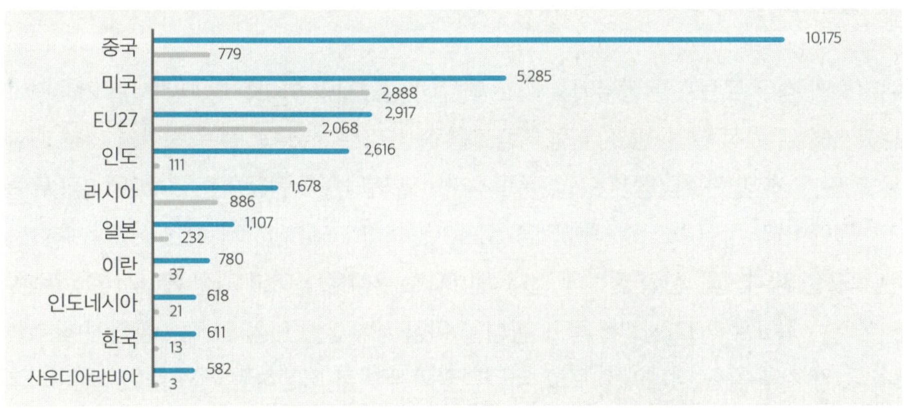

<그림 4.1> 국가별 온실 가스 배출량, UNTAD,2021

(4) 기후변화에 대한 탄소중립 방안

기후변화에 대응하기 위한 방법으로는 인구증가와 경제성장 억제 및 생산물의 탄소 배출 감소 방안 등이 있다. 가장 좋은 방법은 다른 에너지원을 찾거나 기술개발을 통해 생산 시 발생하는 탄소 량을 획기적으로 줄이는 것이다. 그러나 이러한 방안은 단기간에는 실현하기가 어려우므로 중장기에 적용할 수 있는 대책이 필요하다.

초기에는 정부의 강압적인 추진이 필요하다는 의견이 등장하였으나 정부의 자의적이고 강제적인 조치들은 부작용을 초래하기 때문에 시장 기능을 살리면서도 기후변화에 따른 문제를 해결하기 위한 아이디어가 필요하게 되었다.

정부가 개입하여 오염배출의 피해만큼을 오염 생산자에게 부담시키면 문제가 해결될 것이란 아이디어가 제시되었고 소유권만 잘 확립시켜주면 정부 개입 없이 경제주체들 간의 합의 만으로 문제가 해결될 수 도 있다. 이러한 두 가지 생각이 발전되어 현재의 탄소세와 탄소배출권 거래제도가 탄생되게 되었다. 현재 세계적으로 탄소중립(carbon neutrality)과 탄소제로(carbon zero)가 중요한 이슈이다. 선진 국가의 연구기관에서는 탄소 배출에 따른 사회적 비용을 계산하기 위한 노력이 이어지고 있고 최적의 탄소세 및 배출량을 추정하기 위한 시도도 이뤄지고 있다.

미국의 경우 트럼프 행정부에서 다소 이탈이 있었지만 바이든 정부에서는 기후평가보고서의 주기적 발간, 범 정부적 워킹그룹 출범, 그린 뉴딜과 같은 친환경 기술 개발 유도, 탄소 세 및 탄소국경세 도입 등이 추진되고 있다. EU 집행위는 2020년 9월 유럽 그린딜에 따라 온실가스 순 배출량을 1990년 대비 2030년까지 최소 55% 감축한다는 목표를 제시했다. 산업 전반에 걸쳐 에너지 효율성을 높이고 재생 에너지 사용을 확대한다는 목표로 2021년 7월 목표 달성을 위한 세부 입법안을 만드는 작업에 착수했다. EU가 기후 중립 경제에 이르고, 파리협정의 약속을 이행하는 데 도움이 될 것이다. 중국은 지난해 오늘 2030년까지 탄소 배출량 정점을 찍은 뒤 2060년까지 탄소 중립을 실현하겠다고 공언했다. 파리기후협정에 재가입한 미국의 정책적·정치적 모멘텀도 탄소 중립과 같은 방향으로 흐르고 있다. 이런 활동은 패러다임의 변화와 다름없다. 각국 지도자들이 탄소 중립 목표의 가치를 분명히 말할 기회가 있다고 믿는다. 세계 탄소 중립 포럼(World Carbon Neutrality Forum, WCNF)에 뜻이 맞는 정·재계 지도자들을 위한 네트워크를 통해 공동의 목소리를 전하기 위해 노력하는 한편 동기를 부여하고 경험을 공유할 수 있는 공동의 포럼을 제공할 것이다. 한국은 기후변화에 대한 위기의식 고조로 탄소중립을 추진하고 있다. 탄소중립은 글로벌 신경제질서로 어렵지만 가야 할 길이라는 인식 하에 2020.12월에 탄소중립전략을 수립하여 국가 온실가스 감축목표 (Nationally Determined Contribution)를 추진하고 있으며 탄소중립 성과창출을 달성해야 한다. 2018년 대비 2030년 국가 온실가스 감축목표를 26.3%에서 40.0%로 상향하였다. 탄소중립 예산도 확대하여 2021년 7.7조원에서 2022년 11.4조원으로 48.1%의 증가와 기후대응 기금 2.4조원을 신설하였다.

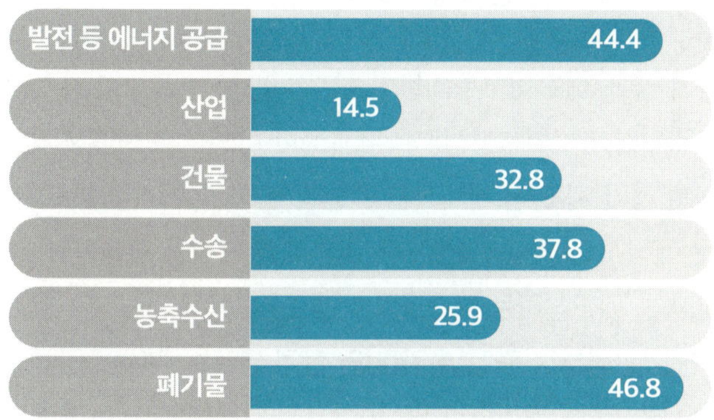

<그림 4.2> 한국의 분야별 온실 가스 감축목표, 환경부,2021 (단위: %)

한국	**2018년 대비 40% ⇩**
EU	1990년 대비 55% ⇩
영국	1990년 대비 68% ⇩
미국	2005년 대비 50~52% ⇩
일본	2013년 대비 46% ⇩
러시아	1990년 대비 30% ⇩
호주	2005년 대비 35% 이상 ⇩
중국	2030년 절대 감축량 제시 안해
인도	목표 제시 거부

<그림 4.3> 주요국 2030년 온실가스 감축목표, UNFCC, 환경부, 2021

탄소중립이란 대기 중의 온실가스 농도가 더 이상 증가하지 않도록 그 순 배출량을 '0'으로 맞춘다는 개념으로 인간 활동으로 배출되는 온실가스를 최대한 줄이고 산림 흡수나 이산화탄소 포집 및 저장기술(CCUS: Carbon Capture, Utilization, Storage)로 제거하여 실질적인 배출량을 '0' 수준으로 낮추는 것을 탄소중립이라고 한다.

탄소중립 포럼 유럽 이사회 의장(2004년)을 역임한 버티 아헌(Bertie Ahern) 전 아일랜드 총리가 세계 탄소 중립 포럼(World Carbon Neutrality Forum, WCNF)을 공식 발표했으며 WCNF는 중국, 미국, 유럽연합 등 세계 각국의 기후 협력을 촉진하기 위해 설립된 포럼이다. WCNF는 탈 탄소에 대한 세계 지도자들의 의식을 고취하고 개발도상국 및 선진국의 국가 지도자와 총리들이 한자리에 모여 글로벌 탈 탄소 목표를 논의하는 다원적 조직이다.파리기후협정(Paris Climate Agreement)에서 제안된 합의 모델을 기반으로 하여 정부 지도자, 세계적인 기업과 협회, 과학자들이 모여 기후 변화, 탄소 중립, 새로운 에너지 기술 등의 관련 주제에 대한 지식을 교류한다. WCNF는 세계적 탄소 중립 혁명을 뒷받침하는 한편 국가적 차원의 녹색 인식 제고를 위해 매진한다. 세계적 학계, 기업, 비 정부 기구, 협회가 힘을 합쳐 글로벌 미디어 영상 콘퍼런스 등 플랫폼이 될 전망이며 영향력 있는 리더들이 한자리에 모일 수 있는 전용 플랫폼을 제공하는 것이 목표다. 기후 변화는 의심할 여지없이 세계 각국에 경제적·정치적·사회적 문제를 불러일으켰으며 보통 수십 년에 걸친 변화가 한 세대에 요구되고 있으며 각국 정부가 현실적 해법을 마련할 기회를 찾고 힘을 모은다면 세계적 탈 탄소 목표를 달성할 수 있다.

(5) 기업의 SMR 전략

SMR은 소형모듈원전(Small Modular Reactor)으로 냉각재 펌프 등 주요 기기를 일체화한 300MW 이하의 소규모 원전으로 안전성이 높고 초기 투자비가 적으며 건설기간이 짧아 차세대 원전으로 주목받고 있다. SMR은 기존 대형원전의 사고 위험과 막대한 건설비용 등 문제를 해결할 수 있어 비용과 안전성 측면에서 차세대 원전으로 꼽힌다. 최근 탄소중립 실현을 위한 핵심 수단으로 전 세계 국가들이 개발에 뛰어들고 있다.

영국 국립 원자력연구원에 따르면 2035년까지 시장 규모가 약 400조에서 600조원에 달할 것으로 전망하고 있다.

SMR은 대형 원전에 비해 사고 때 방출되는 방사성 물질의 양이 적어 안전하다고 알려져 있다. 그러나 원전이 작아지면서 안전 설비 또한 축소되고 검사와 관리에 들어가는 기술 비용이 더 증가하므로 경제성 확보 과정에서 오히려 안전이 약화될 수 있다는 반론도 있다.

그러나 현재 국내 대기업들이 줄줄이 투자에 나서면서 SMR에 대한 관심이 뜨거워지고 있으나 2030년은 돼야 SMR 상용화가 가능할 정도로 관련 기술은 초보 단계다.

<표 4.1> 대형원전 및 소형모듈원전(SMR)비교 (출처: 에너지경제연구원)

항목	대형원전	SMR(소형모듈원전)
안전성	체르노빌, 후쿠시마 등 대형사고 발생 이력이 있음.	소형화, 파동형으로 사고 발생 위험을 낮춤
운영 탄력성	대용량 출력이 고정됨 (기저부하)	Scalable & 부하추종운전이 가능함. (분산전원 및 신재생에너지의 백업 전원으로 활용 가능성)
건설리스크	현장작업의 비중이 높음 (건설비 리스크 ⇧)	공장작업의 비중이 높음 (건설비 리스크 ⇩)
부지면적	$573m^2$/MWe (APR1400기준)	대형원전 대비 단위 출력 당 필요 부지면적 1/2
응용분야	발전용	담수, 수소생산, 정유, 선박추진용

<표 4.2> 소형모듈원전(SMR)시장전망 및 시장규모

SMR 시장전망 (출처: 한국원자력연구원)

예측기관	시점	전망
영국 국립원자력 연구소	2035	398~636조원
한국과학기술정책연구원	2050	441조원
미국 에너지부	2050	500~1000기
일본 전력중앙연구소	2050	400~850기

2030~2040년 SMR 수요처 전망 (단위: 원, 출처: 한국수력원자력)

구분	시장규모	경쟁전원
화력발전소 대체	126조	천연가스
격오지	38조	디젤
중공업 열 공급	15조	천연가스
광산업	4조	디젤

SMR이 미래 에너지원으로 제시 되는 이유는 대형원전보다 안전성이 높기 때문이다. 물론SMR이 대형원전의 경제성을 이기긴 어렵지만 단순화와 표준화를 통하여 양산이 가능할 정도로 개발이 이뤄진다면 초기엔 비싸더라도 향후에는 대형원전만큼 저렴해질 수 있다고 볼 수 있다. 최근 원전 최강국 건설을 내걸고 한국과 미국의 경제 안보 기술 동맹 주요 분야에 원전이 포함되면서 원전업계가 활력을 나타내고 있다. 특히 원전산업 부활의 중심엔 차세대 원전으로 꼽히는 소형모듈원전(SMR)이 있는 것이다. 최근 현대엔지니어링은 세계 최초로 4세대 초소형모듈원전(MMR·micro modular reactor) 사업을 본격 추진하고 있다. MMR은 차세대 원전 기술인 소형모듈원전(SMR) 중에서도 매우 작은 규모의 혁신 기술 분야다. 최고수준의 안전성을 확보한 이번 초고온가스로 MMR 실증 사업을 통해 소형원전시장의 선도기업의 위상을 확립해 나갈 것이다. 다음 <표4.3>은 최근 국내 5대 기업의 SMR 전략과 추진계획이다.

<표 4.3> 국내 5대 기업의 SMR 전략과 추진계획, 2022

기업명	SMR추진현황	특징	비고
두산 에너빌리티	• 현 정부의 원전 육성 정책에 따라 미래 신사업 중 SMR 투자를 확대. • 향후 5년간SMR, 가스터빈, 수소터빈, 수소연료전지 등 에너지 분야를 중심으로 투자계획	• 2023년 하반기 중 SMR 제품 제작을 목표로 신규 수주를 2026년까지 연평균 4800억 원 목표 수립. • 2030년까지 1조7000억 원 수주 목표 예상.	5조원 투자
현대 엔지니어링	• 글로벌 원전시장의 SMR 분야 선두주자를 위해 세계 최초로 매우 작은규모의 4세대소형모듈원전(MMR)사업을 본격 추진한다	• 기존 팀 단위 조직이었던 원자력 부문을 원자력 사업실로 격상 원자력 사업을 전담하는 별도의 전문 조직 신설과 5년간 투자	5조원 투자
SK그룹	• SK(주)와 SK이노베이션은 SMR 시장 선도를 위해 미국 테라파워와 MOU 체결 • 차세대 SMR은 기존 대형 원전 보다 발전용량과 크기를 500MW급 이하로 복잡한 안전장치 없이 자연 순환 방식의 높은 안전성 보유	• 미국 테라파워의 차세대 SMR 기술 및 방사성 동위원소 생산 역량과 SK 사업 영역을 연계 다양한 사업기회 발굴 계획. • SK는 탄소 배출이 거의 없는 SMR의 높은 기술을 보유한 테라파워와 시너지창출계획	
GS그룹	• 현GS의 가장 큰 비중을 차지하는 에너지 부문은 SMR과 수소, 신재생 친환경 발전 등 탈탄소 시대의 미래 에너지를 투자확대 • 세계적 SMR 기술 보유한 뉴스케일 파워의 주주로 참여 • 뉴스케일파워, 두산에너빌리티, 삼성물산과 함께 드림팀을 구성해 차세대 SMR 개발과 세계시장 진출계획	• 아랍에미리트의 국영석유회사(ADNOC)와 공동으로 수소경제시대의 원유는 블루암모니아 사업 개시 • GS는 향후 5년간 미래 성장동력 확보와 핵심 사업 경쟁력 강화를 위해 21조원을 투자계획	에너지 분야 5년간 12,000명 채용계획
삼성물산	• SMR을 핵심 미래 에너지원으로 분류해 자본을 투자하고 개발에 적극 뛰어들고 있다. • 미국 뉴스케일파워와 전 세계에 SMR 발전소를 건설하고 운영하는 사업 개발 MOU를 체결	• 삼성물산의 발전소 시공 역량을 동원 SMR 위주로 재편될 세계 원자력발전 시장을 주도할 수 있는 협력체계 구축 계획	5조원 투자

4.2 비대면과 원격 디지털 사회의 대응

(1) 비대면의 개념과 확산

비대면을 영어로 언택트라고 정의하며 이것은 정식 영어가 아니고 접촉을 뜻하는 단어 Contact와 부정어 Un이 만나면서 Untact 라는 영어와 한국어의 합성된 신조어가 만들어진 것이다.

사람들과 얼굴을 맞대고 마주칠수록 코로나 감염위험이 높아지기 때문에 언택트라는 일상적인 단어가 되었다. 최근 언택트 문화의 확산으로 많은 일들이 온라인으로 이루어지고 있으며 물건을 사고파는 일에서부터 재택근무, 국제회의와 교육, 공연, 관광 등 거의 모든 분야가 온라인상으로 이루어지고 특히 코로나19로 인해 더욱 빠른 전환이 이루어지고 있다. 다양한 쇼핑몰에서 진행하는 방법도 편리한 방법의 언택트이다. 현재 다양한 분야에 언택트 즉 비대면 분야가 확장되고 있으며 새로운 소통방식으로 산업의 흐름이 바뀌는 시대이다.

비대면에서 가장 다양하게 활용되는 부분은 AI(인공지능)이다. 그 이유는 모든 언택트 사업의 핵심엔 AI가 활용되기 때문이다. 생산과 유통, 제조 분야와 의료 등 비대면으로 이뤄지는 부분에 AI 기술과 빅 데이터의 활용이 있어야만 질 높은 서비스를 효율적으로 소비자에게 제공할 수 있다.

이미 홈쇼핑과 온라인 쇼핑은 언택트 초기부터 이뤄지고 있는 사업이며 속도가 빨라지고 있으며 오프라인이 따라가지 못할 정도의 성장속도를 보이고 있다. 언택트 쇼핑산업이 발달하면서 VR, AR을 이용하여 매장에서 직접 보는듯한 현장감을 보여주는 시장이 확대되고 있으며 메타버스 쇼핑도 새로 생기고, 활성화되고 있는 중이다.

(2) 비대면 사회의 특성

2020년 5월 한국의 대기업 최초로 진행한 비대면 방식의 삼성그룹 공채 필기시험이 시행되었다. 낯설지만 익숙한 비대면 활동 비대면 방식은 과거부터 지속적으로 발전해 온 현상이며 우리에게 친숙한 비대면 방식은 '온라인 쇼핑'이다.

최근에는 당일 배송, 새벽 배송, 신선식품 배송 등 좀 더 다양한 온라인 서비스가 등장하고 있다. 현재 우리가 비대면 방식이라고 말하는 모든 것은 의료 서비스, 쇼핑과 배송, 학습과 업무 방식, 오락 그리고 재택근무와 같은 원격근무 방식이며 예전부터 존재해왔다. 그러나 지금의 비대면 방식과 과거부터 존속해왔던 비대면 방식과는 차이점이 있다. 바로 연결성의 강도이다.

중국의 모바일 결재 시스템을 보면 새로운 시스템이 사회에 정착하는 데는 기술적 진보뿐 아니라 사회적 환경도 동시에 함께 준비돼야 함을 알 수 있다. 소비자들은 새롭게 경험한 비대면 일상생활에 점차 익숙해지고 있으며 기업은 비대면 방식을 통해 새로운 수익 창출 효과를 달성할 수 있기 때문에 비대면 방식은 우리 사회에 좀 더 빨리 그리고 지속적으로 자리 잡을 것으로 판단된다.

한국 사회는 인간관계를 중시하는데 최근에는 인간관계를 뛰어넘어 모든 것이 연결돼 있는 초 연결 사회로 진입함에 따라 우리의 스트레스가 더욱 커지고 있다. 비대면 방식이 완벽하게 자리잡을 때까지 새로운 비대면 방식과 전통적인 대면 방식의 일상생활과 비즈니스 방식이 공존할 것이다.

1) 비대면 초 연결 사회의 여행과 쇼핑

대부분의 여가 생활은 다른 사람과의 교류를 중심으로 이뤄진다. 코로나19 때문에 다른 사람과의 만남과 교류를 중심으로 하던 여가 생활과 여행은 예전과 다른 변화를 겪을 수밖에 없었으며 여행이 갖고 있는 대면 접촉을 일시적으로 금지하고 있어 사람 간의 접촉을 최소화 할 수 있는 여행 트렌드가 요구되고 있다. 여행 산업을 위한 디지털 기술이라고 할 때 가장 먼저 떠 오르는 것은 가상현실이다.

사람은 꾸준히 여가 생활을 즐길 것이다. 하지만 집에서 즐길 수 있는 여가 생활의 방식이 변화하고 향후 방문할 수 있는 여행지와 즐길 수 있는 여행 방식 역시 앞으로 계속 변화할 것이다. 여가 생활과 여행 분야에서 적용할 수 있는 다양한 비대면 방식의 활동은 서비스를 제공하는 기업에게 새로운 수익원이 될 수 있고, 이를 이용하는 랜선 여행객들은 집안에서 마법과 같은 경험을 누릴 수 있다

온라인 쇼핑은 극단적인 사회적 거리두기를 실천할 수 있는 확실한 방법이며 온라인 쇼핑을 통해 구입 가능한 제품과 서비스의 영역이 폭발적으로 증가하고 있다. 소비자의 소비 트렌드 변화를 보면 확실히 소비자들은 비대면 방식의 일상생활에 빠르게 적응하고 있는 것 같다.

2) 비대면 초 연결 사회의 직장과 학교

일과 학습 방식의 변화 코로나 팬데믹 이후 디지털 노마드라는 단어가 다시 부활하고 있다. 긍정적인 측면이 있다면 한국은 재택근무와 같은 비대면 방식의 업무를 순조롭게 받아들일 수 있는 인프라가 잘 갖춰진 국가이다. 한국은 하드웨어, 즉 디지털 인프라 측면에서는 선진국들과 비슷한 수준으로 비대면 방식의 업무를 받아들일 준비가 된 것이다. 디지털 기술과 같은 하드웨어도 중요하지만, 진정한 디지털 트랜스포메이션을 달성하려면 기업 문화도 변해야 한다.

대학 학위가 신분의 상징이었던 시대는 끝났으며 이제는 끊임없는 재교육과 세세하게 개인 능력을 평가하는 정량화된 자아의 시대가 온다. 비대면 방식의 정확한 개념은 비대면 연결로, 비록 직접적인 접촉은 없지만 서로 연결돼 있다는 것이다. 기업이 진정한 디지털 트랜스포메이션을 달성하려면 인사, 전략, 커뮤니케이션 등과 같은 경영 전반의 활동 역시 함께 변화해야 한다.

(3) 비대면 원격교육의 특성

1) 디지털 기반의 원격교육

2022년 3월 25일부터 원격교육법이 시행되며 코로나19 팬데믹으로 모든 학교가 원격수업을 피치 못하게 되면서 그 필요성이 대두되어 제정 및 시행하게 되었다. 실제 코로나 19 팬데믹 이후 원격수업의 본격적인 지원이 활성화될 예정이다. 원격교육 인프라 구축을 위해 원격교육시스템을 구축하고 운영하여야 하며 원격교육 콘텐츠 개발 및 보급, 원격교육에 필요한 교구와 장비 및 시설 등을 지원할 수 있다.

디지털 기반의 다양한 교육과정을 운영할 수 있도록 필요한 정책을 수립 및 시행하며 원격교육과 관련된 교육과정, 학습자료, 시스템 등을 제공할 것으로 보인다.

2) 원격교육 대체 학습지원

학생이 원격교육에 참여할 수 있도록 노력해야 하고, 불가피한 사정이 있는 경우에는 대체학습을 지원하여야 한다. 교육 목적 상 필요한 경우 보충학습 등 별도 교육적 지원을 할 수 있다. 지금까지 명확히 지원되지 않았던 대체학습이 본격적으로 시행되며 많은 학생들이 혜택을 받을 것으로 보인다.

대학은 다른 국내외 대학 등과 원격교육과 관련된 정보 교환, 원격교육 콘텐츠 공동개발, 학점 교류 및 인프라 공유 등을 위해 노력하여야 한다. 즉 이 법이 시행되면 각 대학교 차원에서 원격교육 질 제고를 위한 노력을 기울여야 하며 많은 대학생들이 혜택을 입을 것으로 보인다. 원격교육에 관한 기본적 사항과 원격교육 시 교육기관의 책무 및 이에 대한 국가 등의 지원에 관한 사항을 정함으로써, 교육기관에서 양질의 원격교육이 운영될 수 있도록 하며 원격교육을 활용한 디지털 기반의 교육 혁신을 지원해 미래교육의 변화를 이끌어가는 데 기여한다. 원격교육의 질을 향상시키기 위한 정책을 추진하기 위해 필요한 예산상의 조치를 시행해야 한다. 다음과 같이 ▷디지털 정보통신매체를 이용한 원격교육시스템의 구축·운영 ▷원격교육콘텐츠의 개발·보급 ▷교육용 정보통신기기 등 원격교육에 필요한 교구·장비 및 정보통신망 등 시설 ▷원활한 원격교육을 위한 지원인력의 배치 등을 지원할 수 있다.

또 학교는 원격교육 인프라를 이용해 학교 내에서 디지털 기반의 다양한 교육과정을 운영할 수 있으며, 학생이 원격교육에 참여할 수 있도록 노력해야 하고 학생이 원격교육에 참여할 수 없는 불가피한 사정이 있는 경우에는 대체학습을 지원해야 한다. 아울러 원격교육 운영과 관련해 교육 목적상 필요한 경우 보충학습 등 별도의 교육적 지원을 할 수 있다. ▷원격교육과 관련된 정보 교환 ▷원격교육콘텐츠 공동 개발 ▷학점 교류 및 인프라의 공유 등을 위해 노력해야 하며, 평생교육을 활성화해 사회에 기여할 수 있도록 다양한 원격교육 과정을 공개강좌로 운영할 수 있다. 또 원격교육의 원활한 운영·관리를 위해 교원, 학생, 전문가 등으로 구성된 원격교육 관리위원회를 두어야 한다.

3) 원격교육 활성화 여건 조성

교육기관의 장은 해당 교육기관이 운영하는 원격교육콘텐츠의 안정적 품질 관리 및 적정한 품질 수준의 확보를 위해 노력해야 하며, 교육부장관은 원격교육콘텐츠의 품질 관리를 위해 품질 진단·평가, 개선 지원 등 필요한 정책을 수립·추진할 수 있다. 또 교육부장관은 원격교육 정책의 효율적인 추진과 원격교육 연구를 위한 기초자료 수집을 위해 원격교육 통계조사를 매년 실시하고 그 결과를 공개해야 한다.

국가와 지방자치단체, 공공기관, 법인·단체 및 개인이 원격교육 과정에서 조사하거나 제공받은 개인 또는 법인·단체의 정보는 이 법과 관련 법률에 근거하지 않고 처리되어서는 안 된다. 교육부장관 및 교육감은 원격교육의 운영 과정에서 교원 및 학생의 개인정보를 보호하기 위하여 필요한 정책을 마련해야 한다. 아울러 교육부장관은 이 법에 따른 업무를 효율적으로 수행하기 위해 원격교육 전문기관을 지정해 그 업무를 위탁할 수 있다.

이 전문 기관은 ▷원격교육 취약계층 지원 ▷교육기관의 원격교육 인프라 지원 ▷원격교육 콘텐츠의 품질 관리 ▷원격교육 통계조사 ▷원격교육 데이터의 처리 및 분석 ▷교원 및 학생의 개인정보 보호 등에 관한 업무의 일부 및 전부를 수행한다. ▷원격교육 기술 정보와 인력의 교류 지원 ▷원격교육 전문기술의 조사 및 연구 ▷원격교육 산업 생태계 조성을 위한 관련 기술의 개발·응용 및 운영 지원 ▷원격교육 관련 공동 사업의 추진 및 협력체계 구축 ▷그 밖에 원격교육 활성화를 위해 필요한 민간 및 국제 협력에 관한 사항 등의 업무를 추진할 수 있다.

(4) 비대면 진료 서비스의 특성

비대면 진료 플랫폼 서비스는 빠른 속도로 성장하고 있다. 특히 최근 재택치료로 인해 비대면 진료에 대한 관심도 급증에 따른 것으로 분석된다. 코로나19 장기화로 사회 전반에 비대면 문화가 새로운 트렌드로 자리 잡았다. 건강관리 분야에서도 직접 병원에 방문하지 않고 다양한 의료 서비스를 제공받을 수 있는 디지털 헬스케어 플랫폼이 등장해 주목받고 있다. 전체 인기 앱에서도 상위그룹을 달성하는 폭발적인 성장세를 입증하고 있다. 정부의 재택치료 전환에 빠르게 발맞춰, 업계 최초로 재택치료 전담 서비스를 구축하고 서 재택치료 탭을 클릭, 실제 호흡기의원으로 등록된 병원으로 연결되어 진료비부터 조제비까지 무료로 이용할 수 있으며 전국 약 배송비를 무상 지원한다. 최근 재택치료로 급증하는 진료 수요에 대비해 파트너 병원과 약 배송 인력을 늘리고 있다. 중앙재난 안전대책본부 및 건강보험심사평가원과 초기 보험 수가 및 환자 본인부담금 정책을 면밀히 확인하는 과정을 거쳤고 이를 통해 확정된 요양급여 수가 및 환자 본인부담금 확인 절차 등을 약국에 빠르게 전달했다. 그 결과 플랫폼에 참여하고 있는 의원과 약국들은 진료 및 약 조제에 집중할 수 있었고, 사용자들 문의에 빠르게 대응하여 플랫폼을 통해 재택치료를 원활하게 진행할 수 있도록 했다. 비대면 진료를 진행할 동네 의원들이 빠르게 플랫폼에 참여할 수 있는 길을 제공했다. 재택치료 전담 서비스 구축 과정에서 서비스들이 시너지를 내며 차별적인 서비스를 제공할 수 있다고 생각한다. 향후 능동적인 소통을 통해 비대면 진료가 시장에 안착하는데 최선의 노력을 기울여야 된다. 의사들 대부분은 현재 한시적으로 시행 중인 원격 비대면 진료를 긍정적으로 보고 있으며, 코로나19 이후 비대면 진료 제도화를 긍정적으로 이해하는 것으로 나타났다. 의료학술 포털 키메디가 자사 의사 회원 300명을 대상으로 실시한 비대면 진료 인식에 대한 설문 분석결과 <그림 4.4>와 같이 분석 되었다.

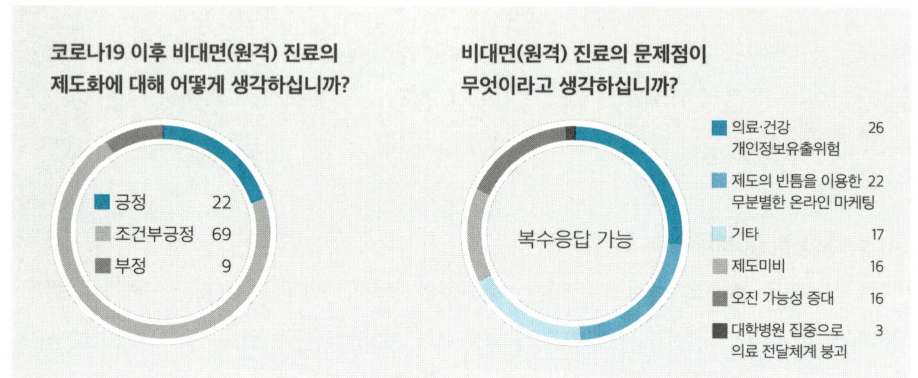

<그림 4.4> 비대면 원격진료의 제도화와 문제점 (출처: KEYMEDI, 2020.2, 단위: %)

(5) 비대면의 주요사례

1) 키오스크 (KIOSK)

최근에는 공공장소에서 무인·자동화를 통해 주변 정보 안내나 버스 시간 안내 등 일반 대중들이 쉽게 이용할 수 있는 무인 정보단말기를 지칭하기도 하는데, 그 단말기를 활용한 마케팅이 키오스크다. 공공장소에 주로 설치된 터치스크린 정보전달 시스템을 이용한 마케팅으로 원래 옥외에 설치된 대형 천막 등을 뜻하는 말로 간이 판매대나 소형 매점을 의미하기도 한다.

최근 높은 인건비를 대체하는 키오스크 사업이 새로운 트렌드로 급 부상한것도 비대면 의 중요한 사례라고 할 수 있다. 키오스크는 대표적인 하나의 언택트 방식이며 패스트푸드점이나 음식점에서 사용하는 키오스크는 기계를 이용하여 직원과 대화없이 주문하고, 결제를 하는 시스템이 되었다. 얼굴을 보지 않고 셀프로 주문과 계산을 한번에 할 수 있는 비대면 서비스이며 은행 계좌개설도 스마트폰으로 직원상담 없이 할 수 있는 시대가 되었다.

2) 스타벅스의 사이렌 오더

언택트 마케팅으로 가장 성공한 사례 중 하나로 손꼽히고 있으며 모바일 어플로 쉽게 주문하고 결제까지 하면, 주문한 음료가 완성되었을 때 내 휴대폰을 보고 카운터에 가서 내 음료를 가지고 오면 된다. 사이렌 오더를 통해 이제 줄을 서지 않아도 되는 편리함이 생긴 것이다.

3) 라이브커머스

당일배송이 많아질 정도로 많은 사람들이 이용하고 있는 비대면 쇼핑이며 쇼핑몰 몸집이 점점 커지고 있으며 여러 대기업에서 참여하는 사업군 중 하나이다. 언택트 마케팅 중 하나로 화면을 통해 직접 판매자가 시청자에게 물건을 소개하고 판매도 하는 새로운 이커머스로 홈쇼핑과는 달리 라이브커머스는 직접 채팅으로 대화가 가능하다.

소비자친화적인 방법으로, 궁금한 부분은 판매자에게 직접 물어보며 매장에서 점원과 이야기하는 느낌도 받을 수 있다. 한 번 라이브커머스에 빠지면 소비자는 알림이 뜰 때마다 계속 들어가게 되는데 TV화면에 홈쇼핑을 틀어놓고 좋은 제품이 나올까 계속 틀어놓는 경우도 있다.

4) 비대면 수업

비대면 수업은 학교, 학원, 과외 등 언택트 교육 방식이 점차 확대되고 있다. 어학, 상담, 취미수업 등 어학사업이 무섭게 성장하고 있으며 건강관리까지 확장되고 있다. 헬스장, 요가 등 체육관 등 다양한 운동수업이 비대면으로 진행되고 있으며 언택트 건강 프로그램의 유튜브 인구가 점점 늘어나고 있다.

5) 무인 매장 시스템

편의점 업계 및 대형마트는 인건비 절감을 위해 무인시스템을 적극적으로 도입하고 있다. 롯데마트는 가장 규모가 큰 서울 잠실 점을 미래형 매장으로 리뉴얼하여 비대면 스마트 결제시스템을 도입했다. 최근 국내 편의점 업계에서 무인상점 운영이 증가하고 있으며 이마트24는 서울 코엑스 스타필드에서 AI, 컴퓨터비전, 센서퓨전, 음성인식, 클라우드 POS 등 자동결제 기술을 구현한 완전 무인매장을 선보였다. 이마트24의 하이브리드 매장은 심야시간에 무인 운영하며 1000 여개로 증가했다. 세븐일레븐의 무인편의점인 세븐일레븐 시그니처는 완전 무인매장과 하이브리드 매장 등이 200여 개이다. 향후 소비자의 편의성 증가와 인건비 등 고정비용이 절감된다는 점에서 무인매장이 더욱 늘어날 것으로 전망하고 있으며AI 기술로 편의점 업계는 무인 편의점의 규모가 크게 성장할 것으로 예상한다.

무인매장의 대중적인 형태로는 수입과자 할인점, 아이스크림 할인점, 셀프빨래방 등이 속속 등장하고 무인 휴대폰 매장도 생겨났다. 24시간 무인으로 스마트폰을 구매할 수 있는 이동통신사 대리점은 AI가 요금제를 상담해 주도록 해 직원 설명 없이도 고객 혼자 모든 개통 업무를 처리할 수 있는 모델이다. 무인 스터디카페의 경우도 키오스크를 통해 입퇴실 관리 및 결제가 이뤄지고 있으며 최근 미국, 일본, 중국 등에서도 무인매장은 증가 추세에 있다.

4.3 글로벌 공급망 개편의 내용

(1) 코로나 팬데믹의 영향 및 시사점

코로나19 팬데믹과 같은 파괴력과 불확실성을 가진 환경의 변화에 적응하고 살아남기 위해서 가장 필요한 핵심 요인으로 모든 산업부문에 있어서 지난 2년 동안 가장 많이 언급된 단어는 '강력한 대응 능력 및 회복 능력', 즉 리질리언스(resilience)라 할 수 있다. 세계적으로 큰 충격 속에서 보냈던 2020년에 이어 2021년에도 수많은 글로벌 공급망 단절과 지연, 운임 및 제 비용의 급등, 운송 및 보관 장소 품귀 현상, 재고 품절 및 판매 손실 등의 영향이 이어졌으며, 앞으로도 그 영향이 쉽게 사라지지 않고 상당한 시간을 끌 것으로 우려되고 있다. 물류산업은 오랜 세월 동안 이러한 불확실성과 리스크를 극복하면서 발전해온 대표적인 산업이지만 이 만큼 파괴력을 가진 리스크는 전례가 없었다. 이에 대응하기 위하여 과거 어느 때 보다도 다양한 전략, 기법, 혁신 등이 요구되고 있다.

여기에서 IndustryWeek가 2021년 6월에 미국을 포함한 글로벌 시장에서 지난 2년간 생존을 위해 치열하게 노력해 온 137개 기업들을 대상으로 조사·분석한 결과와 SCM 및 물류측면에서의 대응방안에 대해 살펴 보기로 한다.

코로나19의 공급망에 대한 영향은 공급업체로부터의 공급 지연(73%), 재고 부족(63%), 고객에 대한 배송 지연(61%), 공급업체로부터의 리드타임 확대(58%), 고객으로의 배송 리드타임 확대(50%), 공급망 봉쇄(46%), 주문 취소(33%) 등인 것으로 조사되었다. 즉 공급망 상류에서 발생한 문제가 하류로 연결되고 증폭되었으며, 공급망의 불확실성 및 오차가 주문 취소로 이어졌다.

이러한 불확실성 및 이로 인한 공급망 단절에도 불구하고, 글로벌 컨설팅 기업인 PwC의 조사(2020)에 의하면, 24%의 기업만이 주문·생산계획·운송의 변경에 따라 자동 조정되는 동조화된 계획 시스템을 운영하고 있다. 코로나19의 기업 오퍼레이션에 대한 영향은 원격 및 비대면 업무(46%), 공급업체의 다양화(45%), 공급망 가시성 확보를 위한 기술 도입(17%), 물류기업 교체 및 공급업체 재평가(16%), 공급업체수의 축소 및 공급망 통합(15%), 리쇼어링(reshoring) 및 니어쇼어링(nearshoring)(9%) 등으로 조사되었다.

향후 5년 내의 해외 공급업체로부터의 조달 비율 조정계획과 관련해서는 해외 조달 비율이 낮은 10% 미만인 기업이 53%에서 57%로, 그 다음으로 낮은 11%~20%인 기업이 12%에서 15%로 증가하고, 상대적으로 해외 조달 비율이 높은 21%~50%인 기업은 24%에서 17%로 축소되는 것으로 계획되고 있으므로 약 7%의 기업에 있어서 해외 조달망이 축소되는 것으로 계획되고 있다. 이는 코로나19 이후 특히 미국을 중심으로 한 조달망 단절 현상이 지속 발생하고 있으며, 향후 자연·정치·기후·유행병 관련 유사 리스크 발생 우려가 크기 때문인 것으로 판단된다. 따라서 글로벌 기업들의 조달망에 속한 우리 기업들이 미국 등 시장국에서 주요 부품 및 제품을 생산해야 할 필요성 및 이에 따른 글로벌 공급망 확대의 필요성도 증대될 것으로 예상된다.

(2) 글로벌 공급망의 리스크와 요구사항의 변화

코로나19를 통해 자사 공급망의 약점 및 부실한 연결 고리를 발견하게 되었다는 기업이 76%로 조사되었으며, 영향이 없다는 기업은 6%에 불과할 정도로 대부분의 기업이 어떤 형태로든지 영향을 받았다. 또한 Institute for Supply Management 조사(2020)에서도, 95%의 기업이 공급망 단절의 영향을 이미 받았거나 받을 것으로 예상하고 있다.

따라서 향후 직면할 수 있는 리스크에 대한 지속적인 평가가 중요하며 코로나19 이전 5년 동안 공급망 리스크 평가를 실시한 적이 있는 기업이 33%에 불과한 반면, 코로나19 이후 실시한 기업은 32%, 계획 중인 기업은 42%에 달했다. 코로나19는 전례가 없는 성격의 리스크이므로, 이미 실시한 기업을 포함해서 74%의 기업이 실시 혹은 계획 중에 있다.

이러한 리스크로부터 가장 큰 영향을 받는 부문이 SCM 및 물류이므로, 물류기업이 화주기업의 리스크 진단에 참여 혹은 주도하고 이를 신규 고객 확보의 기회로 활용하여야 한다.

글로벌 공급망의 투명성에 대한 만족도는 77%에서 60%로 급감하였다. Oxford Economics(2020)의 조사에 의하면, 글로벌 기업 경영자의 92%가 공급망 가시성을 기업 성공의 핵심요인으로 생각하고 있지만 단지 27%의 경영자만이 자신의 기업이 전체 공급망에 대한 가시성을 가지고 있는 것으로 판단하고 있다. 즉 공급망 단절 및 지연의 가장 큰 원인으로 공급망 구성원 간의 투명성 및 가시성 부족을 들고 있으며, 또한 가장 시급히 개선해야 할 부문으로 인식하고 있다.

따라서 이 문제를 해결하기 위해서는 전체 공급망을 포괄하고 가시성을 제공하는 디지털 플랫폼을 구축하여야 한다. 그리고 이를 통해 전체 구성원이 동일한 데이터를 사용하여 의사결정을 할 수 있는 체계를 확립하고 용도별로 운용되는 소프트웨어들을 공급망 플랫폼으로 통합하여 투명성을 확보하여야 한다.

또한 Retail Value Chain Federation(2020)의 조사에 의하면, 유통업체의 수요예측치와 실제 주문량이 대체로 일치하는 경우는 25% 이하이며, 90% 이상의 유통업체가 상당한 빈도로 주문 변경을 한 것으로 조사되었다. 따라서 산업 전반에 있어서, 시장 위축 및 불확실성에 대한 우려가 상당한 수준인 것으로 판단된다. 이에 따라 공급업체에 대한 요구사항도 다음과 같이 크게 변화하고 있다. 보다 많은 정보의 공유(43%), 핵심 자재에 대한 사전 주문 및 확보(38%), 계약서 상의 불가항력 관련 조항에 대한 재협상(16%), 보다 단기간의 계약 선호(16%), JIT 기반 프로세스의 철폐 혹은 축소(13%) 등이 요구되고 있다. 대부분의 조사대상 기업(77%)이 공급업체의 프로세스에 대한 변화를 요구하고 있고, 특히 재고, 생산계획, 비상계획 등과 관련한 정보의 공유, 핵심 자재의 사전 확보 등이 요구되고 있으며, 단기 계약 추세 증가 및 JIT 축소 등으로 인한 재정적인 불확실성 및 부담이 가중될 것으로 예상된다.

장기 공급망 전략에 대한 영향은 11%의 기업이 클 것으로, 50%의 기업이 보통 수준 이상일 것으로 조사되었으며, 영향이 없다는 기업은 5%에 불과하였다. 따라서 공급망 구축 및 운영의 핵심 역할을 할 물류기업의 중요성이 증대되고 있으며, 리질리언트 SCM 역량을 조기에 확보한 물류기업을 위한 신규 시장 기회가 확대될 것이다.

앞의 조사들에서 살펴본 것처럼, 대부분의 경영자들이 공급망 단절 및 장애를 기업성장의 가장 큰 위협요인으로 인식하게 됨에 따라, 신속 대응 능력, 환경변화 적응 능력, 안정성의 중요성에 대한 인식이 크게 제고되었으며, 그 결과 비즈니스 핵심, 기술도입, 공급망 배치, 파트너 선정 등과 관련된 재구축 및 재설계가 지속적으로 이루어질 것으로 예상된다. 예를 들어 트럭 기사 확보의 어려움이 지속적으로 가중될 것으로 예상되는 미국의 경우 자율주행 트럭을 도입하는 기업에 대한 선호가 증대될 것으로 예상되며, 전 세계적으로 환경위기에 대한 경각심이 최고조에 달함에 따라 첨단 에너지관리시스템을 보유한 친환경 보관 기업 활용 등 그린 공급망의 대폭적인 확대가 추진될 것이다.

(3) 리질리언트 공급망 확보를 위한 대응 방안

코로나19의 영향으로, 63%의 조사대상 기업들이 신기술 도입을 위한 투자를 확대할 것으로 조사되었으며, 로보틱스 및 자동화(21%), 고객관계관리(CRM)(20%), 수요 예측 및 계획(15%)이 우선적인 투자 대상인 것으로 나타났다. 코로나19 이전과 비교하여 순위 상승 폭이 큰 도입 기술에는, 수요 예측 및 계획, 소비지 인근에서의 신속한 제조를 위한 3D 프린팅, AI 및 머신러닝, 로보틱스 및 자동화, 공급망 단절 발생 대응을 위한 실시간 위치 추적, 그리고 불확실성 대응 및 신속한 공급망 대안 확보를 위한 공급망 컨트롤 타워 구축 등이 포함된다. 기업들이 글로벌 경쟁력을 유지하기 위해서는 리질리언스와 아울러, 프로세스 혁신, 데이터 공유, 가시성 등에 있어서의 디지털 혁신을 추진할 수 있는 기술적 강점을 가진 물류기업 및 공급업체를 조기 확보하는 것이 중요하며, 이에 대비한 우리 물류기업들의 준비가 시급히 이루어져야 한다.

또한 리질리언트 공급망관리를 위해서는 아래와 같은 대응 방안이 필요하다.

첫째, 종합적이고 균형 잡힌 대응이 필요하므로, 인내심을 가지고 공급망 파트너와의 긴밀한 협력(collaboration)을 통해 심사숙고하고 균형 잡힌 대안을 함께 도출하여 대응하여야 한다. 특히 화주기업에 있어서의 섣부른 파트너 교체는 비상 상황 발생 시 서비스 공급자의 우선순위에서 기존 고객기업에게 밀리는 결과를 초래할 수 있으므로 신중한 평가 및 의사결정이 필요하다.

둘째, 수급 불일치, 공급 차질, 운송 및 물류 서비스의 차질, 급증하는 비용, 공급망 각 단계에서의 수많은 오차와 같은 통제가 어려운 문제에 계속 직면할 것으로 예상되고,

이에 대응하기 위해 선례가 없는 새로운 솔루션을 개발 및 시행해야 하므로 고도의 유연성이 없이는 대응 및 생존이 어려울 것이다.

셋째, 신뢰할 수 있는 최신 정보의 실시간 수집 및 분석이 효과적인 의사결정의 핵심 전제가 되므로, IoT, 클라우드 컴퓨팅, AI, 빅데이터, 의사결정지원시스템을 연결하는 효과적인 처리시스템 구축과 아울러, 신뢰할 수 있는 정보 원천의 지속적인 확보 노력이 필요하다.

예를 들어, 우리기업의 광범위한 정보 원천을 활용하여 핵심 원부자재 확보에 어려움을 겪고 있는 공급업체(1차 협력업체)를 위한 공급업체(2차 협력업체) 대안을 찾아줌으로써, 공급업체 및 우리기업의 공급 장애를 해결한 사례 등이 있다.

넷째, 창의력 기반의 솔루션 개발을 위한 노력이 필요하다. 예를 들어, 뉴욕 소재의 화학제조기업의 경우, 25kg 백을 아시아 공급업체로부터 컨테이너로 운송하는데 90~120일의 지연이 발생하고 컨테이너 운임이 8배로 급등함에 따라, 500kg 대형 백 포장으로 바꾸고 벌크선을 용선하여 운송함으로써 총 비용을 12% 절감하고 운송 지연을 최소화하였다.

또한 텍사스 소재 전자제품 기업의 경우, 고객인 미국 내 대형유통기업들로 직접 운송하는 대신, 중국 생산지역에서 고객인 대형유통기업 집하센터로 운송하고, 이 대형유통기업이 중국에서 생산하여 유통하는 타 제품과 콘솔하여 미국으로 운송함으로써, 역시 운송 기간 및 비용을 대폭 감축하였다.(Global Trade 2021. 12) 이처럼 3년째를 맞이하고 있는 전 세계적인 리스크 속에서 비효율적인 공급망을 운영하는 화주 및 물류기업은 도태될 수 밖에 없을 것이고 강력한 공급망 만이 살아남고 발전해 나갈 것이다.

(4) ESG경영 확산과 책임있는 공급망 구축의 중요성

ESG경영이 속도감 있게 확산되기 위해서는 공급망 관리가 중요한 역할을 한다. 환경, 인권, 안전 관련 문제는 대부분 공급망에서 발생하기 때문이다. 세계적 패션업체 H&M의 제품은 400여 개 방직공장에서 만들어진 원자재로 1600개의 공장에서 가공된 후 1900여 개의 제조공장에서 최종 완성된다. H&M 사업장에서 직간접적으로 배출되는 온실가스는 7만2000t가량이지만, 원재료 가공·제품 생산에서 발생하는 온실가스는 약 1600만t에 달한다.

결국 공급망의 탄소 저감 없이 H&M의 탄소중립은 사실상 별 의미가 없다는 것을 의미한다. 또한 2013년 방글라데시 라나플라자 공장이 붕괴해 1100명이 사망한 사건은 H&M과 같은 글로벌 패션업체의 사회적 평판에 큰 타격을 줬다. 결국 ESG경영의 확산은 환경과 사회에 대한 책임을 이행하는 공급망(responsible supply chain) 구축과 궤를 같이한다고 볼 수 있다.

책임 있는 공급망 구축을 위한 첫걸음은 무엇인가. 먼저 기업의 궁극적 목적을 정립하고 공급망이 성취해야 하는 경제적·환경적·사회적 목표를 구체적으로 제시하는 것이다. 영국의 생활용품 회사 유니레버는 기업의 목적을 '지속가능한 생활환경을 만드는 것'이라고 선언했다. 이를 달성하기 위해 수익률, 매출성장률, 배당금 증가율과 같은 경제적 목표와 함께 온실가스 감축, 폐기물 감축, 여성 임원 비율, 장애인 취업 비율, 공급업체 다양성 비율 등과 같은 환경적, 사회적 목표를 투명하게 이해관계자와 공유하고 있다.

다음은 협력업체에 책임 있는 공급망 경영의 기본 원칙과 세부 목표를 제시하고 협력업체를 지원·평가·교육하는 프로그램을 구축해야 한다. 유니레버는 협력회사 5만6000곳에 인권, 보건, 안전, 윤리, 환경 관련 12개 원칙을 제시하고 이를 계약서에 포함해 의무적으로 준수하도록 하고 있다. 애플은 협력업체를 인권·노동권, 보건·안전, 환경 부문의 세 분야에서 정기적으로 평가하고 그 결과에 따라 교육·역량 구축을 지원한다. 2020년에 53개국 1121개사의 협력회사를 평가했으며, 25만명의 협력사 직원을 면담했다고 한다.

또한 애플은 2030년까지 공급망 탄소중립을 선언하고 협력업체에 재생에너지 사용 노하우를 제공했으며 클린 에너지 펀드를 창설해 재생에너지 공급을 지원하고 있다. 이러한 애플의 노력에 170개 이상의 협력회사가 2030년까지 100% 재생에너지를 사용할 것을 선언한 것은 ESG경영 확산의 좋은 사례다.

그리고 소수의 협력업체를 선도 기업으로 육성해 ESG경영을 공급망에 확산하도록 지원하는 노력이 필요하다. 환경적 가치나 사회적 가치 실현에 우수한 협력사를 핵심업체로 선정하고 집중적으로 육성하면 다른 협력회사에 좋은 본보기가 되고 협력사 간 선의의 경쟁을 유도할 수 있다. 최근 유니레버는 '목적 지향적 파트너십' 프로그램을 신설하고 300개의 핵심 공급업체를 초빙해 유니레버의 사회적, 환경적 목표 달성을 위해 공동으로 노력하자고 제안했다. 이들 업체에 탄소 저감을 위한 도움을 우선적으로 지원하며 사회적 임팩트, 환경 임팩트 우수업체 등을 선정해 포상할 계획이라고 한다. 현장에서 공급망 관리자가 가장 고민하는 것은 직접 거래하지 않는 2·3차 이상의 협력회사에 어떻게 ESG경영을 전파할 것인가다. 이 업체들에는 구매 기업의 영향력이 미치지 못하고, 또한 협력업체 수가 너무 많아서 한 기업의 자원과 역량으로는 불가능하기 때문이다. 이 경우에는 같은 산업 내 경쟁사, 관련 산업의 기업들과 적극적으로 연대해 공동으로 협력하는 것이 효과적이다. 산업별 특성을 반영한 ESG 표준을 공동으로 개발하고, 협력회사들을 설득해 ESG경영 수준을 평가하며 검증·교육할 수 있는 플랫폼을 만들어야 한다. 바스프, 바이엘, 헨켈, 솔베이 등 33개 화학기업은 '지속가능성을 위한 연대'를 설립해 화학산업의 협력회사 ESG 평가·감사 기준 표준화를 선도하고 있다. 지난 10년간 1만6000개의 화학기업이 이 플랫폼을 통해 평가를 받았다. 파타고니아, 월마트가 중심이 돼 설립한 지속가능의류연합은 250개의 패션 브랜드와 제조업체가 참여해 패션 공급망의 환경·사회적 성과를 평가하는 시스템을 공동으로 활용하고 있다.

정부는 작년 11월 2050 탄소중립 시나리오 최종안과 2030 국가 온실가스 감축목표를 2018년 대비 40% 상향 조정해 결정했다. 무리한 계획이라는 비판도 있지만, 어차

피 가야 할 길이다. 이제 ESG경영을 공급망 전체로 확산할 수 있는 효과적인 방법에 대해 기업과 정부가 머리를 맞대고 진지하게 논의해야 할 시점이다.

4.4 디지털 기술혁신 변화의 대응

(1) 디지털 기술과 사회 혁신

디지털 기술과 사회혁신 (The Next Wave)은 미국의 작가이자 정치공학자, 미국의 사회과학연구소인 브루킹스 연구소의소장인 Darrell M. West가 2011년에 저술한 책이다. 이 책은 총 9개의 장으로 구성되어 있으며, 디지털 기술 혁신을 통한 사회 변화를 주제로 하고 있다. 저자는 테크놀로지가 정부 정책과 사회의 여러 부문에 결합되었을 시 나타나는 효율성 증대와 그로 인해 나타날 국가와 사회, 개인의 변화가 어떻게 될 것인지에 대해 다양한 사례를 들어 기술혁신을 어떻게 활용하면 그 효과를 극대화할 수 있을 것인지 논하고 있다.

국민 참여와 소셜 네트워킹 디지털 기술을 통해 정부는 법안 제정에 법안에 관련된 각 분야의 전문가들과 국민들의 다양한 의견을 수렴하고 검토할 수 있게 되었다. 그리고 소셜 미디어는 시민과의 쌍방향 소통을 원활하게 하고 있다.

의료 서비스 혁신 기반으로 한 기술 혁신 이전의 의료 서비스는 환자에 대한 지속적인 관리가 불가능했고, 의료 서비스가 서비스 제공자 중심으로 구성되어 환자들은 의료 정보의 총체를 확인하고 평가하기 힘들었다. 하지만 다음에서 제시되는 새로운 기술을 활용한 혁신적인 의료 서비스들을 통해 환자와 의료진의 상호 연관성이 높아진 환자 중심의 의료 서비스 시스템이 가능해졌다.

진단기기 의료 서비스 시스템은 환부를 체크할 수 있는 센서 기기들을 활용해 환자들의 신체에 대한 정보들을 의료진에게 전달해 환자의 상태에 알맞은 진단을 내리고, 긴급한 상황이라도 즉각적인 대응을 할 수 있게 만든다.

개인 알리미와 피드백은 약 복용을 잊는 경우가 있다. 하지만, 적시에 약 복용을 하는 것은 치료에 있어 중요하다. 그래서 이메일, 전화 등의 기술을 통해 환자가 적시에 약을 복용하도록 알려주는 서비스들은 유용하다.

1) 스마트폰과 전자의료기록부

최근의 스마트폰들은 정교해지고 다양한 서비스들을 기본적으로 제공하고 있으며, 이를 통해 의료진들은 환자들의 정보를 보다 편리하게 관리할 수 있다. 의사들은 Sprint의 앱을 활용해 환자의 검사 결과를 관리하고, Air Strip Technologies는 임산부와 태아의 심박을 측정하는 산부인과 의사용 앱을 판매하고 있다. Microsoft Health Vault는 환자 의료기록을 온라인으로 저장해 의료진에게 전달한다.

환자들이 자신들의 병에 관련된 의학 정보에 접근하거나 병원 선택에 있어서 병원에 대한 정보들을 얻기는 쉽지 않았다. 인터넷은 질병에 대한 증상 정보를 공개하거나 응답하는 방식으로 환자가 질병을 확인할 수 있게 하며, 서로 질병에 대한 정보를 공유할 수 있게 만들었으며, 의료 서비스 기관에 대해 소비자들이 평가할 수 있도록 만들었다.

2) 클라우드 컴퓨팅

정부와 기업이 관리하는 분야는 점점 넓어져가고, 발생되는 데이터의 양도 기하급수적으로 많아지고 있다. 이에 미 연방정부는 매년 200억 달러를 파일서버, 하드웨어, 소프트웨어 구입과 유지비용에 쏟고 있다. 이처럼 데이터를 저장하고 관리하는 데에 막대한 비용이 발생한다. 그리고 클라우드 컴퓨팅은 그 대안이 된다. 클라우드 컴퓨팅은 원격의 파일서버 네트워크를 활용해 사용자가 언제 어디서나 고급 소프트웨어와 자료에 접근할 수 있는 환경을 제공해 물리적 공간이라는 제약에서 자유롭게 해준다.

3) FEDEX

페덱스는 전 세계 시장을 석권한 업계 최대 운송회사이다. 페덱스는 초기부터 긴급 배송과 실시간 배송 기술력의 가치를 알고 있었다. 기술이 사업의 중심축이라고 생각했고 이런 통찰력이 회사의 혁신을 이끌었다. 그래서 다음 단계에는 신기술과 고객 서비스에 대한 통찰력이 결합될 수 있었다. 페덱스의 기술혁신은 고객의 성격을 정확히 파악하고 이해함에서 비롯하였다. 기술혁신은 대부분 민간부문이 공공부문에 앞서 있다. 상호작용성, 개인화, 언어번역 같은 기능이 민간기업 웹사이트가 정부기관보다 우수하다. 그러나 장애인의 이용 편리성이나 프라이버시 정책에서는 정부기관 웹사이트가 더 잘 되어 있다. 공공부문 웹은 광범위한 일반대중의 이익보호에 가치를 두고 있기 때문이다.

4) 의료서비스 3가지 혁명

① 의료전달체계 혁신

의료 서비스 분야는 수직적 전달체계에서 투명성 제고, 신규 사업자 진입, 환자 참여 증가의 방향으로 전환되고 있다. 고객 요구 중심의 의료방식이 등장했고, 사람들은 원격 모니터링 장치와 모바일 건강 앱 등 온라인을 통한 의료 서비스를 받을 수 있게 되었으며 스캔과 이미지 해상도도 향상되었다.

② 디지털 혁명

환자를 위한 디지털 자원의 증가에 따라 환자들과 의료진 간의 상호작용도 증가하였다. 2009년 미국은 전자건강기록 사용을 10%에서 2015년에 90%까지 확대한다는 목표를 세우기도 했다.

③ 유전자 혁명

과학자들은 유전자 구조, 질병, 치료 효과와 이상반응 간의 연결고리에 대한 연구를 통해 유전적 염기서열분석 데이터를 전자건강기록에 통합시키면 치료 적중률의 향상과 비용 절감의 효과를 얻을 수 있다는 결과를 내었다. 이 결과는 질병을 유발하는 유전자가 어떤 역할을 하는지, 어떤 의약품이 효과가 있고 없는지를 알 수 있게 했다. 특정 방식의 치료가 어떤 환자에게 가장 유리한지에 대한 연구는 유전자, 엔자임, 단백질의 특수한 콤비네이션에 따라 약을 대사시키는 방법이 사람에 따라 다양하기 때문에 유전체 정보가 최적의 치료법을 결정하는 데 절대적임을 밝혀내었다.

5) 데이터 공유 네트워크

연구진이 정보를 비교하고 평가할 수 있도록 데이터 시스템을 만들고 용어를 통일시킬 것: 피드백 연결고리를 작동시키고 초고속 학습모델을 만들고 의료진과 보건당국이 증거에 근거한 의사결정을 할 수 있도록 지식경영을 앞당겨야 한다. 환자의 병력, 바이탈 사인, 유전적 배경, 실험실 검사정보가 진단과 치료로 연결되는 정보 흐름을 의사가 조종할 수 있도록 임상에 예측모델을 도입해야 한다.

의료 서비스의 혁신 가치를 보여줄 CMS와 NIH 프로젝트 비용을 지원할 것: 디지털 혁신은 비즈니스 혁신 전략 전반에 있어 가장 중요한 요소이며, 유일한 요소는 아니지만 혁신 활동의 성패를 좌우한다. 올바른 기술은 직원, 프로세스, 작업과 맞물려 조직의 운영 중단 상황이나 비즈니스 기회에 신속하게 대응하고, 진화하는 고객 요구사항을 충족하며, 때로는 예상치 못한 방식으로 미래의 성장과 혁신을 이끌어갈 능력을 부여한다.

(2) 디지털 혁신의 정의

네 차례 산업혁명 중 첫 번째 산업혁명에서는 증기력이 세상을 변화시킨 혁신 기술이었다. 2차 산업혁명에서는 조립 라인이, 3차 산업혁명에서는 컴퓨터가 그 자리를 차지했다. 이제 4차 산업혁명에서는 바로 디지털이 혁신 기술이다. 인공지능(AI), 머신러닝, 사물인터넷(IoT) 네트워크, 고급 분석, 로봇 공학 같은 지능형 디지털 기술에는 업무 방식과 비즈니스 운영 방식, 기업이 고객 및 세상과 상호작용하는 방식 등을 획기적으로 변화시킬 잠재력이 있다.

디지털 혁신에는 비즈니스의 모든 영역으로 디지털 기술과 솔루션을 통합하는 과정이 포함된다. 이는 기술적 변화인 동시에 운영 방식과 조직이 고객 경험과 혜택을 제공하는 방식에 있어서 근본적인 변화를 필요로 하기에 문화적 변화이기도 하다. 디지털 솔루션은 또한 인력을 보강하도록 지원하고, 비즈니스 프로세스와 비즈니스 모델 혁신을 이끌어갈 수 있다.

- 정보의 디지털화(Digitization) : 아날로그 형식의 정보와 문서를 디지털 형식으로 변환하는 일이다.
- 업무의 디지털화(Digitalization) : 디지털 기술을 기존 업무 프로세스에 통합하는 일이다.
- 디지털 혁신(Digital Transformation) : 고객 경험, 비즈니스 모델, 운영 등을 근본적으로 재구상하는 활동을 의미한다. 또한 가치 제공, 수익 창출, 효율 개선을 위한 새로운 방법의 모색을 뜻한다.

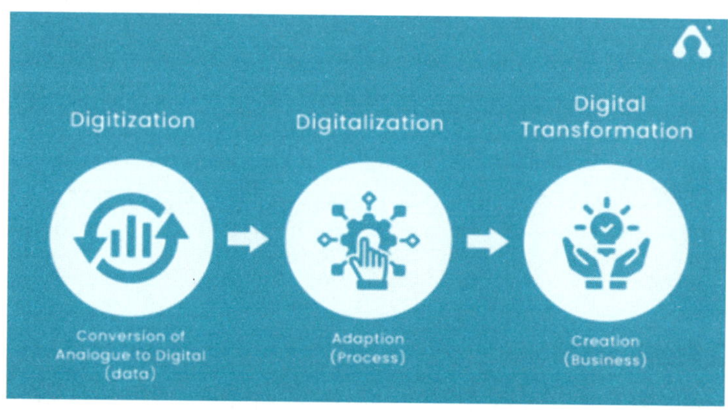

<그림 4.5> Digital Transformation,& Digitization (출처: lalalaworld.com, 2021)

1) ERP와 데이터베이스 기술

최고의 클라우드 ERP 솔루션은 인메모리 데이터베이스 기술을 적용해 고도의 확장성과 적응력을 제공한다. 이 솔루션은 기본적으로 디지털 비즈니스 전환을 좌우하는

'두뇌' 역할을 하기 때문에 중요하다. ERP는 회사 운영에 필요한 모든 핵심 프로세스(재무, HR, 제조, 공급망 등)를 단일 시스템에 통합한다. AI 기술로 지원되는 현대식 ERP를 사용한다면 빅데이터를 관리하고 처리할 뿐 아니라 분석하고 학습할 수 있다.

2) 고급 분석

가치를 제공하려면 데이터를 활용하고 이해해야 한다. 고급 분석에서는 AI와 머신러닝 알고리즘을 적용해 심층적이고 정확하며 실행에 옮길 수 있는 통찰과 리포트를 제공한다. 또한 기업은 필요에 따라 데이터 분석 구성을 맞춤 설정할 수 있다. 비즈니스 리더는 이를 토대로 기회를 포착하거나 리스크에 효과적으로 대응해 신속하고 결단력 있는 조치를 취할 수 있다.

3) 클라우드 연결성

클라우드 기반의 인프라는 성공적인 디지털 혁신과 IoT 네트워크와 커넥티드 비즈니스 시스템 구축에 매우 중요한 요소이다. 모든 시스템과 자산, 데이터에 대한 온디맨드 및 중앙 집중식 액세스를 통해 조직은 필요에 따라 인프라를 확장하고 워크플로를 빠르게 변화시키거나 자동화할 수 있다. 이를 통해 빠르게 변화하는 비즈니스 우선순위와 운영 모델을 지원할 수 있다. 포레스터(Forrester)에 따르면 2021년 60% 가량의 북미 지역 기업이 클라우드 플랫폼에 의존하고 있으며, 이는 5년 전과 비교했을 때 5배 증가한 수치이다.

4) AI 및 머신러닝 솔루션

빅데이터도 AI 및 머신러닝과 함께 성장해 왔다. 빅데이터를 처리하고 이해하려면 AI와 머신러닝을 활용해야 한다. AI와 머신러닝으로 정확하고 의미 있는 결과를 얻으려면 우수한 학습 및 분석을 지원할 수 있을 정도로 충분한 크기의 데이터세트가 필요하다. 빅데이터와 AI, 분석 등의 병행은 비즈니스와 디지털 혁신의 기반인 동시에 예측 계획과 반응형 자동화의 원동력이다.

5) 사물인터넷

IoT 네트워크의 기기와 머신은 디지털 데이터를 송수신할 수 있다. 기계의 로그와 유지보수 리포트를 분석해 성능과 효율을 최적화한다. AI 기반의 비즈니스 시스템은 이러한 정보의 패턴과 트렌드, 상관관계를 지속적으로 분석한다. 여기서 얻은 통찰로 예지정비와 자동화된 워크플로를 지원한다. 머신러닝 애플리케이션이 IoT 데이터를 통한 학습을 계속하면서 시간이 흐를수록 효율성과 생산성이 향상된다.

6) 로봇 공학과 로봇 프로세스 자동화(RPA)

로봇 공학과 RPA(Robotic Process Automation)는 자동화된 프로세스를 통해 반복 작업 또는 사전 프로그래밍 된 작업을 수행한다. 로봇 장치는 특정 물리적 작업을 실행하도록 설정되어 움직이는 기계 부품으로 구성된다. RPA 프로세스도 마찬가지로 프로그래밍 되고 자동화되어 있지만, 실제 장치가 아닌 소프트웨어 프로세스로서 존재하며 기본적으로 행정 업무를 수행한다.

최근 10년간 스마트폰과 클라우드 컴퓨팅, 3D 프린팅, 산업 자동화 그리고 최근의 빅 데이터, 블록체인, 사물인터넷, 인공지능 그리고 미래의 양자 컴퓨팅(quantum computing)까지 빠르게 변화하는 것을 경험하면서, 수많은 개념 속에서 전체적으로 이해하려고 노력하였으나 이러한 혼란 속에 어떤 패턴을 발견해야 한다는 생각을 했다.

(3) 디지털변환

가장 핵심이 되는 패턴 4개는 정보 분야의 디지털 변환(digital transformation), 기술분야의 출현 신기술(emerging technology), 산업분야의 인더스트리 4.0(industry 4.0), 경제, 경영 분야의 이노베이션(innovation)이고, 이 모든 것이 세상의 모든 분야에서 변화시키는 세상을 4차 산업혁명 사회라고 정리해 봤다. 어떤 사람들은 5차 산업혁명 사회라고 주장하기도 한다.

1) 첫 번째 핵심변화

지난 수십 년간 출현 신기술이 이 세상을 변화시켰지만 지난 10년간에는 디지털 기술이 가장 각광받기 시작했다. 자동화 기술, 클라우드 컴퓨팅, 정보통신기술(ICT), 그리고 최근의 인공지능(AI) 기술은 이제는 핵심기술(core technology)이 되고 있다.

현재 출현 신기술 중에 디지털 기술이 주목을 받고 있지만, 이러한 기술은 물리적 기술(physical technology), 디지털 기술(digital technology), 생물학적 기술(biological technology) 등으로 크게 나눌 수 있다. 대표적인 물리적 기술은 로보틱스, 공장 자동화 기술, 스마트 디바이스, 드론, 3D 프린팅 등이며, 디지털 기술에는 빅데이터, 인공지능, 행동 인터넷(internet of behavior), 초자동화(hyper-automation) 그리고 신약 개발이나 DNA 기술과 같은 생물학적 기술이다.

2) 두 번째 핵심 변화

우리는 디지털 전환(digital transformation) 또는 디지털 변혁이라고 말하고 있다. 디지털 전환에는 사물인터넷과 다양한 플랫폼 비즈니스를 시작으로 아마존, 구글, 마이크로소프트, 애플 같은 클라우드 거대기업을 만들었고 페이스북, 알리바바, 에어비앤비, 우버 같은 플랫폼 전략(platform strategy)이 새로운 비즈니스 모델로 성공하고 있다.

현재 디지털 전환과 플랫폼 전략을 앞세운 이러한 미국의 기업들이 전세계를 석권하고 있다. 개인적으로 다른 나라들은 무엇을 하고 있는가 하는 생각이 든다. 결국은 미국의 기업들이 인터넷 시대 이후 디지털 시대에서도 지속적으로 전세계의 경제와 부를 지배하고 있다. 이러한 변화에 대응하려고 독일과 프랑스는 데이터의 주권을 찾고자 가이아 엑스(Gaia-x)라는 프로젝트를 2019년 10월에 시작했지만, 아직은 그렇다 할 결과를 만들지 못하고 있다.

최근의 디지털 기술은 수백가지라고 생각되는데, 매년 출현 신기술을 체계적으로 정리하려고 디지털 지식(Digital BoK)을 만들어 정리하였다. 그러나 그 변화의 속도가 빠르고 기술의 수명주기 역시 변화무쌍해서 정리가 쉽지 않아서, 기존의 ICT 전문가들로 너무 힘들다. 최근에는 단지 디지털 변환이라는 명목으로 기업들에게 급격한 디지털 변혁을 강요해서는 안 된다.

3) 세 번째 핵심 변화

산업 분야에서 기존의 핵심기술인 자동화와 정보통신기술 등이 새로운 산업혁신의 플랫폼인 인더스트리 4.0과 스마트 팩토리(smart factory), 가상물리시스템(cyber physical system) 그리고 디지털 트윈(digital twin)까지 발전하고 있다.

산업혁신(industry innovation) 분야에는 여러가지 새로운 디지털 혁신이 나타나고 있다. 10년 전만 해도 전통적인 핵심 기술인 설계기술(CAx), 개발정보(PLM), 생산자원관리(ERP), 고객관리(CRM), 생산현장관리(MES) 등 산업 정보기술(industrial IT)은 각자 영역과 역할이 구분되었지만, 최근의 기술은 이러한 영역과 역할의 구분이 모호하고 클라우드 환경으로 변화는 더욱 기존의 개념을 깨뜨리고 있다. 산업혁신은 새로운 IT(new IT) 혁신인 디지털 기술 혁신과 로보틱스, 드론, 무인이동장치 같은 물리적 기술 혁신 또는 GPS처럼 융합기술 혁신으로 영향을 줄 수 있다. 이 분야는 산업 디지털 전환(industrial digital transformation)이라고 할 수 있다. 이 분야의 커다란 관심사는 디지털 트윈과 스마트 공장이 포함된 인더스트리 4.0, 산업용 인공지능(industrial AI), 제품수명주기 최적화(optimization)라고 할 수 있다.

4) 네 번째 핵심 변화

지속적으로 이러한 3가지 요소를 결합하는 혁신 활동이다. 수많은 새로운 신기술, 새로운 메가 트렌드인 디지털 변환, 지속적인 산업 자동화와 무인화도 중요하지만, 디지털 혁신과 기술 혁신, 산업 혁신으로 현재와 미래의 시장에서 새로운 가치를 창출할 때 완성된다. 이 모든 것은 세계를 변화시키며 이것을 4차 산업혁명이라는 커다란 개념으로 생각할 수 있다. 또한 새로운 신기술인 양자컴퓨팅(quantum computing)과 고도의 인공지능(AI)의 결합으로 또 다른 5차 산업혁명이 나타날 수도 있다.

(4) 기술혁신의 향후발전

기술 혁신으로 생산 방법이나 기술에서 새로운 방법이 개발되면서 생산성 향상과 경제 발전에 크게 기여하고 있다. 기술혁신은 점점 첨단기술로 발전되고 복합화 되어 새로운 기술혁명의 시대를 만들어 산업의 구조를 바꾸고 인간의 생활양식에도 큰 변화를 일으키고 있다. 기술이 점차 고도화되고 간편화되어 인공지능과 광기술 같은 첨단기술의 발전으로 기술진보의 속도가 매우 빠르게 나타나 국가의 경쟁력 까지도 좌우되고 있다.

포스트 코로나와 4차 산업혁명 시대 파괴적 기술이 가져올 변화에 현재의 기술을 기반으로 소비자 행동을 학습한 인공지능 개발이 등장하게 되면서 새로운 세계가 열리고 있다.

최근에 디지털 기술에서는 메타버스를 인터넷 모바일 시대와 차별화되는 혁신 패러다임으로 인식해 새로운 기회를 창출하고 있다. 메타버스는 현재 기술의 발전과 현황을 고려해 새로운 개념화가 등장하고 있다. 고유기술에서도 리튬이온전지와 수소 에너지등 차세대 중요한 기술이 되고 있다. 수소경제 전환을 위한 해결과제로 다양한 방식의 수소 추출기술과 연료전지 기술개발이 발전하고 있다. 모바일 자율주행차, 인류의 교통혁명을 가져오고 있으며 로봇활용기술과 바이오 기술도 산업생태계로의 전환을 가져와 향후 인류의 행복한 미래를 꿈꾸게 해주고 있다.

4.5 리스크 관리와 ESG 투자전략

10년전 까지만 하여도 환경, 사회 및 지배구조(ESG) 요인들에 관련된 리스크(risk)가 크게 대두되지 않았으나, 근년 들어 투자자들 중심으로 ESG 관련 리스크에 대한 관심이 점차 높아지고 있어 간과할 수 없는 시대적 흐름으로 이어진다.

30) World Economic Forum, The Global Risks Report, 2019.

예컨대 세계경제포럼(WEF)의 글로벌 리스크 보고서에 따르면, 오늘날 ESG에 관련된 리스크들이 영향과 발생 할 것 같은 세계 최고 리스크의 대부분을 차지한다.[30] 빅데이터(BD), 인공지능(AI) 같은 기술혁신을 포함하여 ESG 관련 리스크의 중대한 변화는 기업들에게 리스크 관리뿐만 아니라 신사업 기회 발굴 및 선제적 투자 전략도 세우라는 메시지이다.

(1) 리스크와 리스크 관리

실생활에서 흔히 오늘 느낌이 별로 좋지 않다거나 길을 건널 때 차를 조심하라고 당부하기도 한다. 이와 같이 리스크는 나쁜 일이 일어날 가능성(possibility)을 의미한다. 리스크는 인간 삶의 모든 영역에서 존재하며, 우리는 규모가 큰 조직을 관리하든 단순히 도로를 건너든 리스크를 의식적으로나 직관적으로 관리하고 있다.

1) 리스크 정의

KS A ISO Guide 73:2009 리스크관리 - 용어를 참고하여 정리하면, '리스크는 불확실성(uncertainty)이 목표에 미치는 영향(effect)이다.'

비고 1 영향은 기대에서 벗어난 것으로, 긍정적 및/또는 부정적인 것이 있다.

비고 2 목표에는 (재무, 안전보건 및 환경목표 같은) 여러 가지 측면이 있을 수 있고 (전략, 전 조직 차원, 프로젝트, 제품 및 프로세스 같은) 여러 가지 수준에서 적용될 수 있다.

비고 3 리스크는 잠재적 사건(potential events) 및 발생 결과(consequences) 또는 이 두가지의 조합을 기준으로 특성화되는 경우가 자주 있다.

비고 4 리스크는 사건(상황의 변화를 포함해서)의 발생 결과 및 이와 연관된 사건 발생가능성의 조합으로 표현되는 경우가 자주 있다.

비고 5 불확실성은 사건, 그 발생 결과 또는 발생가능성에 대한 이해나 지식과 관련된 정보가 부분적이더라도 부족한 상태를 말한다.

위에서 언급한 불확실성이란 리스크가 있음을 인식하고 있으나 어떤 결과가 발생할지 모르는 주관적인 심리 상태를 의미하고, 그러한 불확실성을 객관적으로 표현한 것이 리스크라 할 수 있다.

2) 리스크 관리

1920년대부터 과학과 관리 분야의 문헌에서 리스크 관리란 용어가 가끔 등장하였으나 실제 제대로 된 리스크 관리에 대한 연구는 2차 세계대전 이후에 시작되었다고 할 수 있다. 주로 초창기에 이루어진 대부분의 연구들은 금융과 보험에 관련된 것들 이었다.

예컨대 1960년대에는 손실(loss)에 대한 리스크를 다루는데 있어 보험뿐만 아니라 기업의 현금유보, 차입, 자본증액 같은 재무적 관점의 금융에도 적용함으로써 조직 통합적으로 상당히 체계화 되었다. 리스크 관리란 '리스크와 관련하여 조직을 지휘하고 통제하기 위한 조정된 활동이다.'[31] 라고 간결하게 정의하고 있다. 리스크 관리는 리스크 요인의 식별, 분석 및 대응을 포함한다.

리스크 관리에서는 가능한 한 리스크 요인에 대해 사후 대응적인 접근 보다는 선제적 조치를 취함으로써 미래에 발생 할 수 있는 결과를 통제하는데 훨씬 효과적이다. 이와 같이 효과적인 리스크 관리는 리스크가 발생 할 가능성뿐만 아니라 그 리스크의 잠재적 영향까지 줄일 수 있는 잠재력도 제공하게 된다.

(2) 리스크 관리 프로세스

리스크 관리는 대개 리스크 식별 ▷ 리스크 분석 ▷ 리스크 평가 ▷리스크 대응 ▷ 리스크 모니터링 및 검토 순으로 진행된다. <그림 4.6>은 리스크 관리 프로세스를 간략하게 도식화 한 것이다.

31) ISO Guide 73:2009 Risk Management - Vocabulary.

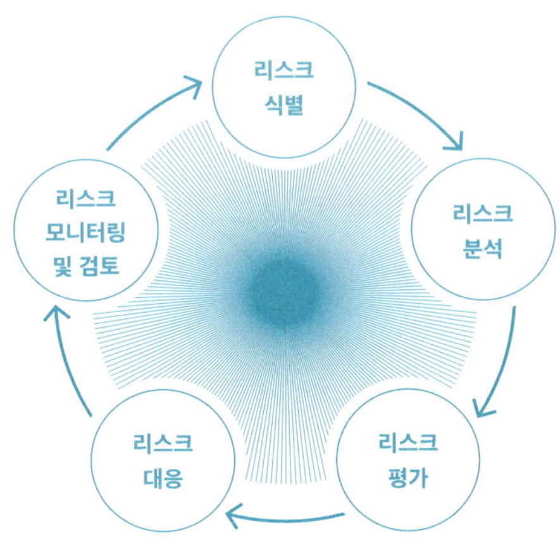

<그림 4.6> 리스크 관리 프로세스

1) 리스크 식별

리스크 식별(risk identification)은 조직의 목표를 달성하는데 있어 도움이 되거나 저해될 수 있는 리스크를 발견, 인식 및 서술하는 것이다. 리스크 식별은 1회성으로 끝나는 것이 아니라 반복적으로 수행된다.

2) 리스크 분석

일단 리스크가 식별 되었으면, 리스크 분석(risk analysis)을 통해 조직 내에서 그 리스크와 다른 요인들과의 관련성뿐만 아니라 리스크의 수준과 특성까지 이해할 필요가 있다. 리스크 분석 시 리스크의 근원, 결과(consequences), 발생 가능성 등을 고려한다. 리스크 분석기법(analysis techniques)에는 상황과 의도된 용도에 따라 정성적(qualitative), 정량적(quantitative) 또는 두 기법의 조합이 있을 수 있다.

3) 리스크 평가

리스크 평가(risk evaluation)는 어느 영역 또는 부분에서 추가적인 조치가 필요한지를 판단하는데 도움을 주기위해 설정된 리스크 기준(risk criteria)과 리스크 분석 결과를 비교하는 것이다. 리스크의 심각성(severity)과 시급성(urgency)을 고려하여 등급과 우선순위를 정하게 된다.

4) 리스크 대응

일반적으로 리스크에 적절히 대응하기 위해 우선순위가 높은 부정적인 리스크를 제거하거나 축소하며, 부득이한 경우에는 수용을 하는 등 대안 선택에 초점이 맞추어진다. 하지만 리스크 대응(risk response)에는 크게 2가지 즉, 부정적 리스크(negative risk)에 관련된 위협(threats)에 대한 것과 긍정적 리스크(positive risk)에 관련된 기회(opportunities)에 대한 것을 구분하여 접근할 필요가 있다.

① 부정적 리스크 대응

위협에 대한 대응으로는 회피(avoidance), 완화(mitigation) 및 전가(transfer)하는 방식 중에서 실행 또는 조치에 따른 원가부담, 노력 또는 불이익 등을 신중하게 고려하여 선택한다.

② 긍정적 리스크 대응

기회에 대한 대응으로는 이용(exploitation), 강화(enhancement) 및 공유(sharing)하는 방식 중에서 조직의 전략적 가치 또는 목표 등을 고려하여 효과적인 것을 선택할 수 있다.

5) 리스크 모니터링 및 검토

선택된 리스크 대응이 계획대로 실행되고 있는지, 그리고 효과가 있는지에 대한 것뿐만 아니라 새로이 발생되거나 변경되는 리스크에 대한 것도 지속적으로 모니터링 및 검토(monitoring and review)한다.

(3) ESG 투자전략

1990년대 이전까지만 하여도 기업의 시장가치(market value) 중 80%가 주로 공장, 부동산 및 설비와 같은 가시적인 유형 자산(tangible assets)이었으나, 이제 그 80%는 상표, 아이디어, 관련성, 스킬(skills) 및 자원 같은 비가시적인 무형자산으로 대체되고, 이러한 것들에 더하여 ESG에 관련된 새로운 리스크에 적응하고, 대응할 수 있는 기업의 역량까지 추가된다. 빅데이터(BD)와 인공지능(AI)을 기반으로 한 제4차 산업혁명이라는 기술변혁의 시대에 기업들은 ESG투자에 앞서 적어도 글로벌 리스크 상황을 이해할 필요가 있다.

1) 글로벌 리스크

다음은 세계경제포럼(WEF) 글로벌 리스크 인식 조사(Global Risks Perception Survey) 2019-2020자료에서 나타난 환경, 사회 및 기술 측면의 발생할 가능성(likelihood)과 영향(impact)이 높은 리스크를 정리한 것이다.

① 환경 리스크

환경 리스크(environmental risks)에는 기후행동실패(climate action failure), 생물다양성 손실, 인간이 초래한 환경재해, 기상 이변 및 자연재해가 포함된다.

② 사회 리스크

사회 리스크(societal risks)에는 물 위기, 식량 위기, 전염병, 비자발적 이주(involuntary migration), 도시 계획의 실패 및 사회적 불안정성(social instability)이 포함된다.

③ 기술 리스크

기술 리스크(technological risks)에는 사이버 공격(cyber-attacks), 정보 기반시설 붕괴, 데이터 사기 또는 도난(data fraud or theft) 및 불리한 기술의 진보(adverse technological advances)가 포함된다.

2) ESG 투자

통일된 표준 또는 기준이 마련되지 않은 상황에서 조직은 환경, 사회 및 기술 분야의 글로벌 리스크, 유엔의 지속가능발전목표(SDGs), 국내외 ESG평가 기관들이 제시하는 범주별 지표, 빅데이터(BD)/인공지능(AI)기술 발전 등을 종합적으로 고려하여 중장기적 ESG투자 전략을 수립하여야 할 것이다.

① 한국은행의 ESG 투자

한국은행은 외화자산 운용목표인 안전성, 유동성 및 수익성 요건에 부합하는 범위 내에서 <표 4.4>에서와 같이 ESG상품 투자를 확대하고 있다.

<표 4.4> 한국은행 외화자산의 ESG 관련 투자 (출처: 한국경영자총협회 월간 ESG동향 2021.10)

상품	운용	규모(억 달러)	
		2020년 말	2021년 6월 말
주식	위탁	10.8	12.2
채권	직접	34.9	46.7
SK그룹	위탁	8.9	12.3
합계		54.6	71.2

② 민간기업의 ESG 채권

2021년 들어 국내 10대 그룹을 중심으로 ESG채권을 발행하기 시작했다. ESG채권의 유형은 녹색채권, 사회적채권 및 지속가능채권으로 구분된다. 여기서 녹색채권은 친환경 프로젝트, 사회기반시설 투자자금을 마련하기 위해 발행하는 채권이고, 사회적채권은 사회가치창출 사업에 투자할 자금을 마련하기 위해 발행하는 채권이며, 지속가능채권은 환경친화적, 사회가치창출 사업 투자자금 마련을 위해 발행하는 채권이다.

<표 4.5> 국내 10대 그룹 중심 ESG 채권 발행 (출처: 전경련 2021 K-기업 ESG 백서)

그룹 명	기업(채권 유형별 발행액, 억원)	합계(억원)
현대차	현대자동차(녹색, 4,000), 기아(녹색, 3,000), 현대제철(녹색, 5,000)	12,000
SK	SK(녹색, 3,200), SK하이닉스(사회, 4,400), SK렌터카(녹색, 980) SK에코플랜트(녹색, 3,000), SK지오센트릭(녹색, 900)	12,480
LG	LG화학(지속, 8,200), LG전자(녹색, 1,900)	10,100
롯데	롯데지주(녹색, 600), 롯데케미칼(지속, 2,000), 롯데쇼핑(사회, 1,700), 롯데글로벌로지스(녹색, 500), 롯데렌탈(녹색, 1,900)	10,700
한화	한화건설(녹색, 1,200), 한화(녹색, 1,500), 한화솔루션(녹색, 1,000), 한화에어로스페이스(녹색, 2,600)	6,300
포스코	포스코건설, 포스코인터내셔널(녹색, 800)	800
GS	GS파워(녹색, 1,000), 지에스이앤알(녹색, 300)	1,300
현대중공업	현대중공업(녹색, 3,000), 현대오일뱅크(녹색, 4,000), 현대건설기계(지속, 500)	7,500

<표 4.5>를 보면, 국내 그룹사들은 자신들의 미래발전을 위한 ESG투자 전략 관점에서 주로 글로벌 기후변화와 탄소중립 같은 환경리스크에 대응하고, 그리고 관련 신규 사업기회창출(creating new business opportunities)에 필요한 연구개발/시설투자용 재원 마련을 위해 녹색채권 발행에 집중하고 있다.

05

국가의 미래 발전 전략

5장: 국가의 미래 발전 전략

5.1 미래지향적 에너지 전환 정책

(1) '탄소중립'과 국가적 ESG경영

탄소중립(carbon net-zero(혹은 neutral))이란 지구의 온도를 높이는 주범인 온실가스(주로 이산화탄소) 배출량을 최소한으로 줄이되, 불가피하게 발생한 양에 대해선 산림조성, 탄소 포집 등으로 흡수해 실질적인 이산화탄소 배출량을 '제로(0)'로 만든다는 개념이다. 대부분의 선진국들과 세계 각국이 기후변화 대응을 위해 금세기 중반(2050년)까지 '탄소중립 2050'을 실현하겠다는 선언을 하고 있으며, 한국도 이에 동참하겠다는 것이다.

ESG경영은 환경(E), 사회(S), 지배구조(G)에 관한 경영으로, 국가적으로 볼 때 환경에 대한 정책으로 가장 중요한 것은 기후변화에 대응하는 탄소중립 정책을 펴나가는 것이다. 따라서 탄소중립을 달성하려는 정책은 국가적 ESG경영(참고문헌: 사회적책임경영품질원(2021))의 아젠다로 매우 중요한 과제이다.

지구 온난화로 폭염, 폭설, 태풍, 산불 등 재앙적인 이상기후 현상이 세계 곳곳에서 나타나고 있다. 세계 과학계는 그 주된 원인을 온실가스의 발생으로 보고 있다. 온실가스는 이산화탄소(CO2), 메테인(CH4), 아산화질소(N2O), 수화불화탄소(HFCs), 불화유황(SF6), 과불화탄소(PFCs)의 6가지로 이루어져 있으며, 이 중 이산화탄소가 대부분을 차지하고 있다. 2018년 온실가스 발생 비중은 전 세계적으로 CO2가 91.4%를 차지하고, 나머지는 CH4 3.8%, N2O 2.0%, HFCs, 1.3%, SF6, 1.2%, PFCs 0.4%이다. 이산화탄소는 산업혁명으로 화석연료 사용이 급증하면서 배출이 크게 증가하였고, 또한 농업용지 확충과 각종 산업용지 확보, 목재 및 종이 사용이 증가함에 따라 이산화탄소를 흡수하던 삼림자원이 감소하면서 온실가스 배출의 주범으로 등장하였다. 메테인은 화석연료를 태울 때도 발생하지만, 비료·논·쓰레기더미에서도 발행한다. 아산화질소는 과다한 화학비료 사용으로 발생하며, 수소분화탄소·과불화탄소·불화유황은 산업 공정 등에서 주로 발생하고 있다. 우리나라는 높은 화석연료 비중과 제조업 중심의 산업구조를 가지고 있기 때문에 온실가스가 많이 발행하고 있으며, 최근 30년 사이에 평균 온도가 1.4℃ 상승하며 온난화 경향이 심해졌다.

UN은 1988년 지구환경 가운데 특히 온실화에 관한 종합적인대책을 검토할 목적으로 UN 산하에 전문가로 구성된 기후변화에 관한 정부 간 패널인 IPCC(Intergovernmental Panel on Climate Change)를 조직하고, 온실화의 과학적 평가, 환경이나 사회에 주는 영향, 그 대응책등을 연구하기 시작하였다. 그리고 국제사회는 기후변화 문제의 심각성을 인식하고 이를 해결하기 위해 선진국에 의무를 부여하는 '교토의정서'를 채택(1997년)하여, 선진국들은 2008~2012년까지 온실가스 방출량을 1990년 대비 평균 5.2% 줄여야 한다고 협약하였다. 그 후 선진국과 개도국 121개국이 참여하는 '파리협정'을 채택(2015년)했다. 우리나라도 2016년 11월에 이 파리협정을 비준한 바 있다. 파리협정의 목표는 "산업혁명(18세기 후반) 이전 대비 지구 평균온도 상승률을 2℃ 보다 훨씬 아래(well below)로 유지하고, 가급적 1.5℃로 억제하기 위해 노력해야 한다."는 것이다.

IPCC는 2018년 10월에 우리나라 인천 송도에서 개최된 제48차 IPCC 총회에서 「지구온난화 1.5℃ 특별보고서」를 채택하였다. 여기에서 IPCC는 2100년까지 지구 평균온도 상승폭을 1.5℃ 이내로 제한하기 위해서는 전 지구적으로 2030년까지 이산화탄소 배출량을 2010년 대비 최소 45% 이상 감축해야 하고, 2050년경에는 탄소중립을 달성해야 한다는 목표를 제시했다. 이미 세계 각국은 2016년부터 자발적으로 온실가스 감축 목표를 UN에 제출했고, 모든 파리협정 참여국들은 2020년 말까지 지구평균기온 상승 1.5℃를 달성하기 위한 장기저탄소발전전략(LEDS; Long-term low greenhouse gas Emission Development Strategies))과 국가온실가스감축목표(NDC; Nationally Determined Contribution)를 UN에 제출하기로 합의했다. 스웨덴(2017), 영국, 프랑스,

덴마크, 뉴질랜드(2019), 헝가리(2020) 등은 이미 '탄소중립'을 법제화하였으며, 중국과 일본도 탄소중립을 선언했다. 바이든 미국 대통령 당선인도 취임 직후 파리협정에 재가입하고 2050년까지 탄소중립을 이루겠다고 약속한 바 있다. 우리나라도 파리협정 참여국인 만큼 정부는 2020년 말까지 탄소중립을 선언하고 구체적인 계획을 발표했어야 하나, 조금 늦은 2021년 12월 23일에 유엔기후변화협약사무국에 우리나라의 '2030 국가 온실가스 감축목표(NDC)'를 제출했다. 이 감축목표는 2018년 온실가스 총배출량 727.6백만 톤 대비 2030년까지 40%의 온실가스를 줄여 총배출량을 436.6백만 톤으로 하겠다는 매우 의욕적인 목표 설정이다.

우리나라의 '2050 탄소중립 추진전략'은 비전으로 '탄소중립·경제성장·삶의 질 향상'을 설정하고, 이를 실천하기 위한 3+1 전략으로 세 가지 전략(경제구조의 저탄소화, 신유망 저탄소산업 생태계 조성, 탄소중립사회로의 공정전환)과 하나의 추가 전략으로 탄소중립 제도적 기반강화를 들었다. 이를 실현하기 위해 탄소중립기본법(법적 기반)을 마련하고, 추진체계로 '2050 탄소중립위원회'를 신설하며 산업통상자원부에 에너지 전담 차관을 신설하기로 했다. '장기저탄소 발전전략(LEDS)'으로는 탄소중립 5대 기본방향을 제시했다. 여기에서 에너지공급 방식으로 화석연료 발전 중심의 전략공급체계를 재생에너지(태양광, 풍력 등)와 그린수소 중심으로 전환하고, 이산화탄소포집(CCUS) 기술 등을 적극적으로 활용할 것임을 천명했다. 또한 탄소흡수원으로 산림, 갯벌, 습지 등 자연 생태 기반 솔루션 강화로 탄소흡수 능력을 높여 탄소중립 달성에 기여토록 하였다.

(2) 우리나라의 에너지원별 발전량 추세 현황

2017년 문재인정부들어 시작된 탈원전 정책과 2050년까지의 탄소중립 안 등에 대하여 갑론을박 많은 의견이 개진되고 있다. 발전설비는 단기간에 건설이 불가능한 설비로 짧게는 5년, 길게는 20년 정도의 기간이 필요하다. 따라서 장기 전력 수요 예측 및 발전설비 건설 계획이 중요하다. 우선 우리나라의 지난 2009년 이후 원자력, 석탄 등을 포함한 에너지원별 발전량 추세를 살펴보고, OECD 주요국의 발전량과 비교하여 보고, 탄소중립 방안에 대한 전략과 실현성을 살펴보기로 하자.

<표 5.1>에서 우리나라의 에너지원별 2020년도의 발전량 비중을 살펴보면 큰 순서대로 석탄(35.6%), 원자력(29.0%), 가스(26.4%), 신재생(6.6%), 양수(0.6%), 유류(0.4%), 기타(1.4%) 등이다. 발전량은 2009년의 433,604 Gwh에서 11년 후인 2020년에 563,040 Gwh로 증가하였으니 약 13.0%의 증가를 보였다. 발전량의 증가 추세는 산업과 일상생활에서 전기 수요가 증가하므로 서서히 계속될 것으로 보인다. 2009년부터 2020년까지 11년간 각 에너지원별로 발전 비중의 증감 추세를 살펴보면, 석탄은 45.2%에서 35.6%로 9.6%p 감소하고, 원자력도 34.1%에서 29.0%로 5.1%p 감소하고, 유류는 3.2%에서 0.4%로 2.8%p 감소했다. 이와 반면에 가스(LNG 혹은 천연가스로도 표현함)는 15.9%에서 26.4%로 증가하여 10.5%p의 큰 증가를 보였고, 신재생도 1.1%에서 6.6%로 5.5%p의 괄목할만한 증가를 보였다.

2018년 이후 최근의 동향을 살펴보자. <표 5.1>에서 석탄발전이 2018년 이후 급격히 감소하고 있는데, 이는 봄철 노후 석탄가동중지, 석탄발전 출력 80% 상한 제약, 미세먼지 계절관리제 등의 시행으로 발전량이 감소하였기 때문이다. 원자력 발전은 탈원전 정책임에도 불구하고 2018년 이후 발전량이 증가하는 이유는 전년 대비 설비 용량은 동일하나 한빛1호기 재가동, 신고리4호기 투입에 따른 연간 발전량 증가 때문이다. 신재생에너지 발전은 정부의 지원정책에 따라 증가추세를 보이고 있고, 가스는 원료단가가 높은 발전으로 기저발전(석탄, 원자력) 및 신재생 발전량 증가에 따라 발전량에 변화가 크다.

<표 5.1> 우리나라의 에너지원별 발전량 추세 (발전량 단위: Gwh, 비중: %)
(출처: 한국전력공사 연도별 한국전력 통계)

구분	계	계	원자력	석탄
2009	발전량	433,604	147,771	195,776
	비중	100.0	34.1	45.2
2010	발전량	474,660	148,596	200,974
	비중	100.0	31.3	42.3
2011	발전량	496,893	154,723	202,856
	비중	100.0	31.1	40.8
2012	발전량	509,574	150,327	202,191
	비중	100.0	29.5	39.7
2013	발전량	517,148	138,784	204,196
	비중	100.0	26.8	19.5
2014	발전량	521,971	156,407	207,214
	비중	100.0	30.0	39.7
2015	발전량	528,091	164,762	211,393
	비중	100.0	31.2	40.0
2016	발전량	540,441	161,995	213,803
	비중	100.0	30.0	39.6
2017	발전량	553,530	148,427	238,799
	비중	100.0	26.8	43.1
2018	발전량	570,647	133,505	238,967
	비중	100.0	23.4	41.9
2019	발전량	563,040	145,910	227,384
	비중	100.0	25.9	40.4
2020	발전량	562,162	160,184	196,333
	비중	100.0	29.0	35.6

가스	신재생	유류	양수	기타
68,949	4,604	13,676	2,828	-
15.9	1.1	3.2	0.7	-
101,507	8,160	12,634	2,790	-
21.4	1.7	2.7	0.6	-
112,646	12,190	11,245	3,233	-
22.7	2.5	2.3	0.7	-
125,285	12,587	15,501	3,683	-
24.6	2.5	3.0	0.7	-
139,783	14,449	15,832	4,105	-
27.0	2.8	3.1	0.8	-
127,472	17,447	8,364	5,068	-
24.4	3.3	1.6	1.0	-
118,695	19,464	10,127	3,650	-
22.5	3.7	1.9	0.7	-
121,018	25,836	14,001	3,787	-
22.4	4.8	2.6	0.7	-
126,039	30,817	5,263	4,186	-
22.8	5.6	1.0	0.8	-
152,924	35,598	5,740	3,911	0
26.8	6.2	1.0	0.7	0.0
144,355	36,392	3,292	3,458	2,249
25.6	6.5	0.6	0.6	0.4
145,911	36,527	2,255	3,271	7,681
26.4	6.6	0.4	0.6	1.4

(3) OECD 주요국의 에너지원별 발전량

그러면 주요 외국의 에너지원별 발전량은 어느 정도인가? <그림 5.1>은 2018년도 OECD 주요 10국에 대한 에너지원별 발전량 자료이다. 한국은 총발전량에서 세계 5위로서, 한국보다 앞서 있는 나라는 순서대로 미국, 일본, 캐나다, 독일이다. 에너지원별 발전량을 보면, 한국은 석탄→천연가스→원자력→신재생의 순서로 발전하고 있으나, 미국은 천연가스→석탄→원자력→신재생의 순서로, 독일은 석탄→신재생→천연가스→원자력의 순서이고, 프랑스는 원자력→신재생→천연가스→석탄의 순서이다. 나라마다 에너지원별 발전량에 차이가 있으며, 이것은 그 나라의 사정과 에너지수급(에너지 믹스) 정책에 따른 것이다. 석탄은 매장량에 한계가 있고 기후변화에 악영향을 주는 온실가스(주로 이산화탄소(CO2)로 구성됨)를 많이 배출하므로, 각국이 석탄의 비중을 줄이려 하고 있다. 문재인정부는 석탄과 원자력 비중을 줄이면서 천연가스와 신재생의 비중을 늘리려는 에너지정책을 시행하고 있다. 미국은 원자력과 신재생 비중을 늘리는 정책을 쓰고 있고, 독일은 신재생비중을 높이고 원자력의 비중을 줄여나가고 있다. 프랑스는 압도적으로 원자력 비중(71%)과 신재생(21%)의 비중을 늘려나가고 있다.

<그림 5.1> 2018년 OECD 주요국 발전원별 발전량 (출처: IEA Electricity Information Statistics)

OECD순위	국가명	석탄	석유	천연가스	원자력	재생 및 기타	총발전량
1위	미국	29	1	34	19	18	4,455
2위	일본	32	5	36	6	21	1,058
3위	캐나다	8	1	10	15	66	654
4위	독일	37	1	13	12	37	643
5위	한국	44	2	26	23	5	590
6위	프랑스	2	1	5	71	21	582
7위	멕시코	9	10	60	4	16	336
8위	영국	5		39	20	35	333
9위	터키	37		30		32	305
10위	이탈리아	11	4	44		41	290

■ 석탄 ■ 석유 ■ 천연가스 ■ 원자력 ■ 재생 및 기타

2018년에 에너지경제연구원이 발간한 '원전 인사이트'에 따르면 전 세계적인 원전 정책의 방향은 <표 5.2>와 같다. 탈원전을 추진하는 국가는 한국을 비롯한 5개국에 불과하고, 유지 및 확대를 추진하는 나라들이 대부분이다.

<표 5.2> 국가별 원전 정책 방향 (출처: 에너지정책연구원 '원전인사이트', 2018. 8.)

국가유형	원전정책	총계(대상국가)
기존 원전운영국 (총31개국)	유지 및 확대	26개국 미국, 중국, 일본, 영국, 프랑스, 러시아, 인도, 캐나다, 스웨덴, 남아공, 핀란드, 불가리아, 멕시코, 헝가리, 파키스탄, 체코, 아르헨티나, 아르메니아, 브라질, 이란, 네덜란드, 루마니아, 슬로바키아, 슬로베니아, 스페인, 우크라니아
	축소·폐지	5개국 독일, 스위스, 대만, 벨기에, 한국
GS	기존 도입유지	12개국 방글라데시, 벨라루스, 이집트, 인도네시아, 이스라엘, 카자흐스탄, 요르단, 리투아니아, 폴란드, 태국, 터키, UAE
현대중공업	신규 도입국가	2개국 칠레, 사우디아라비아
현대중공업	도입취소	3개국 베네수엘라, 베트남, 말레이시아

기후변화 대책과 관련해서 이산화탄소(CO2) 배출량이 주범임은 이미 잘 알려진 사실이다. 원전은 다른 어떤 에너지원보다 이산화탄소의 배출량이 적어 친환경적이다. 기후변화 파리협약의 실효가 시작되는 2020년 시점에 대비해서 석탄이나 갈탄 발전보다는 원전이 친환경적이라는 주장이 설득력을 얻으면서 국제적으로 원전 확대가 대세를 이루고 있다. 일본은 원전이 42기로 원전국가이다. 그러나 일본은 2011년 지진에 의한 대형 쓰나미 후쿠시마 원전사고를 경험한 나라로 잠시 원전 가동을 멈추었으나, 전기요금 급등으로 골머리를 앓고, 전기를 많이 사용하는 제조업이 타격을 받으면서, 2015년에는 결국 원전 재가동을 선언하면서 원전의 유지 및 확대 정책을 천명했다. 영국은 탄소 무배출 목표에 따라 원전 10여기 건설을 추진하고 있고, 중국은 12기, 러시

아는 6기, 인도는 7기 등 세계적으로 원전 53기가 건설 중이며, 앞으로 계획 중인 원전도 100개가 넘는다고 한다.

(4) 온실가스 배출량 증가 추세

환경부는 매년 9월에 전전년(前前年)의 온실가스 배출 실적을 발표한다. 배출량 계산에 꼼꼼한 검증이 필요해 시간이 걸리고, 또한 국제사회에 보고할 의무가 있기 때문이다. 즉 2019년도 수치는 2021년 9월이 돼야 발표된다. 1990년 이후 2018년까지 환경부에서 발표한 우리나라의 온실가스와 이산화탄소 배출량을 그래프로 그려보면 <그림 5.2>와 같다. IMF 경제위기를 맞은 1998년을 제외하고는 거의 35도 각도로 가빠른 상승을 보이고 있다. 우리나라는 온실가스 배출량 순위에서 세계 11위이며, 1위부터 5위까지는 중국, 미국, 인도, 러시아, 일본의 순이다. OECD 회원국 순위로는 한국은 5위로 상당히 높다. 이 그래프를 보면 온실가스 배출량을 줄이려면 특단의 대책이 필요함을 알 수 있다.

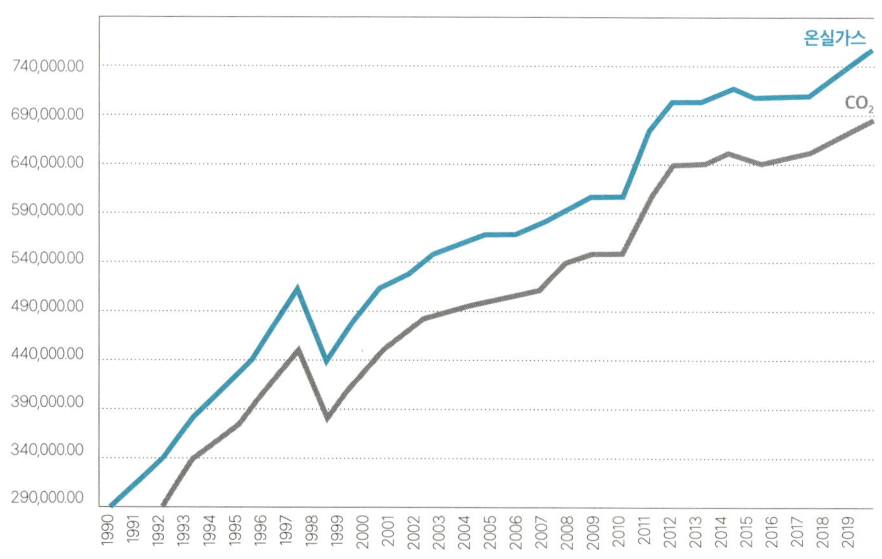

<그림 5.2> 지난 30년간 탄소배출량 증가 추이 (출처: 환경부, 단위: 천톤)

(5) 정부의 전력 수급 기본계획

탄소중립을 향한 문재인정부의 구체적 계획을 일부 볼 수 있는 것은 2020년 12월 28일 발표한 '9차 전력수급기본계획'이다. 이 기본계획은 매 2년마다 향후 15년간의 전력수급 계획을 발표하는 것으로, 구체적으로 2020년에서 2034년까지 전력수요전망에서부터 발전원별 설비확충 계획과 각종 정책들까지 총망라하는 계획이다. 전력 발전부문이 온실가스의 45%를 차지하므로 이 전력수급 계획은 중요하다. 이 계획의 기본 골격은 다음과 같다.

- 전력소비량을 연평균 1.6% 증가하는 것으로 예측
- 탈원전, 탈석탄 정책 계획대로 추진
- 태양광, 풍력 등 신재생에너지 발전 대폭 확대
- 발전량이 고르지 않은 신재생에너지의 단점을 보완하기 위해

액화천연가스(LNG) 발전소 확충

이에 따라 <그림 5.3>에서 보는 바와 같이 원전은 현재 24기가 가동 중이나 2034년에는 17기가 가동되고, 차츰 완전히 없애는 것이다. 2024년에 가동하는 원전이 26기인 것은 현재 건설 중인 신고리 5·6호기가 준공되어 잠시 늘어나는 것이고, 그 후 계속 줄여나가 2083년에는 원전 0기가 되는 것이다. 설비용량 증감을 보면 석탄발전은 올해 35.8GW(58기)에서 2034년 29.0GW(37기)로 감소한다. 원전은 현재 23.3GW(24기)에서 2034년 19.4GW(17기)로 축소된다. 반면 태양광·풍력은 현재 20.1GW에서 2034년에 77.8GW로 대폭 늘어난다. 서울 면적에 육박하는 태양광·풍력 발전설비가 추가로 건설될 예정이다. LNG발전소도 올해 41.3GW에서 2034년에 59.1GW로 확대된다. 여기서 유의할 사항은 발전용량대로 실제 발전량이 나오는 것은 아니다. 그 차이는 발전원별 가동률과 가동효율이 다르기 때문이다. 석탄발전과 원자력 발전은 기저발전으로 정기보수를 제외하고는 항상 돌아가고, 신재생 발전은 하루 중 발전 가동되는 시간이 한정되어 있고 불확실하기 때문에 들쭉날쭉하고, LNG발전은 신재생에너지 발전이 일정량 이하인 경우에 가동하기 때문이다.

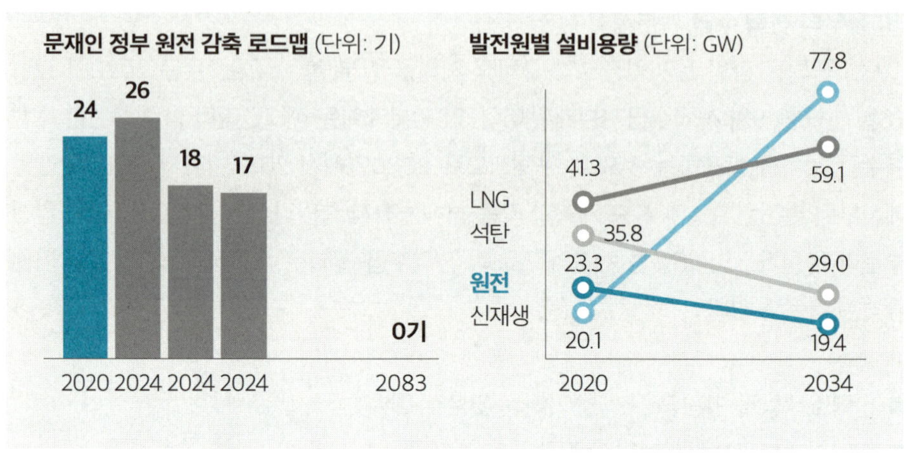

<그림 5.3> 정부의 '9차 전력수급기본계획' 주요 내용

'9차 전력수급기본계획'은 준비가 제대로 되지 않은 상태에서 졸속으로 나온 계획으로 보인다. 문대통령이 2020년 10월 28일에 발표한 '2050 탄소중립 선언'이나 12월 7일에 발표한 정부의 '2050 탄소중립 추진전략'의 목표달성을 위해서도 구체적인 계획이 보이지 않는다. 그리고 전력 수요증가를 1.6%로 보고 계획을 짰는데, 이 증가율도 4차 산업혁명 확산, 전기차 수요 확산 등에 따른 전력 수요를 제대로 반영하지 않은 것으로 보인다. 전력수요 증가는 앞으로 15년간 최소한 매년 2~3%는 되어야 할 것으로 판단된다.

(6) 국가 온실가스 감축 목표와 에너지 정책 방향

정부는 2021년 10월 8일 정부는 2030년 국가 온실가스 감축목표(NDC)를 2018년 배출량 대비 40%를 줄이겠다는 계획을 발표하고, 12월 23일에 유엔에 제출했다. NDC는 5년마다 새로 작성할 수 있으며, 작성 시 기존 목표보다 감축 수준을 높여야 하는 '진전 원칙'을 갖고 있다. 40% 줄이겠다는 계획의 근거로 정부는 2050년 탄소중립을 달성하고 국제 동향(EU는 39.8% 감축, 미국은 45.8% 감축, 일본은 38.6% 감축 등) 등을 고려해서 정한 목표라고 밝혔다. 이 계획대로라면 한국은 <표 5.3>에서 보여주는 바와 같이 2018년 7억 2,760만 톤에 달하던 온실가스 배출량을 2030년에는 4억 3,660만 톤으로 줄여야한다. 40% 감축 목표를 달성하기 위해 부문별로는 에너지의 경우 태양광·풍력 등 재생에너지 비중을 크게 늘리는 방식으로 2030년까지 2018년 배출량 (2억 6,960만 톤)의 44.4%를 줄여 1억 4,990만 톤만을 배출한다는 것이다. 산업 부문 배출량은 연료 전환과 효율 제고를 통해 2억 6,050만 톤에서 2억 2,260만 톤으로 줄이겠다는 계획이다. 건물 부문은 건축물의 에너지 효율 향상, 수송 부문은 전기차·수소차 등 무공해차 확대로 배출량을 줄이고, 폐기물 배출량도 각종 기술 개발로 줄인다는 계획이다. 이런 방법으로 총량에서 2018년 대비 2030년에 40%를 줄이겠다는 매우 의욕적인 계획이다.

<표 5.3> 2018년 대비 2030년 온실가스 배출량 계획(단위: 톤)
(출처: 2021년 10월 8일 NDC 계획 정부합동 발표)

구분	2018년 배출량	2030년 배출량	감축비율
에너지	2억6960만	1억4990만	44.4%
산업	2억6060만	2억2260만	14.5%
건물	5210만	3500만	32.8%
수송	9810만	6100만	37.8%
농축수산	2470만	1830만	25.9%
폐기물	1710만	910만	46.8%
수소	-	760만	-
총량	**7억2760만**	**4억3660만**	**40%**

산업계는 정부의 NDC 계획에 대해 "현실적으로 불가능한 목표"라고 주장한다. 정부 발표안대로 NDC를 확정하면 에너지·산업 구조 재편 과정에서 천문학적인 비용이 들 뿐 아니라 경제 산업 전반의 어려움이 예상된다는 것이다. 재생에너지 발전 비율도 2020년 6.6%에서 2030년 30.2%까지 늘린다는 계획에 대해서도 재생에너지 송배전망과 같은 신규 설비에 투자하고 건설하는데 걸리는 시간이 부족할 수 있고, 기상상황에 따라

생산량이 불규칙한 재생에너지 특성상 많이 생산했을 때 이를 미리 저장할 수 있는 에너지 저장장치(ESS)를 구축하는 것도 많은 비용과 어려움이 있다는 것이다. 2030년까지 NDC 40% 감축안에 대한 구체적이고 실현 가능한 계획을 구상해야 할 것이다.

(7) 바람직한 에너지 발전원 선택

우리나라는 제조업 강국으로 철강, 화학, 반도체, 조선 등 전력소비가 많은 제조업의 부가가치 비중이 높으므로, 앞으로도 전력 소비가 증가할 것으로 예상되며, 이에 따라 발전소 신규 건설이 필요하다. 신재생에너지의 보급 확대는 세계적인 추세로 우리나라에서도 계속 추진해야할 것이나, 원자력 발전도 계속적으로 필요하므로 탈원전 정책은 재고가 필요하며, 탄소중립 정책으로 이산화탄소 배출량이 높은 석탄 발전은 줄여나가야 할 것이다.

탄소중립은 인류가 실천해야할 피할 수 없는 대책이다. 따라서 이산화탄소 배출량이 적은 에너지 발전원을 찾아야 한다. <표 5.4>에 보면 발전원별로 이산화탄소 배출량이 나와 있다. 석탄, 석유, LNG가 압도적으로 높으며, 원자력과 수력이 제일 낮고 다음으로 풍력, 태양광 등의 신재생이다. 따라서 궁극적으로는 원자력과 신재생이 탄소중립으로 가기 위한 바른 선택이다.

<표 5.4> 발전원별 이산화탄소 등가배출량 (출처: 국제원자력기구(IAEA))

구분	석탄	석유	LNG	태양광	풍력	원자력	수력
배출계수 (g-CO_2/kWh)	991	782	549	54	14	10	8

2020년 12월 10일 문 대통령은 청와대에서 가진 '2050 대한민국 탄소중립 비전 선언'에서 "산업과 경제, 사회 모든 영역에서 '탄소 중립'을 강력히 추진해 나가겠고, 재생 에너지 중심으로 에너지 주공급원을 전환하겠다."고 밝혔다. 하지만 산업연구원은 "2050년까지 탄소 중립을 달성하려면 앞으로 30년간 전년 대비 매년 10%씩 온실가

스 배출량을 줄여야 한다. 이 과정에서 제조업 부문 생산이 최대 44%, 고용이 최대 134만 명 감소할 수 있다"고 경고했다. 에너지경제연구원은 "탈원전을 유지하면서 2050년 발전 부문 탈탄소화를 이루려면 재생 에너지 비중을 80% 수준까지 확대해야 하는데, 총 500조원 이상 추가 투자가 필요하다"고 했다.

국제사회가 '2050 탄소중립'을 향해 가고 있으니 우리도 보조를 맞추어야 한다. 그러나 2030 NDC 감출량 40% 달성, 2050 탄소중립은 우리나라로는 탄소중립을 위한 획기적인 기술개발이 없으면 현실적으로 어려운 목표인 것 같다. '2050 탄소중립'은 에너지 구조와 경제 시스템을 완전히 뜯어고치는 작업이 될 것이다. 다른 나라들이 탄소중립을 다 한다고 해서 우리도 한다고 말만하는 것은 옳은 자세는 아니다. 이를 실질적으로 하려면 경제 충격을 덜기 위해서라도, 우리나라가 안전성과 경제성에서 최고의 기술을 가지고 있는 원자력 에너지를 활용해야 하고, 재생에너지 발전 기술도 더 개발해야 한다. 결론적으로 우리나라는 이산화탄소를 많이 배출하는 석탄, 석유, LNG의 사용을 줄이고, 이산화탄소를 적게 배출하는 원자력, 신재생(태양광, 풍력 등) 등으로 가야할 것이다. 국가기후환경회의(반기문 전 유엔 사무총장이 위원장)에서도 2020년 11월 23일 회의에서 "탈원전을 고정불변의 것으로 놓고 2050 탄소중립을 이야기하기는 어렵다"고 했다. 맞는 논리이다. 온실가스 감축에 가장 효과가 크고 값싼 원자력 발전은 없애겠다고 하면서 탄소중립을 외치는 것은 현실적인 정책이 아니다.

(8) RE100, CF100과 그린 택소노미

1) RE100

RE100이란 Renewable Energy 100%의 약자로 2050년까지 기업 활동에 필요한 전력을 100% 태양광과 풍력 등 재생에너지를 이용해 생산된 전기로 사용하겠다는 자발적인 글로벌 캠페인이다. 연간 100GWh 이상 사용하는 전력 다소비 기업이 대상이다. 이 캠페인은 기후변화를 막기 위해 도입된 캠페인으로 기업 활동에 필수적으로 필요한 전기부터 온실가스를 배출하지 않는 재생에너지로 생산된 전기를 사용하겠다는 것이다.

RE100은 다국적 비영리 기구로 영국에 본부를 두고 있는 '더 클라이밋 그룹(The Climate Group)' 주도로 2014년 시작되었으며, 현재(2022년 5월 기준)는 구글, 애플, GM, 이케아 등의 전 세계 349개 업체가 참여하고 있고, 지역별로는 유럽과 미국이 가장 많다. 국내는 SK계열사, 아모레퍼시픽, 수자원공사, LG에너지솔루션, 고려아연 등 14개 업체가 참여하고 있다. 전체 가입 기업 중 282곳(80.8%에 해당)이 비제조업체이다. 참여기업은 가입 1년 안에 이행 계획을 제출하고 매년 이행 상황을 점검 받는다. 재생에너지 비중을 2030년까지 60%, 2040년까지 90%를 올려야 자격이 유지된다. RE100 달성을 위해서는 태양광 발전 시설 등의 설비를 사용해 재생에너지를 직접 생산하거나, 재생에너지를 생산하는 발전소에서 전기를 구입해 사용해야 한다. 이렇게 구입한 전력에 대해서는 신재생에너지공급인증서(REC)를 발급받아야 한다.

우리나라 기업들이 최근 RE100에 주목하는 이유는 기후변화 대응이라는 주목적도 있지만, 온실가스 발생을 줄이지 않으면 글로벌 수출 경쟁에서 살아남기 힘들기 때문이다. 최근 세계적으로 더 많은 소비자들이 온실가스를 대량으로 배출하는 기업의 사회적 책임을 묻기 시작했으며, 글로벌 투자기관은 기후 위기 대응 성적을 투자에 중요한 요소로 평가하고 있기 때문이다. 특히 RE100 회원사 중 일부는 자신의 공급망에 포함되어 있는 협력업체에게도 재생에너지 전기를 사용해 생산된 부품을 납품하도록 요구하는 추세가 확산되고 있어, 수출 경쟁력에 직결하는 요소로 자리 잡게 되었다. 수출 비중이 높은 한국 경제에 있어서 이제 RE100은 필수적이 되어 가고 있다.

한국 기업들이 RE100 가입이 더딘 이유는 국내 재생에너지의 발전 여건이 열악하기 때문이다. 산업통상자원부에 따르면 2021년 11월 기준 전체 에너지원별 발전량 중 재생에너지 비중은 <그림 5.4>에서 보는 바와 같이 6.7%에 불과하다. 반면 유럽연합(EU)은 2019년 기준 15.3%에 달한다. 이는 원전과 석탄발전 비중이 높은 동유럽 회원국까지 포함한 수치다. 서유럽 국가로 한정하면 재생에너지 비율은 40%에 육박한다. 삼성전자의 경우 국내 사업장에서 반도체 생산 등에 필요한 전력을 재생에너지로 쓰고 싶어도 국내 재생에너지 발전량이 적어 전력을 확보할 수 없는 것이 현실이다.

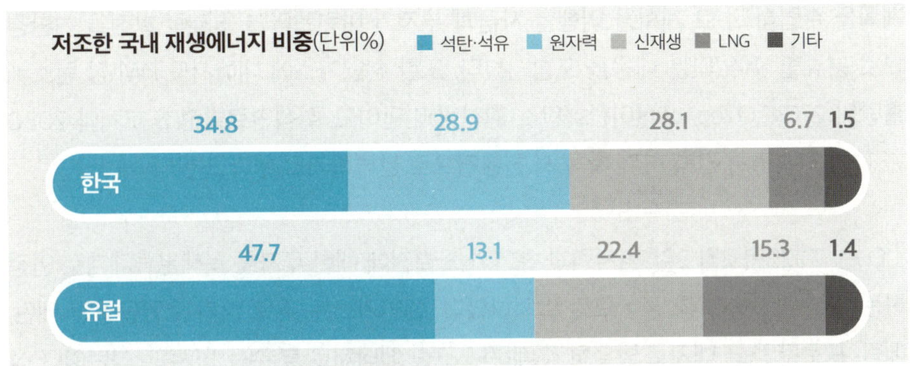

<그림 5.4> 재생에너지 사용 비중(한국과 유럽)

2) CF100

CF100이란 탄소배출 제로(Carbon Free) 100%의 줄임말로, 사용 전력의 전부를 무탄소 에너지로 공급한다는 뜻이다. 무탄소 에너지원에는 태양광, 풍력, 수력 외에 원자력 발전도 포함된다. 따라서 CF100은 수력이나 원자력 발전이 전기 발전량의 큰 부분을 차지하는 유럽이나 한국에서 탄소배출 제로를 달성하기 쉬운 캠페인이다.

국제적으로 2050년에 실질적인 탄소중립을 위해선 RE100을 넘어 CF100을 목표로 삼아야 한다는 주장이 제기되고 있다. 구글은 2018년에 RE100을 발표하였으나, 최근에는 한 발 더 나아가 무탄소 에너지원을 활용한 CF100 계획을 내놓은 바 있다. 우리나라는 CF100 달성이 RE100 보다 훨씬 수월할 것이다.

3) 그린 택소노미

그린 택소노미란 녹색산업을 뜻하는 그린(green)과 분류체계를 뜻하는 택소노미(taxonomy)의 합성어로, 녹색산업 분류체계라고도 부른다. 이는 환경적으로 지속 가능한 경제 활동의 범위를 정하는 것이다. EU에서 과거에 그린 택소노미를 발표할 당시에는 원자력 발전은 여기에 포함되어 있지 않았다. 그러나 2021년 12월에 EU 집행위원회는 그린 택소노미 초안에서 원자력 발전에 대해 방사성 폐기물을 안전하게 처리할 계획을 수립하고, 그 계획을 이행할 자금과 부지가 마련된다면 원자력 발전을 친환경으로 분류할 수 있다는 내용을 포함시켰다. 또한 천연가스에 대해서도 kWh당 탄소배출량이 270gCO2eq/kwh(이산화탄소 환산량)미만이고, 화석연료발전소 교체와 2030년 12월 31일까지 건축 허가 획득 시 친환경으로 분류하기로 했다고 한다.

EU는 2022년 2월 2일, 원자력과 천연가스 발전에 대한 투자를 녹색분류체계로 인정하는 "EU-택소노미"를 정식으로 발의하였다. 천연가스는 주요 대기 오염물질인 메탄, 에탄, 프로판 등을 대기로 방출하기 때문에 그린 에너지로 볼 수는 없지만, 석탄이나 석유보다는 대기오염 배출량이 적기 때문에 친환경 에너지로 분류하려는 움직임이라고 판단할 수 있다. 유럽연합은 2022년 동안 회원국 및 EU 의회에서 논의를 거쳐 승인을 받은 뒤 2023년 1월부터 EU-택소노미 실행에 들어갈 예정이다. EU 현지에서는 EU-택소노미가 부결될 가능성을 매우 낮게 보고 있다. 원전 의존도가 높은 프랑스를 비롯해 폴란드, 핀란드, 체코 등이 확정안을 지지하고 있기 때문이다.

우리나라도 K-택소노미(한국형 녹색금융 분류체계)를 가지고 있다. 한국은 2021년 12월말에 K-택소노미 최종안을 공개했다. 여기에는 원전이 아예 제외되었고, LNG의 경우 특정 한해 한시적으로 포함됐다. 환경부는 온실가스 배출량이 340gCO2eq/kwh이면서 설계 수명 기간 동안 평균 250gCO2eq/kwh을 달성할 수 있는 중장기 감축 계획을 제시하는 발전소에 한해 2030~2035년 한시적으로 LNG 발전을 전환 부문에 포함하기로 했다.

환경부는 EU 등 국제 동향을 지속적으로 파악해 국내 상황도 감안하여 원자력 발전을 K-택소노미에 포함해야할지 검토하고 있다고 한다. 만약 EU가 원자력을 EU-택소노미에 포함시킨다면 향후 K-택소노미에서도 원자력이 포함될 가능성이 높다.

5.2 교육 정책의 문제점과 미래 발전 전략

국가의 미래 발전을 위해서 가장 중요한 것은 교육이라고 말한다. 맞는 말이다. 초·중·고등학생을 위한 바른 교육은 10~20년 후의 사회의 중요 일군들을 어떻게 양성하는가 하는 문제와 직결되어 있기 때문이다. 따라서 한 나라의 교육 정책은 그 나라의 미래 발전에 가장 중요한 과제라고 볼 수 있다. 현재 우리나라의 교육 정책이 가지고 있는 문제점들과 대처 방안을 고찰하여 보자.

(1) 중고등학생 기초학력 미달자 급증과 대처 방안

'기초학력 미달'에 해당하는 학생 수가 '역대 최대'를 기록한 것으로 나타났다. 문재인 정부 출범 후 기초학력 미달에 해당하는 학생 수가 매년 증가하는 추세라 교육계의 심각한 문제였는데, 여기에 코로나19 사태까지 겹쳐 학력 저하가 역대 최대를 기록하여 국가 미래의 인재 육성에 빨간불이 켜졌다고 볼 수 있다. 이 문제에 대해 박성현 외(2021a)에서 집중적으로 연구하여 연구보고서로 출판한 바도 있다.

교육부는 2021년 6월 2일에 '2020년 국가수준 학업성취도 평가' 시행 결과를 발표했다. 2020년 11월에 전국 중학교 3학년, 고등학교 2학년 학생 77만 1,563명 중에서 약 3%인 2만 1,179명(424개교)을 대상으로, 교육정책을 수립하는 기초자료로 사용하기 위해 시행한 학업성취도 평가 결과를 발표한 것이다. 이 평가는 1986년부터 시작되었고, 초기에는 표집(標集) 평가로 실시하다가 이명박 정부 시절인 2008년부터 전국 모든 중·고등학생을 대상으로 전수조사로 치러졌다. 그러다 문재인 정부 출범 직후(2017년)부터 일부 학생만 뽑아 평가를 실시하는 표집 평가로 다시 바뀌었다. 이 평가조사는 국어, 수학, 영어 과목의 학업성취도를 평가하고 학교생활 행복도 등은 설문조사한다. 그리고 과목의 평가결과는 우수학력(과목의 기본내용을 대부분(80% 이상) 이해한 수준), 보통학력(상당부분(50% 이상) 이해한 수준), 기초학력(부분적으로(20% 이상) 이해한 수준), 기초학력 미달(기초학력에 도달하지 못한(20% 이하) 수준)의 절대 평가로 네 가지로 분류한다.

지난 3년간(2018~2020년) 중3과 고2 학생들의 기초학력 미달 비율(%)을 비교하여 보면 <표 5.5>와 같다. 2018년과 2019년 사이에는 큰 차이가 없었으나, 2019년에 비하여 2020년에는 큰 폭으로 기초학력 미달 비율이 상승하였고, 이 결과는 학업성취도 평가가 시작된 1986년 이후 '역대 최대'의 미달 비율이다. 그간 교육계에선 '코로나19 확산으로 학생 간 학력 격차가 크게 벌어졌을 것'이란 예상이 많았는데, 이런 추측이 사실로 드러난 것이다.

<표 5.5> 지난 3년간 기초학력 미달 비율(%)

학년	중3			고2		
연도	국어	수학	영어	국어	수학	영어
2018년	4.4	11.1	5.3	3.4	10.4	6.2
2019년	4.1	11.8	3.3	4.0	9.0	3.6
2020년	6.4	13.4	7.1	6.8	13.5	8.6

2020년에 특히 수학에서는 중3, 고2 모두 13% 이상의 기초학력 미달 비율을 기록하고, 영어에서는 2019년에 비하여 두 배 이상의 미달 비율을 나타낸 것은 충격적이다. 즉, 수학 과목에서는 중3과 고2에서 8명 중 한 명이 기초학력 미달이고, 이로 인해 중고등학교 수학 교육에서 질 높은 교육을 하기 어려워졌다. 기초학력 미달자가 많으면 이는 악성 바이러스와 같아서 전체 교육의 분위기를 해질 염려가 크고, 교육의 질을 떨어뜨리게 된다. 영어 교육에서 1년 사이에 기초학력 미달자 비율이 2배 이상 증가한 것도 심층 분석이 필요한 특이 사항이다. 국어에서도 50% 이상의 미달 비율 증가를 보이고 있다. 2019년과 2020년을 시각적으로 비교하기 위해 그림으로 표시하여 보면 <그림 5.5>와 같다.

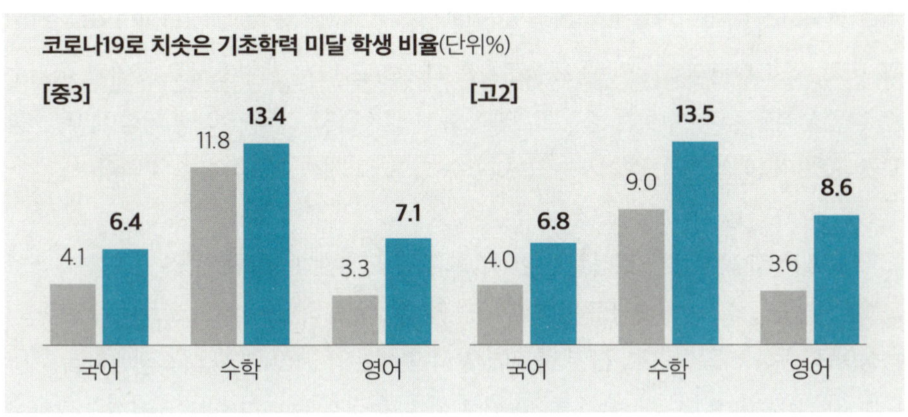

<그림 5.5> 기초학력 미달 학생 사상 최대 증가 (2019년과 2020년 비교)

학교생활 행복도(심리 적응도, 교육환경 만족도) 설문조사에서는 2020년에 59.5%로, 전년(2019년) 대비 중학교는 4.9%p 떨어졌고, 고등학교는 61.2%로 전년대비 3.5%p 떨어져 행복도가 감소하고 있는 것으로 나타났다. 또한 교과기반 정의적 특성(자신감, 가치, 흥미, 학습의욕)에서도 2019년에 비하여 2020년이 악화되고 있는 것으로 나타났다. 종합적으로 평가할 때 기초학력 미달 학생 비율이 증가하고, 학교생활 행복도도 떨어지고 교과기반 정의적 특성도 악화되는 삼중 악화 현상이 나타나고 있으며, 우리 중고등 교육이 총체적인 난국에 빠져 들고 있는 현상을 보여주고 있어 심각한 상황임이 분명하다.

기초학력 미달자 급증을 막고 학력을 증진시키기 위한 방안으로는 다음의 세 가지를 생각할 수 있다. 첫 번째로, 기초학력 평가에서 중요한 문제점으로는, 수년째 기초학력 저하가 심각하게 나타나고 있지만 현재 전체 학생의 3%에 해당하는 '표집 조사'만 하고 있으므로, 전국적으로 기초학력 미달자가 어느 규모인지, 구체적으로 누가 기초학력 미달자인지, 코로나19로 상·하위권, 도시·지방 간 교육 격차가 얼마나 벌어졌는지 제대로 검증하고 대책을 세우기 어렵다는 것이다. 2008년~2016년간에는 전수조사로 기초학력 평가가 이루어졌으나, 2017년부터 아직까지 '표집 조사'만 이루어져 실제로 기초학력 미달자들을 도와주고 싶어도 이들에 관한 구체적인 정보가 없는 상황이다. 따라서 2017년부터 시작된 표집조사를 폐기하고 다시 전수조사로 돌아가 국가수준 '학업성취도 평가'를 모든 중3, 고2에게 실시해야 한다. 그러면 어떤 학생이, 어떤 학교가 기초학력에서 특히 떨어지는가를 알 수 있고, 그 개선책도 마련될 것이다.

두 번째로, 교육부가 코로나로 인한 학습 결손에 대한 해법으로 전면 등교를 추진하고 있다. 전면 등교에 대해서도 완벽한 사전 계획이 필요하다. 아직도 코로나19 전파 가능성이 상존하고 있으므로, 전면 등교에 앞서 학생들의 백신 예방접종, 과밀학급 해소 등이 이루어져야 한다. 2020년 초·중·고교 전체 학급의 8.4%인 1만 9,628개가 학급당 30명이 넘는 과밀 학급으로 알려져 있다. 과밀학급을 해소하려면 정규 교원 확충, 교실 증축 등이 이루어져야 한다.

세 번째로 '자사고·외고·국제고'의 폐지(2025년 시행), '혁신학교' 확대 정책 등에서 나타난 문제인 정부의 '교육 평준화 정책'은 교육 하향평준화를 초래하면서 학력 저하가 발생하고 있다. 특히 일부 교육감들의 '탈(脫)경쟁, 무(無)시험' 교육 정책이 학력을 저하시키고 있다. 예를 들면, 전국에 42개교인 자사고(자립형 사립 고등학교)들은 정부 지원금 없이 독립된 재정과 독립된 교과과정을 운영하는 사립학교로 학생들의 학력이 우수하고, 이 학생들은 학교에서 거의 모든 공부를 하고 사교육을 받지 않는다. 이런 자사고들을 '고교서열화 해소'라는 이유를 내걸고 폐지하겠다는 것은 자율적으로 다양하게 우수인재를 양성하겠다는 사립학교들의 의욕을 꺾고 국가에서 모든 교육을 관장해 고교서열화를 해소하고 획일적으로 교육 하향평준화를 시키겠다는 것과 다름없다. 그 결과는 기초학력 저하로 나타난 것이다.

따라서 수학, 영어 등의 기초학력 저하를 막는 대처 방안은 '자사고·외고·국제고' 폐지 정책을 폐기하고, 차라리 사립학교들에게 더 많은 자사고를 만들도록 유도하는 것이 바람직하다. 자사고들이 경쟁을 통하여 학생들의 기초학력을 증진시키도록 장려하고, 정부는 일반 중고등학교들을 과감하게 지원하여 전체적으로 교육 상향평준화를 시키면 학생들의 기초학력이 증진되고 결국 기초학력 미달 비율도 줄어들 것이다.

(2) 지방대학의 위기

교육부는 대학의 신입생 미충원 규모가 2022년에 8만 명, 2023년 9만 6천 명, 2024년 12만 3천 명으로 급증할 것으로 추산하고 있다. 이미 지방에 있는 사립대들이 심각한 미충원 사태를 맞고 있고, 이로 인한 학교 재정 상태가 악화하고 있다. 형편이 좀 나은 지방의 9개 국립대도 추가 모집을 실시했고 재정 상태도 별로 좋지 않다. '지방명문'으로 불리는 경북대, 부산대, 충남대 등도 미달사태를 피하지 못했다. 학교를 다니며 재입시를 준비하는 반수 학생이나 편입을 통해 수도권으로 빠져나가는 학생도 매년 증가하는 추세다.

지방대의 미충원 사태의 가장 큰 원인은 학생들의 수도권(서울, 경기, 인천) 선호 현상이다. 교육의 질, 졸업 후 일자리 구하기 등이 모두 수도권이 월등하다는 것이다. 20~30대가 선호하는 반도체, 인터넷, 플랫폼 기업, 정보기술(IT) 관련 첨단 기업의 일자리는 수도권에 집중되어 있다. 조선, 철강, 화학 등 지역경제를 이끌어오던 전통 제조업이 2010년대 들어 상대적으로 불황의 늪에 빠지고 일자리가 감소한 것도 이 같은 쏠림 현상의 원인이 되고 있다. 요즘 '인(in) 서울 대학'이라는 말이 유행하는데, 이는 꼭 상위권 대학이 아니더라도 서울 안에 있는 대학만 가면 된다는 학생들의 선호도를 대변하고 있다.

<그림 5.6>에서와 같이 통계청이 2018~2020년 동안 지방 광역시(부산, 대구, 울산, 대전, 광주)를 떠나는 청년 인력(19~39세 기준)을 조사한 바에 따르면, 총 10만 명이 넘어서고, 부산이 가장 심하여 3만 명, 대구와 울산은 2만 명이 넘는다. 지방 광역시를 떠난 청년 인력은 서울로 4만 여명, 경기도로 22만 여명이 몰려드는 현상을 보여주고 있다. 경기도로 순유입이 많은 것은 판교신도시 등에 첨단 청년층의 일자리가 급증한 때문이다.

<그림 5.6> 지방 광역시를 떠나는 청년 인력 (출처: 통계청 발표 2018~2020년 현황)

그러면 지방대학의 위기를 어떻게 타개할 것인가? 세 가지 대처 방안을 강구할 수 있다. 지방대의 위기의 근본 원인은 수십 년 지속되어 온 정부의 안일한 정책 탓이 크다. 학령인구 감소는 2010년부터 꾸준히 지적되어 왔고, 이에 대비해 대학의 수와 입학정원을 조정해야 한다는 주장이 오래 동안 있어 왔다. 그러나 실제로 4년제 대학의 숫자는 2020년 현재 205개교에 달해 상당히 많다. 1996년 정부가 대학 설립 자율화를 내세운 후 무분별하게 설립 허가를 해왔기에 수요 대비 초과공급이 발생한 것이다. 1996년 이후 63개 대학이 설립되고, 18개 대학이 폐교되었다고 한다. 지방대 위기의 첫째 해법은 일부 부실 대학에 대해서는 학교들 간의 합병, 폐교 등을 통하여 대학의 수를 줄이고, 입학 정원을 획기적으로 감축하는 것이다. 지금도 대학진단능력평가가 있어 한계대학 판정을 받은 후 정상화가 힘들다고 판단되면 폐교가 이뤄질 수 있지만, 좀 더 적극적인 폐교 추진이 이루어질 필요가 있다. 이를 위해서는 합병을 당하는 학교나 폐교하는 학교를 위해서 해당 설립자, 학생, 교직원 등이 큰 피해를 보지 않도록 장치를 마련하는 것이 필요하다. 이를 위해서 국회에서는 적절한 가칭 '폐교 정리법'을 마련한 필요가 있다.

두 번째로 지방대 위기 해법으로는 지방에 있는 지방거점 국립대와 일부 사립대에 대하여 재정 지원 확대와 연구 환경 조성 등이 필요하다. 지방대에 신입생을 유치하기 위해서 획기적인 장학금 확충, 지방대 교수들에 연구비 지원 등을 통하여 지방대가 수도권 대학보다 경쟁력이 생기도록 지원하는 방안이다. 우리나라의 고등교육에 대한 국가가 지원하는 정부 부담률은 GDP 대비 0.6%(10조 8천억 원) 수준인데, 이것은 OECD 평균인 1%(19조 2천억 원에 해당)에 많이 부족하다. 우리나라도 고등교육 지원비를 OECD 수준으로 높여, 지방대를 우선 지원해 주는 방안을 심각히 고려해야 한다. 지방대 재정지원 방식도 현재는 사업비의 형식으로 하고 있지만, 이를 대학 운영비로도 쓸 수 있도록 직접 지원하는 방식으로 바꿀 필요가 있다.

세 번째로, 지방에 있는 기업들이 성장하도록 정부에서 지방에 있는 기업들을 정책적으로 지원(세 감면, 규제 완화 등)해 주는 방안이다. 이와 동시에 지방에 있는 기업들이 그 지방의 대학과 긴밀히 연계하여 산학협동을 강화하는 방안이다. 지방 기업들이 성장하고, 지방 도시의 경쟁력이 생기면, 이는 결국 지방에 있는 대학의 경쟁력으로 직결될 것이고, 신입생 유치에도 도움이 될 것이다. 지방에 있는 기업들이 경제적으로 성장하면, 지방대 졸업생들에게 취업의 기회가 확대될 것이고, 지방대학의 선호도에도 도움이 될 것이다. 일본을 보면 도쿄 수도권에 명문대가 밀집되어 있지 않고 전국에 흩어져 있다. 도호쿠대, 교토대, 홋카이도대, 규슈대, 나고야대, 오사카대 등 남쪽부터 북쪽까지 전국 골고루 흩어져 있다. 우리나라도 일본처럼 지방대 생존전략을 배울 필요가 있다.

(3) 추락하는 대학 경쟁력

2021년 11월 2일에 조선일보와 영국의 글로벌 대학평가기관 QS가 공동으로 발표한 '2021 아시아 대학 평가'에서, 이 평가가 시작된 2009년 이래 한국은 최악의 평가를 받았다. 2014년 2위까지 올랐던 카이스트는 14위(작년 12위)로 내려갔고, 같은 기간 서울대는 4위에서 18위(작년 14위)까지 밀려나 두 대학 모두 역대 최하 순위이다. 한국의 대표 대학들의 순위 하락 추세는 2017년부터 두드러지게 나타나고 있다. 국내 최고 순위 고려대도 아시아 13위로 작년보다 2계단 내려앉았고, 대부분의 대학이 순위가 떨어졌다. 이 평가에서 높은 순위의 대학들은 싱가포르국립대(1위), 베이징대(2위), 난양공대와 홍콩대(공동 3위), 칭화대(5위) 등으로, 이는 싱가포르, 중국, 홍콩 등이 대표 대학에 엄청난 투자를 하고 있기 때문이다.

국가경쟁력의 핵심인 고등교육 경쟁력의 하락은 우리나라를 대학교육에서 '아시아 2류' 국가로 떨어뜨릴 가능성이 있다. 이 평가는 11개 지표로 구성되어 있는데, 주요 지표로는 학계평가(30%), 졸업생 평판도(20%), 교원당 학생 수(10%), 논문당 피인용 수(10%), 국제연구 협력(10%), 박사 학위 교원 비율(5%), 교원당 논문 수(5%), 외국인 교원 비율(2.5%) 등이다. 그러면 평가결과를 볼 때 우리 대학들은 주로 어떤 평가에서 순위 하락을 초래하고 있는가? 우선 연구의 양과 질이 동시에 악화되고 있다. 예컨대 논문의 양을 나타내는 '교원당 논문 수'에서 카이스트는 작년 10위에서 18위로 하락하고, 교수들이 얼마나 경쟁력 있는 연구를 했는지 나타내는 '논문 피인용 수' 지표에서 서울대는 작년 48위에서 올해 63위로 하락했다. 다른 대학들도 유사한 결과를 보여주고 있다. 또한 '교원당 학생 수', '박사 학위 교원 비율', '국제연구 협력' 등의 평가에서도 모든 대학이 하락하는 추세를 보여주고 있다.

그러면 왜 이렇게 대학교육 경쟁력이 하락하고 있는가? 교육계의 의견은 13년째 대학 등록금이 동결되고, 입학금도 폐지되는 등으로 대학 재정이 갈수록 악화되면서 교원들 빈자리를 강사로 채우는 대학들이 늘고 있어 '교원당 학생 수' 지표가 나빠지고 있는 것이 주요 원인이다. 또한 교원들에 대한 처우도 나빠지면서 기업과의 임금격차가 날로 확대되고 있고, 이는 연구 의욕 저하로 나타나면서 '교원당 논문 수'도 떨어지고 있다. 여기에 학령인구 감소로 신입생 정원을 채우지 못하는 사립대(전국 대학의 85% 차지)가 속출하고 있지만, 정부는 아무런 유효한 대책도 내놓지 못하고 있다. 부실 대학을 걸러낸다는 명목으로 '대학 기본 역량 진단'을 실시하지만 각 대학의 정시/수시 모집 비율, 등록금 인상 정도, 시간강사 비율 등을 평가해 대학의 자율권을 훼손할 뿐 부실대학을 퇴출시키는 통로 마련에는 실패하고 있다. 여기에 더해 대학에 자율권이 없으니 대학이 현실에 안주하여 정부의 지원만 바라고만 있으니 경쟁력이 약화되고 있는 것이다.

그러면 어떻게 고등교육 경쟁력을 높여나갈 수 있을까? 첫째로, 13년째 동결되어 있는 대학 등록금 인상을 허용해야 한다. 현재 법적으로 소비자 물가상승률의 1.5배까지는 인상할 수 있다. 그러나 교육부의 평가와 지원금 삭감 등이 무서워 대학들이 전혀 등록금을 인상하지 못하고 있다. 등록금을 어느 정도 자유롭게 올리게 하되 가난한 학생들을 지원해주는 장학금을 확충하도록 하는 것이 좋다. 교원 확충을 유도하고 처우도 개선해 주어야 한다.

두 번째로, 대학의 연구개발(R&D)비를 확대하여 연구 능력을 제고해야 한다. 우리나라 전체 연구개발비는 한 해 약 100조원에 이르는데, 이 중 대학이 수행하는 비율은 8.3%에 불과하고, 이 비율은 계속 하락하고 있는 추세이다. 미국과 일본은 이 비율이 13%에 이르고 유럽 선진국의 대부분 국가들은 20% 내외이다.

세 번째로, 대학에서도 스스로 혁신생태계를 조성해 나가야 한다. 전 세계가 데이터·인공지능 경제시대를 맞아 교육혁신을 부르짖고 있는데, 아직 우리 대학들은 학과별 칸막이를 허물지 못하고 있고, 문·이과 구분을 넘어서는 융합형 인재 교육 프로그램 개발에 나서지도 못하고 있다. 대학 스스로 혁신의 노력도 부족하다는 것이 현실이다.

(4) 사라져가는 '계층 이동 사다리'

누구든지 성실하게 최선을 다해 노력하면 '꿈'을 이루고 잘 살 수 있다는 희망을 주는 사회는 건전한 사회이고 역동적인 사회이다. 특히 젊은이들에게 이런 희망을 주는 것은 매우 중요하다. 그러나 우리 사회는 최근 이러한 역동성이 사라져가는 것이 아닌가 염려된다. 2021년 11월 17일에 통계청이 발표한 '2021 사회조사' 결과에 따르면, 19세 이상 인구 중 우리 사회에서 노력한다면 본인 세대에서 개인의 사회·경제적 지위가 높아져 계층이동 가능성이 있다고 생각하는 사람은 10년 전(2011년)에는 32.2%였으나, 2019년에는 22.7%까지 떨어지고, 2021년에 조금 올라 25.2%를 기록했다. 계층이동 가능성이 낮다고 보는 사람은 60.6%, 모르겠다는 사람은 14.2%를 기록했다. 21년에 19년보다 소폭 반등한 것은 아마도 코로나로 인해 피해를 본 계층도 많겠지만, 가상화폐, 비대면 등의 변화로 신규 사업 분야에서 기회가 생기고 있다고 보는 인식변화가 반영된 것으로 보인다. 그러나 전반적으로 지난 10년 간 계층이동 가능성이 하향 추세를 그리고 있는 것은 분명하다. '사라져 가는 계층 이동 사다리'에 대해서는 문화일보 오피

니언(박성현(2021b))에서도 지적한 바 있다.

대략 우리 국민 성인 10명 중 최소 6명이 아무리 노력해도 이른바 흙수저에서 금수저로 계층 이동이 어렵다고 비관적 전망을 하고 있다. 현재 본인의 사회 및 경제적 지위를 높다고 보는 사람(상층)일수록 계층이동 가능성을 높다고 보고(55.9%), 중간 사람(중층)은 보통(30.6%), 그렇지 않은 사람(하층)은 계층이동 가능성이 매우 적다고 보고(14.9%) 있어 안타까운 현실이다. 우리 국민의 40% 정도가 스스로를 '하층'으로 분류하고 있어, 상당히 많은 인구가 계층이동 가능성이 없다고 생각하면서 살아가고 있는 것이 현실이다. 통계청의 사회조사는 2년마다 이루어지는데, 전국 약 19,000 표본 가구 내 상주하는 만 13세 이상 가구원 36,000여 명을 대상으로 하고, '2021 사회조사'는 2021년 5월 12일부터 27일 사이에 시행되었다. 표본 가구도 크고 통계조사 전문가들에 의해 행해지므로 상당히 신빙성 있는 통계 자료이다.

통계가 보여주고 있는 바와 같이 우리 사회가 '금수저는 대를 이어 금수저이고, 흙수저는 대를 이어 흙수저'인 경직된 사회로 가고 있다. 이로 인해 사회적 약자들의 비관적 삶이 굳어지면 '희망 잃은 계층'이 증가하게 되고, 따라서 진정한 '사회통합'이 난관에 부딪치게 된다. 부모능력에 따라 자녀 운명이 결정되는 일종의 '세습사회'가 등장하면, 능력에 따른 자유로운 '계층이동 사다리'가 없어지게 된다. 이는 능력 있는 인재 활용에 어려움이 생기면서 사회가 정체되고 퇴보하기 시작하는 것이다. 또한 자녀의 교육 기회가 부모의 경제력에 따라 결정되면 균등하고 공정한 기회를 강조하는 자유민주주의의 가치마저 훼손될 수 있다.

그러면 붕괴되어가는 '계층 이동 사다리'를 어떻게 복원시킬 수 있을까? 우선 가장 중요한 대처 방안은 부모의 경제력에 관계없이 균등한 교육기회를 모든 청소년들에게 주는 것이다. 그 유일한 방안은 공교육을 강화하여 소위 '하층 가구'의 우수한 자녀가 사교육을 받지 않아도 양질의 교육을 받고, 좋은 직업을 구할 수 있도록 사회 구조가 바뀌어야 한다. 소위 '개천에서 용 나는' 기회가 우리 주위에서 흔히 발견될 수 있어야 한다. 교육부와 통계청에서 공동으로 실시한 '2020년 초중고 사교육비 조사'에 의하면 2020년 초중고 학생의 사교육 참여율은 66.5%이나 고소득층과 저소득층 간에 큰 차이가 난다. 가구 소득이 800만 원 이상인 가구는 사교육 참여율이 80.1%이나, 200만 원 이하인 가구는 39.5%에 지나지 않는다. 또한 사교육비도 고소득층은 월평균 50.4만 원을 쓰나 저소득층은 월평균 9.9만 원 밖에 쓰지 못하고 있다. 우리 사회에서 초중고의 공교육이 부실화되고 사교육이 극성을 부리면서 소득격차에 따라 학생들의 지식 습득에 차이가 나고, 이는 '계층 이동 사다리'를 붕괴시키는 역할을 하고 있다.

두 번째 대처 방안은 초중고 교육의 다양성과 자율성을 확대하여 전국 방방곡곡에서 우수 인재가 키워지게 하는 것이다. 오래 전에는 각 지역에 소위 '명문 고등학교'들이 있어서 '개천에서 용'을 키우는 사례들이 많았었다. 그러나 '고교 서열화 방지', '교육 평준화' 등을 중시하는 교육정책으로 인하여 교육의 다양성과 자율성이 축소되면서 획일화된 교육이 만연하게 되고, 결국 공교육이 붕괴되는 단초를 제공했다. 예를 들면, 교육부는 2019년에 '고교서열화 해소 방안'을 발표하면서 2025년부터 자사고(42개교), 외고(30개교), 국제고(7개교)를 모두 일반고로 전환하겠다고 발표했다. 이들 학교의 학생들은 사교육도 별로 받지 않고 학교의 양질의 교육만으로 지식역량이 높아지는 수월성 교육을 대표한다. 이들 학교에는 지역의 저소득층 학생들도 포함되어 있어 학생들의 계층 이동 가능성이 높다. 이들 학교의 강제 전환은 자율적인 수월성 교육을 폐지하는 것이며, 교육 하향 평준화를 초래하고, 사교육 시장으로 학생들을 내몰고 있다고 볼 수 있다. 또한 올해 8월에 국회를 통과한 '사립학교법 개정안'도 사립학교 교육의 자율성을 해치고 있다. 이 법은 사립학교의 교사채용권, 교과서 선택권, 사립학교 운영권 등의 자율권을 상당 부분 해당 지역의 교육청으로 이관하는 것으로 되어 있다. 이 개정안으로 초중고 사립학교들의 특색과 자율성이 없어져 교육의 질이 떨어질 것이 확실하고, '계층 이동'에 도리어 역효과를 나타낼 것이다.

세 번째 대처 방안은 계층 간 최상위권 대학 진학의 격차를 완화하기 위해서 2005년에 처음으로 도입된 '지역균형선발제도'를 확대하는 것이다. 이 제도는 교육 여건이 상대적으로 낙후된 지역(농어촌 지역이나 도서·벽지 지역)의 학생들에게 더 많은 입학 기회를 부여하는 제도인데, 현재는 각 고등학교별로 추천 인원을 2명으로 제한하고 있다. 이와 유사한 방식으로 영국의 '배경 고려 선발제도'를 부분적으로 도입할 수도 있다. 이 제도는 사회경제적 환경정보를 반영해 계층 간 평등한 입학 기회를 보장하거나 취약환경을 우대하는 제도로 아직 우리나라에는 도입되지 않은 제도이다. 이 제도들은 '계층이동'에 도움이 될 것이다.

(5) 코로나로 인한 교육 불평등 심화

코로나 사태는 우리 사회에 무수한 변화를 주고 있고, 우리의 삶의 방식에도 큰 영향을 주고 있다. 정치, 경제, 사회, 문화, 과학기술 등의 모든 분야가 영향을 받으며, 특히 교육 분야는 매우 심각하다. 지난 2년 이상 초중고는 물론 대부분의 대학 교육이 원격(화상)으로 이루어졌다. 학생들은 집에서 텔레비전이나 태블릿 PC 화면을 바라보면서 수업을 하고 있다. 실로 지난 2년은 소위 '한 번도 경험해 보지 못한 한 해'가 되었다. 더 큰 문제는 앞으로도 정상으로 돌아온다는 보장이 없는 것이다. 실로 우리는 원격교육 시대에 돌입해 있고, 이 시점에서 원격교육이 초중고 교육에 주는 영향을 조사해 보는 것은 매우 중요한 일이다.

원격교육이 주는 큰 영향의 한 단면을 볼 수 있는 큰 규모의 설문조사가 있다. 2020년 7월 15일부터 27일까지 경기도교육연구원이 경기도 내 초중고 800개 학교의 학생·학부모·교사(학생 2만 1,064명, 학부모 3만 1,042명, 교사 3,860명, 총 5만 5,966명)가 조사에 참여한 큰 규모의 설문조사가 행하였다. 학생들의 생활을 중심으로 중요하다고 생각되는 12가지 항목에 대하여 질문한 것이다.

우선 코로나로 인하여 생활습관에 큰 변화('줄었다' 혹은 '늘었다'로 답한 사람)가 있음이 확인되었다. 생활시간에서 코로나 사태 이전보다 이후에 상대적으로 늘었다고 답한 문항으로 '학습목적' 미디어(TV, PC, 스마트폰 등) 사용, '학습 외 목적' 미디어 사용(오락, 게임 등), '사교육시간', '그냥 있는 시간' 등이다. 이와 반면에 상대적으로 생활시간이 줄었다고 답한 문항은 '운동/산책 시간', '밖에서 친구 만나는 시간', '문화놀이 공간 방문시간' 등이다. 원격교육이 실시되었으므로 미디어 사용 시간이 늘은 것은 당연하나, 학습 외 목적으로 놀기 위해서도 미디어 사용 시간이 늘었다고 답한 학생이 전체의 46.7%로 거의 절반에 달하고 있다. 사교육 시간이 늘었다고 답한 학생도 27.1%를 차지하여 높은 비율이다. 특히 놀라운 변화는 아무 것도 하지 않고 그냥 있는 시간이 늘었다고 답한 학생이 31.2%로 거의 3명 중 1명이 낭비하는 시간이 늘었다고 답했다.

상대적으로 생활시간이 줄었다고 답한 문항에서 운동/산책 시간이 줄었다고 답한 비율이 35.6%로 높고, 밖에서 친구 만나는 시간이 줄었다고 답한 학생이 59.8%로 매우 높았다. 또한 문화 놀이 공간 방문시간이 줄었다고 답한 학생은 71.8%로 문화생활을 거의 못하고 있음이 밝혀졌다. 전체적으로 평가할 때 코로나로 인하여 학생들의 삶의 질이 떨어졌고, 학업 부담은 늘고 학생들의 사회성 발달 기회도 차단됐다고 볼 수 있다.

공교육의 하향평준화와 맞물려 가정의 재정 형편상 사교육을 받을 수 있는 학생들과 그렇지 못한 학생들 간의 교육 불평등은 이미 심화되어가고 있었다. 그런데 코로나로 인한 원격교육은 교육 불평등을 더욱 심화시키고 있다. 경기도교육연구원의 조사에서 보면, 코로나로 인하여 사교육 시간이 줄었다고 답한 학생은 12.4%이나, 늘었다고 답한 학생은 27.1%로, 그 차이가 14.7%로 전반적으로 사교육이 심화되어가는 추세이다.

원격수업의 질은 학교에 따라서도 차이가 난다. 일부 사립학교에서는 성능이 좋은 컴퓨터로 이미 구축된 최신 기술을 활용한 실시간 수업을 진행했고, 학생들의 만족도도 높았다. 그러나 고가의 장비를 구축할 예산이 없는 대다수 공립학교에서는 단순히 수업 자료와 음성만 들어간 동영상을 재생하거나 EBS 또는 유튜브 자료를 보여줌으로써 학생들의 불만을 사기도 한다. 경제적 여유와 디지털 역량을 갖춘 가정이나 학교와, 그렇지 못한 가정이나 학교 사이에 교육 불평등이 더욱 심화될 것으로 예상된다.

코로나로 인한 교육 불평등 심화는 박성현(2020)에서 지적한 바와 같이 심각한 국가적 재난이라고 하겠다. 그러면 어떻게 이러한 교육 불평등을 완화하거나 해소할 수 있을까? 첫 번째로 중요한 것은 근본적으로 사교육을 줄이는 국가적인 대책이 필요하다. 그 방법은 공교육의 역량을 강화해서 사교육 시장으로 갈 필요가 적도록 하는 것이다. 사교육으로 몰리는 교육 수요를 공교육에서 어느 정도 흡수할 수 있도록 정책을 펴는 것이다.

두 번째로, 원격교육의 품질을 높이면서 교육 격차를 줄이기 위해 공공 디지털 인프라 구축을 서둘러야 한다. 초중고 내에 기본적인 디지털 인프라를 구축하여 원격교육의 질을 보장해야 한다. 또한 가정경제 사정이 안 좋은 학생을 대상으로 가정 내 디지털 기기 보급도 지원이 이루어져야 한다. 가난한 가정에게는 종래 사회안전망과 복지 차원에서 현금과 현물 중심으로 지원이 이뤄졌으나, 이제는 컴퓨터 장비, 와이파이 등과 같은 디지털 인프라도 사회안전망 차원에서 지원해야 한다. 특별히 특수교육 대상자와 같은 취약계층에게도 일반 학생들과 동등한 교육을 제공할 수 있도록 세심한 맞춤 정책을 시행해야 한다. 단순히 인프라를 제공하는 정도를 넘어 지도사를 파견하는 등의 지원 대책을 강구해야 할 것이다.

마지막으로 원격교육을 하는 교사나 교수들의 강의의 질을 높여나가는 방법을 강구해야 하고, 또한 원격교육 기술 발전을 위해 부단한 노력이 경주되어야 할 것이다. 어쩌면 앞으로 상당 기간 코로나와 같이 사는 '위드코로나(With Corona)' 시대를 우리는 감내해야 될지도 모른다. 이런 때에 우리는 원격교육의 질을 높이면서 교육 불평등이 최소화되도록 해야 할 것이다.

(6) 4차 산업혁명 시대에 대비한 정보 교육의 부실

우리나라의 정보교육은 1970년 정부에서 발표한 '전자계산기 교육계획' 등을 통해 직업교육 관점에서 시작됐다. 이후 '정보화 시대'로 접어들며 정보통신기술(ICT)을 잘 다루고 이해하는 능력이 요구됐다. 이에 정부가 6차 교육과정(1992~1997)을 통해 중학교에 '컴퓨터'를 선택과목으로 편성하였고, 7차 교육과정(1998~)에서 고등학교에

'정보사회와 컴퓨터'를 선택과목으로 편성하면서 본격적인 보편 교육이 시작됐다. 7차 교육과정은 대한민국 교육부가 발족한 이래 일곱 번째로 개정된 교육과정으로, 이후로는 8차 교육과정을 따라 만들지 않고 수시 개정을 통해 교육과정을 개정하기로 하였다. 2000년에는 정부에서 'ICT 교육 운영지침'을 개발해 각급 학교에서 ICT 활용교육(ICT를 도구로 활용해 각 교과 수업을 진행)과 ICT 소양교육(ICT 도구를 이해하는 교육)을 필수로 운영하도록 권고했다.

ICT 교육 운영지침은 2000년대 초에 정보 교육 활성화에 기여했지만, ICT에 대한 이해가 아니라 활용 능력에만 초점을 맞추고 있다는 한계를 드러냈다. 이후 2008년 11월 교육부는 '학교규제 지침 일괄정비 계획'을 통해 'ICT 교육 운영지침'을 2008년 12월에 공식 폐기한 바 있다.

교육과정은 수시 개정 체제를 갖추며 2007년 개정, 2009년 개정, 2015년 개정을 거쳐왔다. 정보 교육과정은 2007년 개정을 통해 그동안 중고등학교에서 다르게 운영하던 과목명을 '정보'로 통일하고, 컴퓨터과학에 기반을 갖춘 연계성 있는 교육과정으로 구성했다. 2009년 개정에서는 '컴퓨팅 사고력' 개념이 정보교육과정에 본격적으로 도입되었으나, 'ICT 교육 운영지침'이 폐기되면서 정보 교과 과목을 아예 개설하지 않는 학교가 늘어나게 되었고, 사실상 '정보' 교육은 퇴보하게 되었다.

2015년 개정 교육과정을 통해 초등학교는 실과 교과에서 6년간 총 17시간, 중학교는 정보 교과에서 3년간 총 34시간 소프트웨어 교육이 필수로 이뤄질 수 있도록 했다. 고등학교에서는 필수로 지정되지 않고, 선택과목으로 되어 있다. 이는 초등학교 전체 수업시간의 약 0.28%, 중학교 전체 수업시간의 약 1%로 정도에 지나지 않는다. 중학교에서 정보교육 34시간은 중학생 6개 학기 중 2개 학기 동안 매주 1시간씩 수업을 듣는 것이 전부라는 뜻이다. 초등학교에서 17시간과 중학교에서 34시간을 합치면 초중학교에서 총 51시간 정보교육을 받는데, 이는 사실상 턱없이 적은 시간이다. 미국을 비롯한 선진국들은 초중학교에서 200~400시간 정도의 정보교육을 받는다.

정부는 과학·수학·정보 교육을 진흥하기 위하여 「과학·수학·정보 교육 진흥법」을 교육부(2017) 주관으로 제정(2017년 10월 24일 전부개정, 2018년 4월 25일 시행)하여, 산업 환경 변화에 대비하는 미래 인재 양성을 촉진하고자 하고 있다. 이 법에 의하면 국가와 지방자치단체는 과학·수학·정보 교육에 관한 종합계획을 수립하도록 의무화하고, 교육부 장관 소속으로 과학·수학·정보 교육융합위원회를 두도록 하고 있다. 그러나 이런 법규에도 불구하고 과학·수학·정보 교육이 바람직한 수준에 도달했다고 볼 수 없는 것이 현실이다.

교육부는 '2022 교육과정 개정'을 마련 중에 있다. 2022년에 총론을 고시하고, 2025년 초등학교 1학년부터 단계적으로 시행할 예정이다. 이 개정에는 4차 산업혁명 시대 변화를 주도할 과학기술 인재를 양성할 수 있도록 준비되어야 한다. 지금은 지능정보기술 중심의 글로벌 경쟁 심화 등 디지털 대전환의 시대를 맞아 과학기술 소양과 글로벌 경쟁력을 갖춘 인재를 양성하기 위해 수학·과학을 물론 정보 교육이 대폭 강화되어야 한다. 필자의 생각으로는 정보 교육 시간이 대폭 늘어나서 초등학교에서는 전체 수업시간의 1% 이상, 중학교에서는 5% 이상이 되어야 하고, 고등학교에서도 모든 학생에게 필수과목으로 정보교육이 지정되어야 하다.

'2015 개정 교육과정'을 보면 고등학교 교과 내 수학·과학 필수 이수 학점 비율이 23%(94단위 중 22학점)에 불과하다. 수학·과학 교육이 4차 산업혁명 시대의 기초 소양인 만큼 이 교육 시간도 더 늘려야 한다. 2021년 수능부터 과학 과목을 이수하지 않고도 이공계 대학 진학이 가능하게 변했는데, 이는 이공계 교육이 부실화되는 단초를 제공할 수 있다. 수학·과학 교육이 고등학교에서 강화되어야 한다. 과학기술단체총연합회(2021)에서도 '2022년 교육과정 개정'에서 수학·과학·정보 교육이 대폭 강화되어야 한다는 입장을 성명서로 발표한 바도 있다.

5.3 한국인의 삶의 질, 어느 정도인가?

(1) '삶의 질', 왜 중요한가?

'삶의 질(quality of life)'이란 '객관적인 생활조건과 이에 대한 인지 및 평가(통계청)'로 정의하기도 하고, '한 사회의 시민들, 혹은 한 나라의 국민이 얼마나 인간다운 삶을 영위하고 있는가를 나타내는 지표(과학기술정보통신부)'로 정의하기도 한다. 삶의 질은 국민이 얼마나 물질적으로 풍요롭고 정신적으로 행복한 삶을 영위하고 있는가를 경제·사회·문화·환경·교육·과학기술 등의 다양한 측면에서 포괄적으로 척도화한 지표라고 볼 수 있다.

삶의 질이 중요한 이슈로 등장한 것은 과거에 생존과 안전, 물질적인 풍요에 초점을 맞추던 생활방식에서 벗어나, 정신적으로 행복하고 만족스러운 인간다운 삶을 강조하는 추세가 강해지면서 부터이다. 우리나라는 소위 '한강의 기적'으로 달성한 놀라운 경제성장에 비해 삶의 질이 상대적으로 미진하다는 인식이 지배적이다. 2018년 우리나라 1인당 국민소득(GNI)이 3만 1,349달러(약 3,449만원)를 기록하여, 2006년 2만 달러 벽을 돌파한지 처음으로 12년 만에 3만 달러를 넘어 섰다. 6·25전쟁 마지막 해인 1953년 1인당 국민소득은 67달러에 불과했다. 1960년대와 70년대에 산업화에 성공하면서 1977년에 1,000달러를 돌파하고, 1994년에 1만 달러, 그리고 12년 만인 2006년에 2만 달러를 넘어섰다. 인구 5000만 명 이상이면서 국민소득이 3만 달러를 넘는 나라(30-50 클럽)로 일곱 번째로 한국이 가입한 것이다. 이 클럽에는 미국, 프랑스, 영국, 독일, 일본, 이탈리아, 한국 등 7개 국 만이 들어 있다. 참으로 자랑스러운 일이다. 외형상 명실상부한 선진국 반열에 올라선 것이다.

그러나 한국 사회는 산업화와 민주화의 놀라운 진전에도 불구하고, 새로운 많은 사회문제에 봉착하고 있다. 낮은 출산률, 급속한 고령화, 높은 자살률, 이념적인 사회적 갈등, 빈부 격차의 심화 등 해결해야할 과제가 많으며, 이에 따라 삶의 질도 높지 않다. 경제협력개발기구(OECD)는 2011년부터 회원국의 삶의 질의 수준과 그 개선 필요 분야를 진단하기 위하여 '더 나은 삶의 운동 (Better Life Initiative)'을 펴기 시작하면서 이를 측정하기 위한 '더 나은 삶의 지표(BLI; Better Life Index)'를 개발하여 사용하고 있으며, 이 지표에 의하면 <표 5.6>에서 보는 바와 같이 한국은 2020년에 발표된 OECD의 BLI 지수에 의하면, 40개 조사 대상국(38개 OECD 회원국과 러시와 브라질 포함) 중에서 30위로 나쁜 수준이다. 2012년에는 24위였으나 2018년에 30위로 더욱 나빠진 것은 우리나라의 삶의 질이 악화되고 있다는 증거이다.

<표 5.6> OECD의 '더 나은 삶의 지표 (BLI)' 평가에서 한국의 순위

연도	2018	2017	2016	2015	2014	2013	2012	2011
한국 순위	30	29	28	27	25	27	24	26
조사대상국 수	40개국		38개국					36개국

이제 우리나라는 1인당 국민소득에 3만 불이 넘었으므로, 4만 불, 5만 불로 향하는 노력도 중요하지만, 국민의 삶의 질을 개선하여 OECD의 BLI 평가에서 상위권으로 도약하는 것이 필요하며, 일곱 번째로 30-50 클럽에 가입한 만큼 삶의 질에서도 7위권으로 도약하는 것이 중요하다. 삶의 질 개선은 국민소득의 증가만으로 오는 것은 아니다. 삶의 질은 물질적인 풍요로움과 정신적 행복을 함께 추구하는 삶에서 오며, 그러기 위해서는 개인의 '다양성의 존중'을 중요한 가치 기준으로 보는 경향이 국제적으로도 확산되고 있다. 개인의 건강과 여가의 다양한 활용 또한 삶의 질을 중시하는 사회가 필수적으로 가져야할 덕목이며, 또한 환경과 에너지 측면에서 깨끗하고 청정한 사회, 범죄와 재난의 위험으로부터 안전한 사회가 삶의 질을 담보하는 중요한 기준이 된다는 데는 이견이 없다.

(2) '더 나은 삶의 지표(BLI; Better Life Index)' 평가 결과, 40개국 중 30위

국제적으로 삶의 질을 측정하는 방법은 다양하나 가장 공신력이 있는 측정은 OECD가 주관하는 '더 나은 삶의 지표(BLI)'이다. BLI는 <표 5.7>과 같이 11개 영역 24개 지표로 구성되어 있으며, 처음 3개는 물질적 부문을 평가하는 주거, 소득, 직업에 관한 영역이고, 그 다음 8개는 비물질적 부문으로 공동체, 교육, 환경, 시민 참여 등의 영역이다.

<표 5.7> 2018년 BLI 평가 결과: 조사대상국 40개국 중 한국 순위와 지표값

분류	영역 (topics)	한국의 순위	지표 (indicators)(한국, OECD 평균)	한국의 순위
물질적 부문	주거	5	주거 관련 지출 (15%, 20%)	1
			기본시설이 있는 가구 (97.5%, 95.6%)	26
			개인당 방수 (1.5개, 1.8개)	23
	소득	22	가계금융자산 ($285,980, $408,376)	14
			가계 순가처분 소득 ($21,882, $33,604)	23
	직업	17	직업안정성 (2.6, 7%)	5
			개인소득 ($35,191, $43,241)	22
			고용률 (67%, 68%)	27
			장기 실업률 (0%, 1.8%)	1
비물질적 부문	공동체	40	지원관계망의 질 (78%, 89%)	40
	교육	11	기대교육기간 (17.3년, 17.2년)	25
			학생들의 역량 (519점, 486점)	5
			교육 성취 (87.6%, 78%)	13
	환경	40	수질 (76%, 81%)	29
			대기 오염 (27.9ug, 13.9ug)	40
	시민 참여	2	규칙 제정에의 참여 (2.9 index, 2.4 index)	6
			투표 참여율 (77%, 68%)	13
	건강	36	자기보고 건강상태 (32.5%, 69%)	40
			기대수명 (82.4세, 80세)	10
	삶의 만족	33	삶에 대한 만족도 (5.9점, 6.5점)	33
	안전	24	살인율 (1.0명, 3.7명)	22
			야간보행안전도 (67%, 68%)	25
	일과 삶 균형	37	여가와 개인적 돌봄 시간 (14.7시간, 15시간)	27
			장시간 근로자 (25.2%, 11%)	37

한국은 영역별로 보면 조사대상국 40개국 중 중간 이상인 20위 안에 들어가는 영역으로는 4개 영역으로 상위 순으로는 시민 참여(2위), 주거(5위), 교육(11위), 직업(17위)뿐이고, 30위 이하인 영역도 5개로 하위 순으로 공동체(40위), 환경(40위), 일과 삶의 균형(37위), 건강(36위)과 삶의 만족(33위)이다. 종합적으로는 40개국 중 30위로 세계 경제력 10위권 국가로는 어울리지 않는다. 삶의 질 개선을 위하여 평가가 나쁜 영역들을 구체적으로 살펴보자.

1) 공동체 (40위)

공동체는 지원관계망의 질로, 어려움에 처했을 때 도움을 요청할 수 있는 친척, 친구 또는 이웃이 있다고 응답한 사람의 비율이며, 이 비율이 78%로 최하위이다. OECD 평균 비율은 89%로 높다. 한국인은 100명 중 22명은 어려움에 처했을 때 도움을 요청할 수 있는 친척, 친구 혹은 이웃이 없다는 의미이며, 지원관계망의 질이 최악이다.

2) 환경 (40위)

환경 영역의 지표로는 수질(29위)과 대기 오염(40위)이 있으며, 우리나라는 살고 있는 지역의 수질에 대해 만족한다는 응답자 비율이 76%로, OECD 평균 81%에 못 미치고 있다. 대기 오염을 평가하는 미세먼지는 큐빅 미터(m3) 당 27.9 마이크로그램(ug)로, OECD 평균 13.9 ug/m3 보다 많이 높아서 최하위이다.

3) 일과 삶의 균형 (37위)

일과 삶의 균형을 평가하는 지표는 두 가지로, 하나는 '여가와 개인적 돌봄 시간 (27위)'이다. 이는 통상적인 날에 여가 및 개인적인 돌봄(수면 및 식사 시간 포함) 시간을 말하는 것으로 우리나라는 14.7 시간이고, OECD 평균 15시간보다 조금 적다. 다른 하나는 '장시간 근로자 (37위)' 지표로, 주 50시간 이상 근무한 임금 근로자의 비중(자영업자 제외)이다. 우리나라는 25.2%로, OECD 평균 11%보다 매우 높아서 37위로 거의 최하위이다. 일과 삶의 균형이 잘 안 잡혀 있다는 의미이다.

4) 건강 (36위)

건강의 지표로는 자기보고 건강상태(self-reported health)로, 우리나라는 32.5%만 이 자기의 건강상태가 양호하다고 답해 최하위이다. OECD 평균 69%보다 매우 작은 비율이다. 이 지표는 각 나라의 문화적인 배경과도 연관되어 있어 객관적 비교는 어렵다. 한국 사람들은 자기의 건강상태가 조금만 안 좋아도 양호하다고 답변하지 않는 성향이 있는 것으로 보인다. 다른 지표는 기대수명으로 한국은 82.4세로, OECD 평균 80세보다는 길어 10위를 차지하고 있다. 기대수명은 양호하나, 자기보고 건강상태가 최하위로 떨어져 전체적으로 건강이란 영역에서 나쁜 평가가 나온 것이다.

5) 삶의 만족 (33위)

삶의 만족도를 묻는 질문(점수로 0~10점 사이에 답함. 0점은 최악의 만족도, 10점은 최상의 만족도)에 한국인들은 평균 점수가 5.9점으로, OECD 평균 점수 6.5점보다 나빠 33위를 기록하고 있다. 이 질문도 주관적인 질문이므로 문화적인 배경과 관련성이 있다고 볼 수 있다.

(3) 국내 삶의 질 측정, '국민 삶의 질' 지표

국민의 삶의 질을 조사하여 통계를 작성하는 것도 통계의 업무영역이므로, 우리나라에서는 통계청이 '국민 삶의 질(Korean Quality of Life)' 지표를 개발하여 2014년부터 측정을 실시하고 있다. 이 지표는 우리 국민의 삶의 질 측정을 위해 <표 5.8>과 같이 11개 영역, 71종의 지표를 사용하고 있으며, 통계청 홈페이지 (http://qol.kostat.go.kr)에 자세히 설명되어 있다. 11개 영역은 물질 부문 3개 (19개 지표), 비물질 부문 8개 (52개 지표)로 나누어진다. 최근(2021년 3월 11일)에 '국민 삶의 질 2020'이 발표되었으며, 2020년까지 연도별 국민이 삶의 질 변화를 보여주고 있다.

OECD BLI는 국가 간 비교를 목적으로 작성된 복합지표(composite indicators)로, 국제비교가 가능한 11개 영역, 24개 지표로 제한된 핵심지표 위주로 구성되어 있다. 그러나 '국민 삶의 질' 종합지수는 한국의 특수성을 반영해, 국민생활의 영역별 시계열 추이를 세부적으로 모니터링하는 목적으로 구성된 것으로 많은 지표들을 활용하여 만든 종합지수(composite index)이다. 여기서 지표(indicators)와 지수(index)는 차이가 있다. 지표는 개별지표에 대한 단순한 수치만을 제공하고, BLI는 이들 지표들에 대한 국가 간 비교를 한다. 그러나 지수는 개별 지표값에 가중치를 부여하여 종합지수를 작성하고, 영역별로 혹은 전체에 대한 시계열 변화를 보고, 삶의 질에 대한 개선 여부를 고찰 하고자 하는 것이다.

<표 5.8> '국민의 삶' 측정 지표와 개선 여부

영역		주요 지표 (개선여부 방향)	
물질적 부분	고용·임금	• 고용률 • 저임금 근로자 비율	• 실업률
	소득·소비·자산	• 1인당 국민총소득 • 소비생활 만족도	• 가구중위소득 • 가계부채비율
	주거	• 자가점유가구 비율	• 주택임대료 비율
비물질적 부분	건강	• 기대수명 • 자살률	• 건강수명
	주관적 웰빙	• 삶의 만족도	
	시민참여	• 선거투표율	• 부패인식지수
	안전	• 가해에 의한 사망률	• 야간보행안전도
	환경	• 미세먼지농도 • 기후변화 불안도	• 수질만족도
	여가	• 문화여가 지출률	• 여가시간
	교육	• 고등교육 이수율	• 대학졸업자 취업율
	가족·공동체	• 독거노인비율	• 사회적 고립도

5.4 2050년 G4 국가를 향한 미래발전 전략

(1) 우리나라 국가경쟁력 현황

오래전(1995년 4월 김영삼 정부 당시 중국 베이징 기자간담회에서)에, 삼성의 고 이건희 회장이 "우리 정치는 4류, 관료는 3류, 기업은 2류다" 라고 언급했다가 곤혹을 치른 적이 있다. 그러나 이 말은 27년이 지난 지금도 별로 틀린 말 같지 않다. 우리나라의 정치는 아직도 후진국형을 면치 못하고 있고, 관료는 영혼이 없이 제 기능을 못하는 것 같고, 그나마 기업들이 분투하며 나라의 경제를 견인해 가고 있다. 그러면 우리나라의 국가경쟁력은 현재 어느 수준인가?

국가경쟁력을 평가할 때 많이 사용되는 지표는 국제경영개발대학원(IMD)이 매년 6월에 발표하는 세계경쟁력연감이다. IMD에서 발표한 '2021년 국가경쟁력 평가 결과'를 보면, 우리나라는 조사대상국 64개국 중에서 작년과 동일하게 23위를 기록했다. 이 평가는 4대 분야 20개 부문으로 나누어 평가 결과가 나오는데, 우리나라는 4대 분야에서 경제성과 18위, 정부 효율성 34위, 기업 효율성 27위, 그리고 인프라 17위를 기록했다. 가장 낙후한 정부 효율성 분야의 5개 부문에서는 재정(26위), 조세정책(25위), 제도여건(30위), 기업여건(49위), 사회여건(33위) 등으로, 정부 효율성에서 경쟁력이 떨어진다고 판단한 것이다. 그나마 가장 평가가 좋은 인프라(17위)는 5개 부문별로 기본인프라(18위), 기술 인프라(17위), 과학 인프라(2위), 보건환경(30위), 교육(30위) 등에서 상대적으로 조금 좋은 평가를 받았다.

국가경쟁력의 제고를 위해서는 우리 사회의 모든 분야와 부문이 국정에서 다 중요하다. 그러나 가장 중요한 것은 '정부 효율성'을 높이는 것이며, 이는 '기업 효율성'과 '경제성과'를 견인할 수 있기 때문이다. 정부 효율성을 높이면서 인프라를 튼튼하게 한다면 국가경쟁력을 높이는 지름길이 될 것이다. 인프라에는 과학기술 관련 부문들이 대부분이다. 4차 산업혁명 시대인 지금은 무엇보다 중요한 분야는 과학기술 분야이며, 국가의 과학기술 전략은 국가경쟁력을 키우고 국민을 잘 살게 하는 매우 중요한 요소이다. 여기에서 새 정부가 과학기술 강국으로 나아가기 위한 정책적 제언을 몇 가지하고, 우리나라의 미래 발전 청사진을 제시해 보고자 한다.

(2) 과학기술 강국이 되려면

과학기술 강국으로 부상하기 위한 첫 번째 길은 <그림 5.7>에 표현된 국가혁신체계(National Innovation System)의 새로운 개념의 원활한 작동이다. 이 체계는 우리나라가 70-80년대 산업화에 성공할 때 사용된 시스템으로, 산업화 당시에는 지방정부와 중앙정부가 앞에서 이끌고, 뒤에서 대학, 정부출연연구소(출연연)와 기업(기업연구소 포함)이 상호 협력체계를 갖추고 협업함으로써, 국가경제 성장을 가져온 소위 '한강의 기적'을 창출하였다. 그러나 지금은 산업화 시대와는 좀 다른 개념으로 이 시스템이 작동되어야 한다. 이제는 국가혁신체계의 주체는 대학, 출연연, 기업의 3자가 되어야 하고, 정부는 협업자의 입장에서 지원해야 한다. 정부의 R&D 정책에서도 정부 주도의 하향식(top-down) 방식이 아니고, 혁신 주체가 주도하는 상향식(bottom-up) 방식이 되는 것이 효율적이다. 왜냐하면 혁신주체들이 과학기술의 본질과 현장의 현황과 발전방향을 잘 알고 있기 때문이다. 그러나 물론 고위험(high risk) 기술 개발에는 정부의 주도적인 R&D 투자나 정책 금융 지원이 필요하나, 이도 현장 전문가들의 의견을 심도 깊게 경청한 후에 실시되어야 할 것이다. 새로운 개념의 국가혁신체계의 효율적인 작동은 국가경제성장과 양질의 일자리 창출을 초래할 것이며, 국가경쟁력 제고의 핵심적인 요소가 될 것이다.

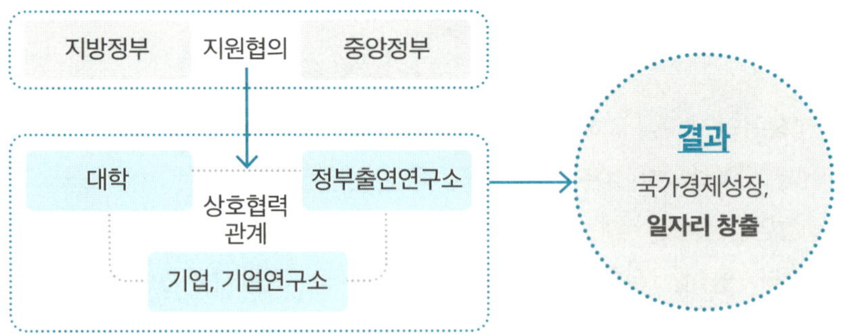

<그림 5.7> 국가경쟁력 제고를 위한 새로운 국가혁신체계 (National Innovation System)

두 번째로, 과학기술 업무/행정의 전문성과 자율성 추구이다. 과학기술 분야의 많은 주요 조직들(과기정통부, 출연연, 기술 관련 공기업 등)의 장 자리에 과학기술의 전문성이 없는 낙하산식 코드인사는 과학기술 강국으로 가는 길의 장애물이 되고 있다. 과학기술 조직들은 가장 전문성이 깊은 리더가 운영하게 하고, 자율적으로 사용할 수 있는 예산을 주어, 스스로 장기적인 안목에서 과제를 수행하고 연구개발에 매진하도록 하는 것이 국가경쟁력을 높이는 첩경이 될 것이다.

세 번째로, 국가의 중요한 과학기술 전략을 세울 때, 정치인들은 겸허한 자세로 과학기술 전문 지식을 활용해야 한다. 문재인정부 들어 시행되어온 탈원전 정책은 과학기술 지식의 무지에서 나온 무모한 정책으로, 우리나라가 가지고 있는 세계 최고수준의 안전한 원전기술과 수많은 양질의 일자리를 없애는 결과를 초래하였다. 원전은 세계적인 요구사항인 '2050 탄소중립'을 실천하기 위해서도 필수적인 에너지원이다. 2021년 10월 8일에 정부는 2030년 온실가스 배출량을 2018년 대비 40% 줄이는 내용의 국가 온실가스 감축목표(NDC) 방안을 발표했다. 종전 감축 목표인 26.3%와 비교하면 대폭 높인 수치이다. 이 목표대로 하자면 2030년까지 매년 4.17%의 온실가스 배출을 줄여야 한다. 우리의 온실가스 감축 기술과 산업의 현실을 보면 무리한 목표임이 확실하다. 우리보다 앞서 NDC를 발표한 유럽연합(1.98%), 영국(2.81%), 미국(2.81%) 등의 연평균 감축량과 비교하면 두 배에 이르는 수준이다. 온실가스 관련 과학기술 전문가들과 산업계에서는 "실현 불가능한 목표" 설정이라고 말하고 있다. 이처럼 전문가들의 의견을 무시하고 일방적으로 밀어붙이는 과학기술 정책은 성공하기 어렵고, 우리나라의 대외 신뢰도도 떨어뜨릴 것이다. 정치가 전문성을 무시하고 모든 분야 위에 군림하려는 것은 우리나라가 과학기술 강국으로 가려는 길목에서 장애 요소가 되고 있다.

네 번째로, 우리나라의 경제를 견인하는 것은 산업이다. 지금은 4차 산업혁명 시대인만큼, 이 시대에 맞게 산업 스마트화 전략을 추구해야 한다. 예를 들어, 제조업의 스마트화를 위해 스마트공장(smart factory)의 질적, 양적 확대를 추구해야 한다. 스마트공장 건설도 정부주도의 하향식이 아니라 기업 스스로 경쟁에 의해 자율적으로 스마트공장을 운영하도록 여건을 조성해 상향식으로 이루어지는 것이 바람직하다. 우리나라는 제조업 강국이므로, 제조업이 4차 산업혁명의 주요 기술들(빅데이터, 인공지능, 사물 인터넷, 5G 등)을 접목하여 첨단 제조업 강국으로 나아간다면 과학기술 강국으로 부상할 수 있을 것이다. 눈에 보이지 않는 데이터산업(빅데이터, 클라우드 산업, 데이터 활용 산업 등)의 스마트화도 절실하다. 개인 정보는 데이터산업의 필수적인 원동력인데, 아직 우리나라는 개인 정보와 공공 정보 등을 담아 누구나 사용할 수 있도록 하는 소위 '데이터 댐' 건설이 지지부진하다. 문재인 정부에서 추진하였던 '디지털 뉴딜' 사업에는 데이터 댐 건설이 들어 있는데, 이 '디지털 뉴딜'은 윤석열 정부에서도 계속 추진되어야 할 것이다.

개정(2020.1.9.)된 데이터 3법(개인정보보호법, 정보통신망법, 신용정보법)에 의하여 가명정보(특정인을 식별할 수 없는 정보)를 통계 작성, 공익적 기록 보존, 과학적 연구 등에 정보 소유자의 동의 없이 사용 가능하게 되어 있으나, 실제 활성화가 안 되어 있다. 한국데이터산업진흥원의 '빅데이터 시장조사'에 의하면 국내 전체 기업의 빅데이터 도입율이 2020년에 13.4%에 불과하고, 매출 1,000억 원 이상의 기업에서도 35.0%에 불과하다. 빅데이터 도입율을 획기적으로 높이는 방안이 연구되어야 한다. 데이터산업의 활성화는 데이터를 기반으로 하는 4차 산업혁명 기술들에서 우리나라가 앞서가는 중요한 데이터 인프라를 조성할 것이다.

다섯 번째로, 다양한 데이터 플랫폼 간 연계 가능하도록 표준화가 이루어져야 한다. 각 분야에서 데이터를 공유하고 활용하기 위해서는 각 분야별 데이터 플랫폼이 필요하다. 그러나 이들 플랫폼 간 메타데이터(meta data; 원데이터를 사용하기 편하게 구조화한 데이터 정보)의 공유, 활용이 가능하도록 표준화 및 연계 규격 개발이 필요하다. 이를 통해 누구나 쉽게 플랫폼들에 축적된 데이터를 찾고 활용 가능하도록 통합 데이터 지도를 만들어 반영해야 할 것이다. 이런 작업을 위해 우리나라에서 생성되는 모든 종류의 데이터에 대한 수집, 저장, 활용 등에 대한 컨트롤을 할 수 있는 행정조직으로 소위 '데이터 컨트롤 타워'의 지정이나 설립이 필요하다.

여섯 번째로, 과학기술 강국을 이끌어갈 유능한 인재 양성이다. 4차 산업혁명 시대에는 한 명의 유능한 창의적 인재가 '100만 명을 먹여 살린다'는 말이 있다. 초·중·고·대학 교육에서 '데이터·AI 경제시대'에 적합한 유능한 인재를 양성하기 위해 수학·과학, 코딩, 소프트웨어, 데이터과학 등의 교육을 강화해야 한다. 즉, 이 시대에는 교육의 패러다임이 바뀌어야 한다. 암기식 지식전달 교육은 별로 인재 양성에 도움이 되지 않으며, 선다형 수능 시험도 창의적 인재 양성에 적합하지 않다. 획기적인 교육 정책의 변경을 심각하게 고려해야할 시점이다. 또한 공교육의 부실화로 인한 교육의 하향평준화는 미래의 인재를 양성할 수 없다. 자사고·국제고·외고의 폐지 정책, 사립학교의 자율적인 노력을 막는 사립학교법 개정 등은 잘못된 교육정책이다. 소위 '3무 교육정책(무시험, 무경쟁, 무서열화)'을 내세우는 혁신학교와 같은 교육정책으로는 기초학력 미달자 양산(예로, 2020년 기초학력 미달자 비율이 중3은 13.4%, 고2는 13.5%)을 막을 수 없다. 교육은 시험을 통한 적절한 평가가 필요하고, 선의의 경쟁도 필요하다. 공교육 강화로 사교육을 줄이고, 학교가 자율적으로 다양하게 교육의 질을 높이려는 경쟁은 장려되어야 한다.

마지막으로, 한미 군사동맹을 과학기술 동맹으로 승화 발전시켜야 한다. 아직까지 한미 군사동맹은 북한의 남침을 억제하고 대한민국의 번영을 담보해주는 중요한 역할을 했다. 4차 산업혁명 시대에 국가경쟁력을 계속 키워나가려면, 과학기술 선진국들(미국, 일본, 독일, 영국 등)과 긴밀한 협조관계가 필수적이며, 한미 군사동맹을 과학기술 동맹으로 승화시키면 서방 선진국들과의 협조가 용이할 것이다. 올해 한미정상회담(2021.5.21.)에서 인공지능, 양자기술 등 미래 첨단기술 파트너십에 이미 합의한 바 있으며, 이런 파트너십의 구체적 실행은 한미 간에 과학기술 동맹으로 발전될 수 있을 것이다. 중국은 무역파트너이지 동맹의 파트너는 아니다. 동맹 파트너십과 유사한 관계를 중국과 유지하려는 것은 잘못된 방향이다. 조선 말기 고종 시대에 서방 문물을 받아들이자는 개화파의 주장을 멀리하고 중국에 모든 것을 의지하자는 친중 위정척사파(衛正斥邪派)의 주장을 들어준 것이 치명적인 정치 실패로, 결국 조선은 망하게 된 것이었다. 이와 같은 실패한 전철을 다시는 밟지 말아야 한다.

(4) 우리나라의 미래 발전 청사진

앞에서 과학기술 강국으로 나아가기 위한 산업 스마트화 추진, 한미 과학기술 동맹 등 일곱 가지의 과학기술 정책을 제안하였다. 정부와 우리 국민이 위에서 제안한 일곱 가지의 과학기술 정책(산업 스마트화, 한미과학기술 동맹 등)을 올바르게 실시한다면, <그림 5.8>에서 보여주는 바와 같이 우리나라는 2030년에는 과학기술 강국으로 부상할 수 있을 것이다. 2030년 이후 자유민주주의 시장경제 체제로 우리나라가 통일되고, 통일된 대한민국이 과학기술 중심의 국정운영을 해나간다면, 우리나라는 2040년에 동북아 리더 국가로 부상할 수 있을 것이다.

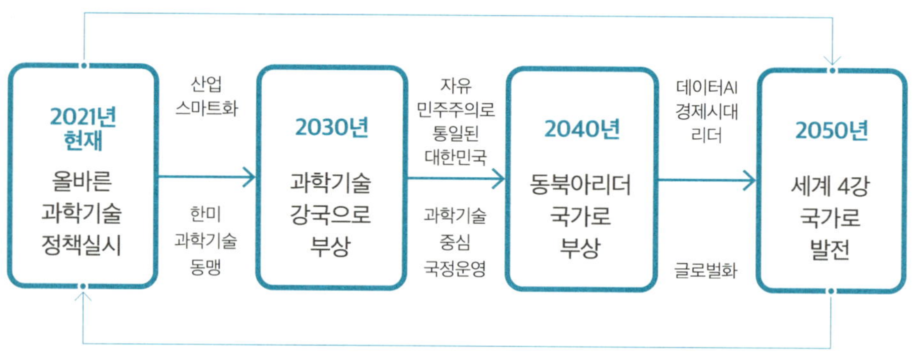

<그림 5.8> 우리나라의 G4국가를 향한 미래 발전 청사진

동북아의 리더 국가로 부상하고, 빅데이터·인공지능(AI)·사물인터넷 등을 중심으로 한 데이터·AI 경제시대의 리더 역할을 하고, 명실상부한 글로벌화에 성공한다면 우리나라는 2050년에는 세계 4강 국가로 발전할 수 있을 것이다. 이런 그림이 우리나라의 미래 발전 청사진이다. 이러한 대한민국을 우리 후손들에게 물려줄 수 있기를 진심으로 바래본다.

참고 문헌

[1장]

- UN (2021); The Sustainable Development Goals Report 2021, UN Headquarters at New York, Published on 6 July 2021.
- Wright, Jennifer (2015); It ended badly: Thirteen of the worst breakups in history,
- Kindle Edition, Henry Holt and Co., November 3, 2015. 이 책은 한국어로 2020년에 번역되어 출판되어 있음. '세계사를 바꾼 전염병 13가지', 제니퍼 라이트 저, 이규원 옮김, 출판사 산처럼.
- 꿈달 (2021); 인류 역사를 바꾼 5가지 전염병 팬데믹 1부와 2부, 꿈꾸는달팽이(꿈달) 인터넷 기사, 자료: https://dreamingsnail.tistory.com/330과 https://dreamingsnail.tistory.com/332.
- 김명자 (2020); 팬데믹과 문명, 까치 출판사, 2020년 6월 5일 출간
- 박성현 (2020); 코로나로 변화될 세상, 미래한국 잡지, 621호, p.28-33, 미래한국미디어 발행, 2020년 4월 22일자.

[2장]

- ESG 경영연구회(2021), "지속가능성장을 위한 ESG 경영전략", 사회적책임경영품질원, 자유아카데미 발행
- 김재필(2021), "ESG 혁명이 온다", 한스미디어 발행
- 한국경제신문(2021), "ESG, K-기업 서바이벌 플랜"
- 조신(2021), "넥스트 자본주의, ESG", (주)사회평론 발행

[3장]

- 김용주·김종열, 'ISO 26000 원칙·이슈·권고를 체계적으로 다룬 사회적책임 시스템' 범문에듀케이션, p. 31, 2016.
- 대한상공회의소 ESG경영, 'ESG 확산 및 정착을 위한 기업 설문조사', 2021.

- (사)사회적책임경영품질원·ESG경영연구회, '지속가능성장을 위한 ESG 경영전략', 자유아카데미, p. 46, 2021.
- 신유근, 사회중시경영—기업과 사회, 도서출판 경문사, p. 181, 2011.
- 전국경제인연합회 K-ESG 얼라이언스, '2021 K-기업 ESG 백서', p. 21, 2021.
- 한국정보통신기술협회, TTA정보통신용어사전
- Bennis, W. G., and Townsend, R., 'Reinventing Leadership: Strategies to Empower the Organization', Collins Business Essential New York, 2005.
- Boffo, R., and Palalano, R., 'ESG Investing: Practices, Progress and Challenges', OECD Paris, 2020.
- Choi, J. J., and Ozkan, B., 'Disruptive Innovation in Business and Finance in the Digital World,' International Finance Review, Vol. 20, pp. 29-43, 2019.
- Elshawi, R., Sakr, S., Talia, D., & Trunfio, P., Big Data Systems Meet Machine Learning Challenges: Towards Big Data Science as a Service, Elservier Inc. 2018.
- European Union, 'Policy Department A: Economic and Scientific Policy Industry 4.0,' 2016.
- Freeman, R. E., Strategic Management: A stakeholder Approach, Pitman, p. 46, 1984.
- Gartner, Inc. and/or its affiliates. https://www.gartner.com/en/information-technology/glossary/big-data
- Hadi, H. J., Shnain, A. H., Hadishaheed, S., & Ahmad, A. H., 'Big Data and Five V's Characteristics', International Journal of Advances in Electronics and Computer Science, Vol. 2, No. 1, p. 20, 2015.
- Hufschmidt, M. James, D. E. Meister, A. D. Bower, B. T. & Dixon, J. A., 'Environment, Natural Systems and Development', The Johns Hopkins University Press, Baltimore, p. 338, 1983.
- Kelly, J. E., and Hamm, S., Smart Machines: IBM's Watson and the Era of Cognitive Computing, Columbia Business School Publishing, 2013.
- Lewin, K., Lippitt, R., & White, R. K., 'Patterns of Aggressive Behavior in Experimentally Created Social Climates', Journal of Social Psychology, Vol. 10, No. 2, pp. 271-301, 1939.
- McKinsey Global Institute, Notes from the AI frontier modeling the impact of AI on the world economy, September 2018.

- McWilliams, A., and Siegel, D., Corporate Social Responsibility: a Theory of the Firm Perspective, Academy of Management Review, Vol. 26, No. 1, pp. 117-127, 2001.
- OECD, Corporate Governance and Business Integrity: A stocktaking of Corporate Practices, 2015.
- Petropoulos, G., 'Do We Understand the Impact of Artificial Intelligence on Employment?', Brugel blogpost, April 2017.
- Pricewaterhouse Coopers, 'The macroeconomic impact of artificial intelligence', February 2018.
- Silva, Alberto., 'What is Leadership ?', Journal of Business Studies Quarterly, Vol. 8, No. 1, 2016.
- S. Sakr, Big data 2.0 Processing Systems - A Survey, Springer Briefs in Computer Science, Springer, 2016.
- Stogdill, R. M., 'Leadership, membership, and organization', Psychological Bulletin, Vol. 47, No. 1, pp. 1-14, 1950.
- Werther, W. B., and Chandler, D., Strategic Corporate Social Responsibility: Stakeholders in a Global Environment, 2nd ed., SAGE Publication Inc. p. 19, 2011.
- World Intellectual Property Organization, Artificial Intelligence, WIPO Technology Trends 2019.

[4장]

- IPCC (2021): Intergovernmental Panel on Climate Change,6차 보고서 2021.8.9
- Bertie Ahern(2021): World Carbon Neutrality Forum, WCNF
- Achim Steiner(2022): Heeding the science is the gateway out of the climate crisis, IPCC report, posted 28 february 2022
- Wikipedia(2022): Climate change
- http://www.net-zero.kr
- 서형석(2021): 기후 위기 마지막 경고, 문예춘추사, 2021.10.30.
- 신동설(2022): 품질 패러다임의 대전환, 품질창의, p10~11, 2022.1
- 윤혜식(2021): 클라우드: 포스트 코로나, 비대면사회의 기술 혁명, 미디어샘, 2021.8.27
- 김동현(2020): 비대면 비즈니스 트렌드 ,정보문화사, 2020.9.22.

- KEYMEDI(2020): 비대면 원격진료의 제도화와 문제점, 2020.2.
- http://digitaledunet.com
- 김종식(2020): 디지털 트랜스포메이션 전략, 지식 플랫폼 2020.11.20
- 김대수(2020): 처음 만나는 인공지능, 생능출판, 2020.12.9
- Industrial Information System Research(2020): Analysis on Issues Related to Supply Chain Management in the Era of Covid19 using Network Text Analysis
- 한국무역협회(2022): 글로벌 공급망 위기와 우리기업의 대응현황
- SGS Global News(2020): 포스트 코로나 시대의 SGS 공급체인 관리 서비스
- 한경사(2015): 지속가능 경쟁우위 생산 공급망 관리
- http://www.sap.com
- http://www.lalalaworld.com
- http://www.salesforce.com

[5장]

- 과학기술단체총연합회(2021); 과학기술단체총연합회 "수학·과학·정보 교육 줄어 국가 위기" 성명서 발표, 2021년 9월 13일.
- 교육부(2017); 「과학·수학·정보 교육 진흥법」, 법률 14903호, 2017년 10월 24일 전부개정, 2018년 4월 25일 시행.
- 박성현, 김도한, 유정열, 장경렬 (2021a); "중·고생 기초학력 미달자 급증, 현황 조사와 대처 방안 연구", 서울대학교 명예교수협의회 발간 연구보고서, p. 31, 2021년 1월 5일.
- 박성현(2021b); "사라져 가는 계층 이동 사다리", 문화일보, 오피니언 <살며 생각하며>, 2021년 12월 17일자.
- 박성현(2020); "코로나 시대, 심각한 교육 불평등", 미래한국 잡지 636호, p. 70-73, 2020년 12월 2일자, 미래한국미디어 발행.
- 사회적책임경영품질원(2021); 지속가능성장을 위한 ESG 경영전략, 발행처 자유아카데미, 2021년 9월 15일 초판 발행.

저자소개:
(사)사회적책임경영품질원·ESG경영연구회

ESG경영연구회는 (사)사회적책임경영품질원의 임원 및 정회원으로 구성되어 있다. 본 도서의 집필진은 아래와 같다.

박성현

미국 노스캐롤라이나대학교 이학박사

서울대학교 통계학과 명예교수

사회적책임경영품질원 회장

한국과학기술한림원 원장 역임

대한민국 학술원 회원

김재룡

고려대학교 MBA

사회적책임경영품질원 원장

한국품질재단 대표 역임

전)한국표준협회
TQC추진실장/연구실장/교육부장

김종열

한양대학교 산업공학박사

리딩경영연구소 대표

전)한양대학교 산업공학과 겸임교수

전)유한킴벌리 안전/환경/윤리/품질
담당임원

신동설

한국품질기술사회 회장/경영학박사

한국경영혁신연구소 대표 소장/

품질관리 기술사/산업공학 국제기술사

연세대 경영학과 겸임교수 역임

한국품질경영학회 TQM 연구회장 역임

박필현

성균관대학교 경영학과 졸업

사회적책임경영품질원 사무국장

전)하이닉스반도체 기획실, M&A담당

전)디비하이테크 전략기획, 경영지도팀장

포스트 코로나 시대의

ESG경영과 미래발전전략

지은이 (사)사회적책임경영품질원·ESG경영연구회
펴낸이 김동현
펴낸곳 민영사
펴낸날 2022년 9월 20일

주소 서울시 성동구 독서당로 39길 43
전화 (02)711-1224, 711-1225
팩스 (02)711-1226
등록 2014년 1월 1일 제2014-000001호
Home http://www.minyoungsa.com
E-mail myspub@hanmail.net

iSBN 979-11-86378-44-1 / 93320
정가 18,000원